실용 TOPIK 어휘

It is simple!

중·고급

실용 TOPIK 어휘

It is simple!

중·고급

实用 TOPIK 词汇
中高级

조영미 지음

(주)박이정

머리말

안녕하십니까? 이 책의 저자 조영미입니다. 박이정에서 출판하는 세 번째 책으로 여러분을 만나게 되어 무척 기쁩니다. 무엇보다 한국어를 진지하게 공부하는 학습자들이라면 TOPIK을 준비하게 마련인데, 그분들을 위한 책을 내게 되어 교사로서, 저자로서 무척 뿌듯합니다.

우리는 외국어를 배울 때, 말하기, 듣기, 읽기, 쓰기 모두 골고루 잘해야 한다는 강박에 시달리곤 합니다. 특히 외국어 시험 준비를 하게 된다면, 단어도 외워야 하고, 문법도 정확히 이해해야 하고, 문장도 정확히 써야 합니다. 그렇지만 지금까지 여러분들이 학교에서나 책으로 공부해 온 내용, 혹은 자기가 좋아하는 한국 노래나, 친구들과 오고 간 이야기, 드라마 대사나 즐겨 듣던 노래 가사를 차곡차곡 정리해 본다면, 그 내용이 상당할 것입니다. 시험 준비도 크게 다르지 않습니다. 지금까지 여러분의 머릿속에 마음속에 저장한 말들을 제대로 잘 찾아낸다면 좋은 결과가 있을 것이라 확신합니다. 따라서 이 책은 여러분에게 새로운 내용을 한꺼번에 배우게 하는 것이 아니라, 여러분이 오랜 시간 축적해 온 한국어의 기억을 하나씩 꺼내주는 역할을 하게 될 것입니다.

이 책 〈실용 TOPIK 어휘 – 중·고급〉은 중급 이상 수준의 한국어 학습자들을 대상으로 했습니다. 어휘의 의미뿐만 아니라, 그 어휘가 실제로 어떻게 사용되는지 문장으로 하나씩 제시했습니다. 해당 문장은 기출문제뿐만 아니라, 소설, 시, 수필 등의 문학 작품, 뉴스, 신문, 이론서, 논문, 드라마 대사, K-POP 가사에서 발췌했으며, 참고 자료의 출처는 이 교재 뒤에 수록했습니다.

이 책에는 2018년 9월 학기 저와 함께 원자오외국어대학교에서 〈고급한국어〉 수업을 함께 들었던 학생들(陳煒蓁, 涂宇芹, 林宣甫, 游文禎, 姜品慈, 曾馨儀, 吳岱宣, 榮鈺嶸, 何曾靜平, 張菀芝, 林奕汝, 許語軒, 蘇羿靜, 蘇琬珍, 戴維萱, 江宜庭)과 함께 작업한 내용도 포함되어 있습니다. 함께 작업한 이 학생들에게도 감사의 마음을 전합니다. 아울러 한국어 수정을 도와주신 이한라 선생님(인천대학교 한국어학당)과 중국어 수정을 도와주신 양쥐엔님(YYK公司), 또한 녹음을 도와주신 가톨릭대학교 한국어교육센터의 국은주, 안혜진 선생님께도 감사의 말씀 전합니다.

이 책으로 공부하시는 모든 분들께 TOPIK에서 좋은 결과 있기를 기원합니다.

2019년 4월

조영미

大家好，我是本书的作者赵英美。非常高兴能够以박이정出版社出版的第三本书与大家见面。最重要的是认真学习韩语的学习者们一定会准备TOPIK考试，能为他们出书，不论是作为教师，还是教材的作者都感到非常满足。

我们在学习外语的时候，都会受到要学号听、说、读、写的强迫。特别是准备外语考试，要背单词，正确理解文法，句子文章都要写得准确。但是若是对大家至今为止在学校或是书籍中学到的内容，或者在自己喜欢的韩文歌曲，和朋友们说的话，电视剧台词，爱听曲目的歌词一点一点地进行整理，学习内容应当是相当丰富。考试的准备也是大同小异。我相信只要好好地找出大家至今保存在脑海和心里的语句，一定会有很不错的结果。所以，这本书不是让大家一次性学习新的内容，而是帮助大家逐一回忆起长久以来累积的韩语。

本教材《实用TOPIK词汇 - 中 · 高级》是以韩语中级以上水平的学习者为对象。不仅仅有词汇的意义，也通过句子逐一呈现词汇的实际使用。书中的例句不仅有TOPIK真题，还包括小说，诗集，随笔等文学作品，新闻，报纸，理论书，论文，电视剧台词，KPOP歌词，参考资料的出处也收录在了教材的最后。

本教材也包含了2018年9月学期在文藻外语大学上过〈高级韩文〉课程的学生们(陳煒棻，涂宇芹，林宣甫，游文禎，姜品慈，曾馨儀，吳岱宣，榮鈺嶸，何曾靜平，張菀芝，林奕汝，許語軒，蘇羿靜，蘇琬珍，戴維萱，江宜庭）一起写的句子。向对这些同学表示感谢。同时，非常感谢帮助修改韩语部分的李汉罗老师(李漢羅，仁川大学韩国语学堂)与帮助修改中文部分的杨娟女士(杨娟，YYK公司)，也非常感谢韩国天主教大学韩国语教育中心的鞠恩珠，安慧眞老师帮助录音。

我祝福利用这本书学习的所有人都能在TOPIK考试中取得好成绩。

2019年 4月

赵英美

목 차

실용 TOPIK 어휘

实用TOPIK词汇

명 사

0001 기출	**가난** 贫穷	가난 때문에 그림 재료를 살 수 없었던 화가는 포장지에 스케치를 했다. 因为贫穷而买不起画画材料的画家只能在包装纸上作画。
0002	**가능** 可能，可以	협소한 공간에 '주차 가능'이라는 표지판이 있었다. 在狭小的空间里有一块"可停车"的指示牌。
0003 기출	**가능성** 可能性	이 전문가는 생명과학 발전 가능성을 진단하고 있다. 这位专家在判断生命科学发展的可能性。
0004	**가로등** 路灯	드라마의 주인공들은 밤에 항상 가로등 아래서 만나는 것 같다. 电视连续剧的主角们总是在夜晚的路灯下面约会。
0005	**가루** ① 粉	파전을 만들려면 부침 가루가 필요하다. 想要做葱饼的话就需要煎饼粉。
0006	**가뭄** 干旱	올해는 날씨가 더워서 많은 곳에 가뭄이 들었다. 今年天气特别热，许多地方都干旱了。
0007	**가사** ⑨ 歌词	방탄소년단의 노래 가사가 내 마음에 닿았다. 防弹的歌词触碰到我的心了。
0008	**가스** 煤气	이번 달 가스 요금은 지난 달에 비해 두 배나 더 나왔다. 这个月的煤气费比上个月多出来两倍。
0009	**가스레인지** 煤气灶	친구가 가스레인지가 필요하다고 하더니 가스레인지를 사러 갔다. 因为朋友说需要煤气灶，所以买了煤气灶给他。
0010	**가습기** 加湿器	그 가수는 목관리를 해야 한다며 여행 갈 때도 항상 가습기를 가지고 다닌다. 我的偶像说要管理嗓子，所以去旅行时也经常带着加湿器。
0011	**가입** 加入	동아리 가입을 원하시는 분은 이메일로 연락을 주시기 바랍니다. 想要加入这个社团的人请透过邮件联系我们。

0012 **가입자**
加入者

모든 가입자들은 이 공간을 사용할 권리가 있다.
所有的加入者都有使用这个空间的权利。

0013 **가장** ⑦
家长

나는 결혼을 안 할 것이다. 가장이 돼서 한 가정을 책임지고 싶지 않기 때문이다.
我以后不要结婚，因为不想要成为家长后负责任。

0014 **가전제품**
家用电器

친구가 이사를 해서 새로운 가전제품을 몇 가지 구입했다.
我朋友因为搬家买了几个新的电器用品。

0015 **가정** ⑥
家庭

두 사람이 결혼해서 가정을 이뤘다.
两个人结了婚，组成了家庭。

0016 **가정** ⑦
假设

내가 만약 달나라에 갔다고 가정을 해 보자. 무슨 일이 일어날까?
假设我去到了月亮国，会发什么事呢?

0017 **가정주부**
家庭主妇

내가 세상에서 제일 존경하는 분들은 가정주부예요.
我最尊敬的人就是家庭主妇。

0018 **가죽** ①
皮革

친구가 가죽을 좋아한다더니 가죽 잠바를 많이 샀다.
朋友很喜欢皮革所以买了很多皮夹克。

0019 **가지** ①
枝，树枝

"가지 많은 나무 바람 잘 날 없다."는 자식이 많으면 걱정할 일이 많다는 뜻이다.
'树欲静而风不止'的意思是有很多孩子就会有很多不省心的事。

속담

0020 **가짜**
假，虚假

가짜 나라도 좋아 네가 안아준다면.
即便是虚假的也好，只要你能抱着我。

노래-방탄-Outor: Her

0021 **가치** ⑥
价值

이 상품의 가치는 다른 제품에 비해 높습니다.
这件商品跟其他商品比价值很高。

0022 **가치관**
价值观

성장 환경에 따라 가치관이 바뀔 수 있습니다.
根据成长环境的不同，价值观会有所改变。

0023 **가톨릭**
天主教

제 종교는 가톨릭입니다.
我信仰的是天主教。

0024 **각국**
各国

유엔사무총장을 비롯해 각국의 국가 원수들이 행사장을 찾았습니다.
包括联合国秘书长在内的各国国家元首们来到了活动现场。

뉴스 1

0025 **각오** ①
觉悟
언니는 이번에는 꼭 공무원 시험에 합격하겠다는 각오로 열심히 공부하고 있다.
姐姐以这次一定考上公务员的觉悟在努力读书。

0026 **각종**
各种
이 시장에는 각종 과일을 저렴한 가격에 판매하고 있습니다.
这市场卖的各种水果价格都很便宜。

0027 **간** ①
味道
이 국의 간을 보세요. 어때요? 좀 짠가요?
试试这汤的味道。怎么样? 会太咸吗?

0028 **간** ⑧
肝
〈토끼의 간〉이라는 한국의 전래동화가 있습니다.
韩国有一个叫〈兔子的肝〉的传统童话。

0029 **간격** ②
间隔
교실 안 의자의 간격을 조금만 더 넓혀 주세요.
教室里的椅子间隔再大一点。

0030 **간섭**
干涉
요즘 청소년들을 부모님의 간섭을 받는 것을 싫어한다.
近年青少年不喜欢受到父母的干涉.

0031 **간판** ②
广告牌，招牌，牌子
이 가게는 최근 새 간판을 걸었다.
这家店最近挂上了新的招牌。

0032 **간호**
看护
그녀는 두 환자의 간호를 맡고 있다.
她负责看护两位患者。

0033 기출 **갈등**
矛盾/冲突
현대 사회는 다양한 이익 집단의 관계가 복잡하게 얽혀 있기 때문에 많은 사회적 갈등이 존재한다.
因为现代社会有许多利益团体的关系很复杂，所以存在着许多社会矛盾。

0034 **갈증** ②
口渴
운동을 하고 나니 갈증이 난다.
运动后很口渴。

0035 **감각**
感觉
우리 언니는 제말대로 정말 길치인지 방향 감각이 전혀 없다.
我姐姐不知是不是像她自己说的是路痴，一点方向感都没有。

0036 **감독**
监督
이번 대선 후 새 정부는 부정부패 감독을 강화하도록 했다.
这次大选之后，新政府强化了对腐败之风的监督。

0037 **감동** ②
感动
나는 이 슬픈 영화를 보고 깊은 감동을 받았다.
我从这部悲伤电影中，受到了深深的感动。

0038 **감상** ⑤
鉴赏

(등산객들은) 단풍 길을 따라 만추의 경치를 감상했다.
(登山客们)跟着枫叶铺成的山路观赏了晚秋的景致。
신문 7

0039 **감상문**
感想文

독서 감상문은 책을 읽은 후에 쓰는 작문이다.
读书心得是看完书后写的文章。

0040 **감소** ①
减少

요즘 도시에 비해 시골 인구가 많이 감소가 되었다.
最近比起城市，乡村人口减少很多。

0041 **감시** ②
监视

요즘 이상한 느낌이 든다. 아무래도 내가 누군가에게 감시를 당하고 있는 기분이다.
最近我觉得怪怪的，怎么都觉得我好像被监视了。

0042 **감옥** ②
监狱

그 범죄자는 결국 감옥에 갔다.
那个罪犯最终还是进了监狱。

0043 **감정** ⑥
感情

시인들은 감정이 풍부한 편이다.
诗人们普通都是感情比较丰富的人。

0044 **강도** ⑥
强盗

이 경찰은 은행 강도를 체포했다.
这位警察逮捕了银行强盗。

0045 **강물**
江水

이 강물은 무척 시원해서 여름이 되면 사람들이 많이 놀러 온다.
夏天时河水很凉，所以大家都会去那里玩。

0046 **강사** ④
讲师

그 선생님이 우리 학교의 시간 강사이다.
那位老师是我们学校的讲师。

0047 **강수량**
기출
降水量

호우주의보가 내린 지역에는 강수량이 많다.
发起暴雨警报的地区降水量多。

0048 **강요** ①
强迫

이 친구는 부모의 강요로 적성에 맞지 않는 일을 선택했다.
他在父母的强迫下选择了不适合自己的事。

0049 **강의** ②
课程

나는 수요일마다 조 선생님의 강의를 듣는다.
我每周三都会去上赵老师的课。

0050 **강의실**
教室

〈한국대중문화〉 수업은 수강생이 많기 때문에 큰 강의실에서 수업을 해야 한다.
《韩国大众文化》课程因为学生很多所以必须在大的教室上课。

0051 **강제** ①
强制
17(십칠)번 선수가 반칙을 해서 강제로 퇴장당했다.
17号选手因为犯规，所以被强制退场。

0052 **강조** ②
强调
선생님은 학생들에게 강조 사항을 재차 확인해 주셨다.
老师再次与学生们确认了强调事项。

0053 **갖가지**
各式各样
이 가게에는 갖가지 과자가 있다.
这家店有各式各样饼干。

0054 **개구리**
青蛙
"우물 안의 개구리"는 자기가 사는 세상이 전부인 줄 아는 식견이 좁은 사람을 일컫는다.
'井底之蛙'指的是那些以为自己生活的地方就是全世界，目光短浅的人。
속담

0055 **개나리** ①
迎春花
봄은 개나리가 피는 계절이다.
春天是迎春花开花的季节。

0056 **개념**
概念
이 수학 공식의 개념을 이해하는 데 두 시간이나 걸렸다.
理解这个数学公式的概念就花了两个小时。

0057 **개미** ③
蚂蚁
집안에 개미가 많이 생겼다. 약을 좀 쳐야겠다.
家里生了好多蚂蚁，要喷药了。

0058 **개발**
开发，研发
본교는 학생들의 재능 개발에 힘쓰도록 하겠습니다.
本校将会努力开发学生的才能。

0059 **개방** ④
开放
본교 개방 시간은 평일 오전 여섯 시부터 오후 열 시까지입니다.
本校的开放时间是平日早上6点到晚上10点。

0060 **개별**
个别，单独
이곳에서 개별 행동은 허락하지 않습니다.
此处不准单独行动。

0061 기출 **개선** ①
改善
이는 동물의 서식 환경 개선을 위한 하나의 방안이 된다.
这将成为动物栖息环境改善的一个方案。

0062 **개성**
个性 ③
개성이 강한 사람과 함께 일하면 어떤 어려움이 있을까?
和个性很强的人一起工作有哪些困难呢?

0063 기출 **개인** ②
个人
이는 개인 정보 유출의 위험이 있다.
这有个人信息泄露的风险。

0064 **개최** 举办，召开，开办

2002년 월드컵은 한국과 일본이 공동으로 개최를 하게 되었다.
2002年的世界杯由韩国和日本共同举办。

0065 **개혁** 改革

경제 개혁으로 인해 나라의 경제력이 강화되었다.
经济改革提高了国家的经济实力。

0066 **거대** 巨大，庞大

이번 행사는 거대 규모로 개최되었다.
这次活动以巨大的规模开幕了。

0067 **거래** ② 交易，买卖

그는 이것으로 모든 거래가 성립되었다는 듯 창대에게 열쇠를 건네주었다.
他认为这一切的交易都成立了，便将钥匙交给了柜台。
소설-전성태-코리언솔저

0068 기출 **거래처** 客户，交易对象

나는 오늘 오후에 거래처 직원을 만나기로 했다.
我今天下午约了客户的职员见面。

0069 **거미** ② 蜘蛛

지금 흔들리는 건 가을 거미의 외로움임을 안다.
我知道现在摇晃的是秋日蜘蛛的寂寞。
시-이면우-거미

0070 **거북이** 乌龟

거북이(의) 뭉툭한 발 속으로 시간이 들어가네.
时间竟在乌龟那圆溜溜的脚上。
시-김기택-거북이

0071 **거스름돈** 零钱，找零

여기 거스름돈이요. 지폐 주세요.
这是找的零钱。请给我纸币。
드라마-상속자들

0072 **거지** ① 乞丐

도박으로 일확천금을 노리던 그는 결국 도박으로 망해 거지 신세가 되었다.
想要以赌博一获千金的他最终也因为赌博沦为乞丐。

0073 **거짓** 假，虚假

이 거짓 이별은 언제나 우리에게서 떠날 것인가요.
这虚假的离别何时才能离开我们。
시-한용운-거짓이별

0074 **거품** 泡沫，泡泡

제가 엄마에게 맛있는 라떼를 만들어 드리고 싶어서 그러는데요, 우유로 거품을 만드는 방법을 좀 알려주세요.
我想做美味的拿铁给妈妈喝，请告诉我如何用牛奶做出泡泡。

0075 **건너** ①
对面

빨간 털모자를 쓴 작은 여자가 현관에서 나와 길 건너편에 섰다.
戴着红色毛帽的小女人从门口出来，站在了对面路边。
소설-최은영-쇼코의 미소

0076 **건널목**
人行道，岔路口

건널목을 건널 때 좌우를 잘 살펴야 한다.
过人行道时注意观察左右。

0077 **건설**
建设，建筑

우리 아버지는 건설 회사에 다니십니다.
我父亲在建筑公司上班。

0078 **건전지**
电池

건전지는 영어로 배터리입니다.
电池的英文是battery。

0079 **건조** ④
干燥

제주산간 지역에 건조주의보가 내렸다
济州山间地区发出了干燥警报。

0080 **건축** ①
建筑

제 언니의 직업은 건축 디자이너입니다.
我姐姐的职业是建筑设计师。

0081 **걸레** ①
抹布

동생이 바닥에 물을 엎질러서 걸레로 닦고 있다.
弟弟把水打翻了，正在用抹布擦地上的水。

0082 **검사** ②
检察官

셋째 딸이 검사가 되었을 때, 아버지는 동네에서 잔치를 열었다.
第三个女儿成为检察官的时候，父亲在村子里摆了筵席。
신문 5

0083 기출 **검색**
搜索

이 자료는 인터넷에 검색을 하면 다 나온다.
这份资料在网上搜索就会出现。

0084 기출 **검토**
讨论

이 사업에서는 도로의 제한 속도를 낮추는 방안을 검토 중이다.
这家公司正在讨论降低公路限速的方案。

0085 **겁** ⑤
胆怯，害怕

"살려주세요." 그 아이는 겁을 잔뜩 먹은 얼굴로 내게 말했다.
"救救我"，那个孩子一脸胆怯地对我说。

0086 **겉모습**
外表

겉모습만 보고 사람을 판단해서는 안 된다.
不能只通过外表来判断一个人。

0087 **겉옷**
外衣，外套

겉옷을 벗어서 옷걸이에 건다.
脱下外套，挂在了衣架上。

0088	**게** ① 螃蟹	게는 찌개로 끓여서 먹어도 맛있고, 쪄서 먹어도 맛있다. 螃蟹用酱汤熬也好吃，蒸着也好吃。
0089	**게시** ② 公布，布告，公告	합격자 명단의 게시를 오전 9(아홉)시에 하겠습니다. 将在早上九点公布合格者名单。
0090	**게시판** 公告栏	동아리 모집 공고를 게시판에 붙였다. 社团招募广告已经挂在公告栏了。
0091	**겨울철** 冬季，冬令	겨울철 피부 관리에 유의하셔야 합니다. 冬季要注意皮肤管理。
0092 기출	**격려** 鼓励，激励	자신이 없었지만 격려를 해 준 남편 덕분에 용기를 냈다. 虽然没有自信，但是因为老公的鼓励，我鼓起了勇气。
0093	**견학** 参观	쇼코는 세명의 여학생들과 함께 우리 학교로 견학을 왔다. 小康和其他三名女学生一起到我们学校参观。 소설-최은영-쇼코의 미소
0094	**견해** ② 见解，看法	두 사람 사이에 견해 차이가 있다. 两个人之间的看法有差异。
0095	**결근** 缺勤	김 부장님께서는 오늘 건강 문제로 결근을 하셨습니다. 金部长今天因为健康问题缺勤了。
0096 기출	**결론** ② 结论，结果	기본 소득의 효과에 대한 결론을 유보하고 있다. 保留对基本收入效益的结论。
0097	**결승** ① 决胜	민아 씨가 우리 팀의 농구 결승 경기를 보러 꼭 오면 좋겠어요. 要是敏雅一定会来看我们组的篮球决赛就好了。
0098	**결제** ① 结算，付清	현금으로 하시겠습니까, 카드 결제를 하시겠습니까? 请问用现金还是银行卡结算呢?
0099 기출	**결합** 结合	이것은 한 집안이 결합을 통해 이루어짐을 나타낸다. 这表示一个家庭是通过结合而形成的。
0100	**결혼식장** 结婚礼堂，婚礼场	신부는 야외 결혼식장에서 결혼하고 싶어했다. 新娘表示想在野外婚礼场结婚。

0101 **겸손** 谦虚

겸손을 아는 사람이 (겸손한 사람이) 공부를 잘 한다는 사실을 알고 있나요?
你知道谦懂得虚的人学习好的事实吗？
수필-한동일-라틴어 수업

0102 기출 **경계** ④ 边界

현존하는 세계 최대 도시 10(열)곳이 지구 표면의 판의 경계 근처에 있다.
现存世界最大城市有10个处在地表的边界附近。

0103 **경고** 警告

그는 대학에서 학사 경고를 두 번이나 받았다.
他在学校收到了两次学士警告。

0104 **경기** ⑤ 经济状况

경기가 회복되자 해외여행객들이 두 배로 늘었다.
经济状况一恢复，海外游客就增加了两倍。

0105 **경기장** 竞技场，赛场，体育馆

이번 친선 축구 경기는 상암 경기장에서 열립니다.
这次足球友谊赛在上岩竞技场举行。

0106 **경력** ② 经历，经验

나는 한국에서 업무 경력을 쌓고 싶다.
我想在韩国积攒工作经验。

0107 **경복궁** 景福宫

경복궁에는 한복을 입은 외국인들이 많다.
很多外国人在景福宫穿韩服。

0108 **경비** ② 经费

이번 여행 경비는 자식들이 내줬어.
这次的旅行经费是孩子们出的。

0109 **경비실** 警卫室

택배는 경비실에 맡겨 주세요.
请把快递放在警卫室。

0110 기출 **경영** ② 经营

한국인의 장점을 최대화하고 약점을 보완할 수 있는 경영 방식이 필요하다.
我们需要一个能够最大化韩国人的长处，完善弱点的经营方式。

0111 기출 **경우** ② 情况

인터넷에서 옷을 보면 색깔이나 모양이 화면으로 보는 것과 다른 경우도 많다.
在网上看衣服，常常会有颜色和样子与画面看到的不相同。

0112 기출 **경쟁** 竞争

우리 회사는 이 신뢰를 바탕으로 경쟁에서 유리한 위치를 차지할 수 있다.
我们公司以这种信任为基础在竞争中占据有利地位。

0113 **경쟁력** 기출
竞争力

이는 새로운 성장 동력으로 국가 경쟁력 강화의 중요한 기반이 될 것이다.
这通过新的增长动力将成为强化国家竞争力的重要基础。

0114 **경제** ④ 기출
经济

경제 활성화를 위한 다양한 시도의 긍정적 측면을 봐야 한다.
为了激活经济，应从多方面进行积极的尝试。

0115 **경제력**
经济实力

그는 경제력이 있는 사람이다.
他是个有经济实力的人。

0116 **경찰관**
警察

경찰(관)은 건물주를 상대로 의무 소방설비를 제대로 갖췄는지 등을 확인할 계획이다.
警察计划以建筑物主人为对象，确认是否具备了义务消防设备。

신문 10

0117 **경향** 기출
倾向 ②

실제로 한 조사에서는 경품으로 준 물건에 대해 소비자들은 그 품질에 비해 낮은 가격을 책정하는 경향을 보였다.
事实上一项调查发现，消费者对于赠送的商品，比起质量更倾向于其定价低。

0118 **곁** ①
身旁

변하지 않고 영원히 내 곁에 있어주길.
愿你永远在我身旁不变。

노래-박재범-내 곁에 있어주길

0119 **계곡** ①
溪谷，山涧

초여름이 되니 산과 계곡으로 놀러가는 피서객들이 늘어난다.
刚到初夏，去山里和溪谷避暑的人越来越多。

0120 **계기** ④ 기출
转折，契机

작은 사건을 계기로 인생이 바뀌는 사람들이 있잖아.
不是有以小事情为转折点而改变人生的人嘛。

0121 **계산기**
计算器

암산이 안 되니 계산기를 쓸 수밖에 없다.
不会心算，只能用计算器。

0122 **계산대** 기출
收银台

계산대에서 계산하는 일은 만만치 않았다.
在收银台结账可不容易。

0123 **계약**
合约，合同，契约

두 업체는 계약을 체결했다.
两个企业签订了合同。

0124 **계약금**
订金，合同金，契约金

계약금은 얼마나 내면 되겠습니까?
订金要交多少?

0125 **계약서**
合同书，合同

우리 사이에 계약서 같은 건 필요없겠죠?
我们之间就不需要合同这样的东西了吧?
소설-전성태-코리언솔저

0126 **계좌** ②
账户

곧 계좌에 입금될 돈으로 뭘 할 것인가를 즐겁게 궁리해 볼 수도 있을 것이다.
可以愉快考虑该用即将存入账户的钱做些什么了。
소설-김언수-설계자들

0127 **계층**
기출
阶层

보편적 디자인은 사회의 여러 계층을 고려한 디자인이다.
普遍设计是考虑到社会各个阶层的设计。

0128 **고객** ④
기출
顾客

저희 은행은 고객님의 지갑을 소중히 생각하겠습니다.
我们银行将珍惜顾客的钱包。

0129 **고구마**
地瓜，红薯

고구마는 다이어트 식품이다.
地瓜是减肥食品。

0130 **고국** ②
祖国

의류 공장에서 일했던 방글라데시 청년은 드디어 고국으로 돌아갔다.
曾在医疗工厂工作的孟加拉国青年们终于回到了祖国。

0131 **고궁** ①
故宫

고궁을 산책하다 보면 한복을 입은 젊은이들이 많이 보인다.
在故宫散步会看到许多穿韩服的年轻人。

0132 **고급** ②
高级

그는 부의 상징인 고급 시계를 찼다.
他挂着象征着富有的高级手表。

0133 **고대** ④
古代

고대 시대부터 인간은 거울을 사용해 왔다.
人们从古代就开始使用镜子。

0134 **고독** ②
기출
孤独

고독 능력이란 홀로 있는 시간을 즐기고 창의적으로 활용하는 능력을 말한다.
孤独能力是指享受独处的时间，能够创意性地利用该时间的能力。

0135 **고등** ②
高等

이 과목은 고등 지식을 요구한다.
这门课要求高等知识。

0136 **고등어**
鲭鱼

고등어를 비롯한 등푸른 생선은 건강에 좋다.
包括鲭鱼在内，青背鱼对健康有好处。

0137 **고래** ①
鲸鱼

너는 바다야. 나는 그 안에 있는 작은 고래 한 마리.
你是大海，我是海中一只小小的鲸鱼。
노래-바비킴-고래의 꿈

0138 **고려** ①
기출
考虑

다양한 대상의 특성을 고려 사항으로 삼았다.
将对象的多种特性作为考虑事项。

0139 **고무** ①
기출
橡胶

지우개의 재료인 고무에 약품을 넣으면 고무 분자들이 결합하게 된다.
将药品放入橡皮擦的原材料橡胶中，会与橡胶分子结合。

0140 **고백**
告白，表白

고백은 하지마. (우리는) 일로 만난 사이니까.
不要告白，只是因工作而见面的关系。
드라마-김비서가 왜 그럴까?

0141 **고생**
苦头，艰辛

"인내는 쓰고, 열매는 달다."는 고생을 참고 견뎌 열심히 하면 결과가 좋다는 말인데 나는 이 말에 동의하지 않는다.
"忍耐是苦的，但果实是甜的"说的是忍住艰辛，努力的话结果会是好的，但我并不同意这句话。
속담

0142 **고속** ②
高速

이 승용차는 고속으로 달리다가 대형 사고를 냈다.
这辆车高速行驶造成了重大事故。

0143 **고요** ①
寂静，安静

고요를 깨트린 그의 한 마디는 "배고파."였다.
他的一句"肚子饿了"打破了寂静。

0144 **고유** ③
固有

그 사람만 쓸 수 있는 고유의(고유한) 글이 나온다.
只有那个人才能写的固有的文章出来了。
수필-은유-글쓰기의 최전선

0145 **고장** ①
故乡

우리 고장의 특산물은 북어입니다.
我们故乡的特产是明太鱼。

0146 **고전** ②
古典

한국의 유명 고전 소설 '춘향전'을 읽어 보셨습니까?
你有读过韩国有名的古典小说"春香传"吗？

0147 **고정** ⑥
固定

연예인들은 고정 수입이 없어 다른 곳에 투자를 한다고 한다.
听说艺人没有固定收入所以投资别处。

명사 가 나 다 라 마 바 사 아 자 차 카 타 파 하

0148 **고집** ②
固执，执拗，犟

그는 자기가 운전을 하겠다고 고집을 부리더니 기어이 사고를 냈다.
他固执地要自己开车，到底是出了事故。

0149 **고추** ①
辣椒

나는 고추가 들어간 음식은 다 좋아한다.
所有放了辣椒的食物我都喜欢。

0150 **고춧가루**
辣椒粉

고춧가루가 다이어트에 효과가 있다는 말이 사실인지 살이 조금씩 빠지기도 했다.
不知是因为辣椒粉对减肥真的有效果，确实是瘦了一些。

소설-윤성희-유턴

0151 **고층**
高层

고층 빌딩에서 유리를 닦던 근로자가 다쳤다.
在高层建筑擦玻璃的工人受伤了。

0152 **고통**
痛苦

고통을 견뎌야지만 성공할 수 있나요?
非要忍受痛苦才能成功吗?

0153 **곡** ①
曲子，歌曲，歌

나는 워너원의 곡이라면 모두 좋아한다.
只要是Wanna One的歌曲我都喜欢。

0154 **곡식**
庄稼，谷物

곡식을 거두는 가을걷이가 시작되면 농부들은 쉴 틈 없이 바빠진다.
收割庄稼的秋收开始了，农夫们忙得不可开交。

0155 **곤란**
困难，难处

너 때문에 내가 괜히 곤란(곤란한 일)을 당한 거잖아.
你害得我白白受了难。

0156 **골** ⑭
进球，球

손흥민 선수가 결승 골을 넣었다.
孙兴慜选手进了决胜的一球。

0157 **골목** ①
胡同

나는 다시 허둥지둥 딴 골목을 찾아 들었다.
我又急匆匆地找了另一条胡同。

소설-박완서-겨울나들이

0158 **골목길**
巷子，胡同

밤늦게 혼자 골목길을 걸으면 위험하다.
大晚上一个人走巷子很危险。

0159 **골프**
高尔夫

골프 선수 박세리는 한국인이라면 모르는 사람이 없다.
只要是韩国人就不会不认识高尔夫选手朴世莉。

0160 **곰** ③
熊

곰 세 마리가 한 집에 있어. 아빠 곰, 엄마 곰, 아기 곰.
有三只小熊住在一起，熊爸爸，熊妈妈，熊宝宝。

노래-곰 세 마리

0161	**곳곳** 各地，处处	전국 곳곳에 비 소식이 있겠습니다. 全国各地会有雨。
0162	**공** ⑫ 零，数字 '0'	제 휴대번호는 공일공 구구삼삼 칠칠팔오입니다. 我的电话号码是01099337785.
0163 기출	**공간** ⑤ 空间	휴식을 위해 집의 공간을 고쳐 쓰는 사람들이 많아지고 있다. 为了休息而改变住宅空间的人越来越多。
0164 기출	**공감** 共鸣，同感	나이가 많든 적은 가난하든 부유하든 누구나 공감을 할 수 있는 이야기가 필요하다. 需要不论老少，贫穷或富有的任何人都能够有共鸣的故事。
0165	**공개** ② 公开	공개 강좌에 참석할 시민들은 복지회관에 신청해 주십시오. 参加公开讲座的市民们请到福利会馆申请。
0166 기출	**공격** ② 攻击	아이가 공격을 하는 성향이라면 초록색이 잘 맞는다. 孩子有攻击倾向的话更适合绿色。
0167	**공공** ② 公共	올 하반기 공공 기관의 인재 채용 공고가 났습니까? 今年下半年公共机关人才招聘公告出来了吗?
0168	**공공요금** 公共费用	올 상반기부터 공공요금이 인상될 예정입니다. 从今年上半年开始公共费用将会上涨。
0169	**공공장소** 公共场所	공공장소 이용 시 에티켓을 지킵시다. 使用公共场所时请遵守礼仪。
0170	**공과금** (电费，水费等) 公共费用	편의점에서도 공과금을 낼 수 있나요? 在便利店可以缴公共费用吗?
0171 기출	**공급** ② 供应，提供	더운 공기를 빼기 위해 이 창고에 차가운 물 공급을 했다(물을 공급했다). 为了去除热气，在这个仓库里供应了冷水。
0172	**공기** ⑥ 空气	상쾌한 아침 공기를 마신다. 呼吸早晨清新的空气。
0173	**공기** ⑦ 小碗，碗	사장님, 여기 밥 공기 하나 추가요! 老板，这里再加一碗饭。

0174	**공동** ② 共同	김 선생님과 나는 이 책의 공동 저자이다. 金先生和我是这本书的共同作者。
0175	**공동체** 共同体，团体	우리는 공동체 구성원으로서 제 몫을 다해야 한다. 我们作为整体的成员应该尽自己的义务。
0176 기출	**공사** ② 工程	빠른 시일 내에 공사를 마무리 지어 양질의 의료 서비스를 제공하겠습니다. 将在最快的时间内完成工程已提供优质的医疗服务。
0177	**공식** ① 正式，官方	가수 A군은 결혼을 공식 발표했다. 歌手A正式宣布结婚。
0178	**공업** ① 工业	국내에서 공업이 제일 발달한 지역은 어디입니까? 国内工业最发达的地区在哪里?
0179 기출	**공연** ② 表演	요즘에는 회식 대신 공연을 관람하거나 영화를 보는 경우가 많다. 最近比起聚餐，更多时候是看表演或是看电影。
0180	**공연장** 演出场地	가수 P는 콘서트를 할 때마다 야외 공연장을 고집한다. 歌手P每次都坚持在露天演出场地开演唱会。
0181	**공주** ① 公主	공주 병에 걸린 여자들, 정말 문제야, 문제. 有公主病的女生，真是有问题啊。
0182	**공중전화** 公共电话	나중에 휴대전화를 갖게 되었을 때 경애는 이제 무슨 일이 생기면 공중전화를 찾아 뛰지 않아도 된다는 생각부터 했다. 在最近完全看不到公共电话亭。 소설-김금희-경애의 마음
0183	**공지** ④ 公告，通知	아파트에서 반상회 관련 공지를 돌렸다. 公寓发出有关反省会的通知。
0184	**공통** 共同	요즘 남자친구와 나 사이에는 공통 화제가 줄었다. 最近我和男朋友的共同话题变少了。
0185	**공통점** 共同点	우리 두 사람의 공통점은 모두 방탄소년단을 좋아한다는 데에 있다. 我们两个的共同点就是都喜欢防弹少年团。
0186	**공포** ⑧ 恐怖	제가 보기에 소년은 꽤 흥분해 있었고 공포에 질려 있었습니다. 在我看来，少年颇为兴奋，被恐怖所困扰。 소설-김언수-설계자들

0187	**공해** ① 公害	이곳은 소음 공해가 심각합니다. 这里的噪音公害很严重。
0188	**과** ⑩ 科，系	업무과 직원 김미영 씨가 결혼한다던데요. 据说业务科职员金美英结婚了。
0189	**과로** ① 过劳	그는 과로로 몇 번 쓰러지더니 결국 과로사했다. 他因为过劳几次晕倒，最终因过劳而死。
0190	**과목** ② 科目	일단 주요 과목 세 개 (문제집)부터 사. 국어, 영어, 한국사. 先买三个主要科目(题集)，韩国语，英语，韩国史。 드라마-혼술남녀
0191	**과소비** 过度消费，超前消费	과소비를 줄이고 절약합시다. 减少过度消费，节约一点。
0192	**과속** 超速	그는 음주 운전에 과속 운전까지 했다. 他不仅酒驾还超速。
0193	**과식** ① 暴食，吃得太饱	뷔페에서 과식을 했더니 바로 배탈이 났다. 在自助餐厅吃得太多就闹肚子了。
0194	**과외** 课外，业余	과외 업무에 따른 추가 수당 지급을 요청합니다. 请根据课外业务支付额外津贴。
0195	**과장** ⑥ 夸张	그는 별 것도 아닌 일을 과장을 해서 말하는 경향이 있다. 他说话有把小事夸大的倾向。
0196	**과장** ⑦ 科长	고 과장, 오늘 정말 고생했어. 아, 고 과장 술 진짜 세더라. 몸 생각하면서 마셔. 高科长，今天真是辛苦了。啊，高科长好酒量。想想身体再喝。 드라마-슬기로운 감빵생활
0197	**과정** ③ 过程	지루한 연습 과정을 거치지 않으면 승자가 되기 어렵다. 不经过漫长的练习过程，很难成为胜利者。
0198 기출	**과제** ④ 课题，任务	이를 위한 첫 번째 과제는 전국 최대 규모의 의료원을 완공하는 것입니다. 为此的第一个任务是完成全国最大规模的医院。
0199 기출	**과학** 科学	이 도시에는 첨단과학기술단지를 조성했다. 这个城市建造了尖端科学技术园区。

0200 기출	**과학자** 科学家	이 과학자는 미래 세대의 활약을 기대하고 있다. 这位科学家期待着未来一代的活跃。
0201	**관객** 观众	오늘 뭐 실수는 없었었나, 관객들의 표정은 어땠던가? 今天有没有什么失误的地方，观众们的表情又是怎么样呢? 노래-방탄-EPILOGUE: Young Forever
0202	**관계자** 相关人员， 工作人员	환불이 안 된다고요? 그렇다면 관계자를 만나서 좀 따져 봐야겠습니다. 不能退货?得见见相关人员说一说了。
0203 기출	**관람** 参观，观览	그는 박물관 관람 예약을 하고 있다. 他正在预约参观博物馆。
0204	**관람객** 观众，参观者	지난 달 대비 영화 관람객이 10%(십 퍼센트) 이상 늘었다. 遇上个月相比，电影观众人数上升了10%。
0205	**관련** 关联，相关	관련 기록을 검토해 보니 (그는) 당연히 무죄였으니까요. 查看了相关记录，他本就无罪。 신문 5
0206	**관리** ④ 管理	이 학원은 학생 관리가 엉망이다. 这个补习班的学生管理很糟糕。
0207	**관심사** 关心的事情	내 여자친구와 나는 관심사가 달라도 너무 다르다. 我女朋友和我关心的事相差甚远。
0208 기출	**관점** ② 观点	경제적인 관점에서 보수와 진보는 시장과 국가의 역할에 대한 견해에 따라 구분된다. 从经济观点来看，保守和进步是根据对市场与国家作用的见解而区分的。
0209	**관찰** ① 观察	학생들은 희귀식물 관찰을 하고 있다. 学生正在观察珍稀植物。
0210	**광경** 景象，情景， 情境	공원에서 개들이 싸우는 광경을 보았다. 在公园看到了狗狗们打架的景象。
0211	**괴로움** 痛苦，煎熬， 苦恼	정호는 학창 시절, 왕따 문제로 괴로움을 당했다. 正浩在学生时期，因为霸凌问题感到很痛苦。

0212 **교내** ①
校内

'교내 모든 분야에서 안전 단속을 강화하라'는 교육청 지침이 일선 학교로 전달됐다.
教育厅向一线学校传达了"校内所有领域加强安全管制"的指示。
신문 11

0213 **교대** ①
轮班，换班

교대 근무를 서는 공장 근무자들은 근무표가 매번 바뀌기 때문에 수강신청이 사실상 불가능하다.
轮班工作的工厂职工因为工作每次都换，所以申请听课事实上是不可能的。
신문 9

0214 기출 **교류** ①
交流

이 학교는 앞으로 선후배 간의 교류를 위해 노력할 것이다.
这所学校将会为前后辈之间的交流而作出努力。

0215 **교복** ①
校服

나는 중학교 때 교복을 입지 않았다.
我初中的时候不穿校服。

0216 기출 **교양** ②
教养

다음은 교양 프로그램입니다. 잘 듣고 물음에 답하십시오.
下面是教养节目。请仔细听并回答问题。

0217 **교외** ①
郊外

오늘은 집 근처를 떠나 교외로 나가보고 싶다.
今天想离开家附近，去郊外看看。

0218 **교육비**
教育费

한국은 현재 사교육비 지출이 늘고 있어 가계의 부담이 되고 있다.
韩国目前的课外教育费用不断增加，成为家庭的负担。

0219 **교육자**
教育家，教育者

학생들을 차별하는 선생을 참 교육자라고 할 수 있겠습니까?
区别对待学生的老师称得上是教育者吗?

0220 **교장** ③
校长

제 할아버지는 초등학교 교장 선생님이십니다.
我的爷爷是小学校长。

0221 기출 **교재** ①
教材

도서 신청 가능(잡지와 어학 교재는 제외)
可申请图书(杂志与语言教材除外)

0222 **교체** ①
交换，更换，替换

건전지 교체를 할 시기가 된 것 같네요.
电池好像到了需要更换的时候了。

0223 **교통수단**
交通工具，交通手段

오실 때에는 가급적 대중 교통수단을 이용해 주십시오.
来的时候尽量搭乘大众交通工具。

0224	**교통편** 交通票券	교통편은 어떻게 예약하실 거예요? 打算什么预约交通票券?
0225	**교포** ② 侨胞	재일 교포를 '자이니치'라고도 한다. 在日侨胞也称为"Zainichi(在日的意思)"。
0226	**교훈** ② 教训	이 글을 읽고 얻은 교훈은 무엇입니까? 读完这篇文章得到的教训是什么。
0227	**구** ⑮ 区	저, 강남구청장은 강남구 발전에 힘쓰겠습니다. 我，江南区厅长会为了江南区的发展而努力。
0228 기출	**구경거리** 看点	이곳에는 구경거리와 먹을거리가 많다. 这里有很多看点与食物。
0229 기출	**구매** 购买 ②	연령별 도서 구매율에 따르면 40(사십)대의 구매율이 높아졌다. 根据各年龄段图书购买率来看，40多岁的购买率增加了。
0230 기출	**구멍** 孔，小孔	이 실험으로 포장재의 미세 구멍을 줄이는 데 성공했다. 该实验成功地减少了包装材料上的微孔。
0231	**구별** ② 区别，区分	남자라고 꼭 여자보다 힘든 일을 많이 해야 하나요? 남녀 구별하지 말고 똑같이 일을 시키세요. 男生就应该比女生多做累活儿吗?请不要区分性别，让男女干一样的活吧。
0232	**구분** ⑥ 区分	비판과 비난, 이 두 가지를 어떻게 구분을 지어야 합니까? 批判和责难，要怎么区分这两个词呢?
0233	**구석** ① 角落	이 짐을 한쪽 구석에 놓아 주세요. 请把这件行李放在角落里。
0234 기출	**구성** ⑦ 组成，构成	이 과학 동아리는 고등학생들로만 구성이 되어야(구성되어야) 한다. 这个科学社团只能由高中生组成。
0235	**구세대** 老一辈，老一代	나이 드신 분은 자기가 구세대인 줄도 모르고 자신을 신세대라고 착각하는 경향이 있다. 上了年纪的人往往不知道自己是老一辈，而误认为自己是新一代。
0236	**구속** ② 束缚，限制，约束	사랑은 구속이 아니다. 爱不是束缚。

0237 **구역** ④
区域

이곳은 금연 구역입니다.
这里是禁烟区域。

0238 **구입** ③
기출
购买

나는 가구 구입에 큰 돈을 들이지 않았다.
我没有花一大笔钱购买家具。

0239 **구조** ⑤
기출
救助

화재 현장에서 아이 구조에 힘쓴 대학생이 있었다.
在火灾现场帮忙救助孩子的大学生。

0240 **구조** ⑧
构造，结构

집 구조를 바꾸니 집이 한결 밝아 보인다.
改变了房子的构造，看起来亮堂多了。

0241 **구조대** ②
救援队

신고를 하자마자 구조대가 왔다.
一报警，救援队就来了。

0242 **국가** ①
国家

국가는 국민을 위해 존재해야 합니다.
国家应该为了国民而存在。

0243 **국경일**
国庆日

10월 9일(시월 구일)은 한글날이자 국경일입니다.
10月9日是韩文日也是国庆日。

0244 **국기** ⑦
国旗

국경일에는 국기를 달아야 합니다.
在国庆日要挂国旗。

0245 **국내선**
国内线

서울에서 제주도로 가려고 국내선으로 갈아탔다.
为了从首尔去济州岛换乘了国内线。

0246 **국립**
国立

국립 중앙 박물관으로 견학을 갔다.
我去参观了国立中央博物馆。

0247 **국물**
기출
汤

저는 맛있는 국물을 만들기 위해 전국의 유명한 식당을 찾아다녔습니다.
我为了做出好喝的汤找遍了全国有名的餐厅。

0248 **국민**
国民

대한민국의 헌법에 의하면 대한민국의 주권이 국민에게 있다고 규정하고 있다.
根据大韩民国宪法规定大韩民国的主权归国民所有。

0249 **국산**
国产

해외에서 인기가 있는 국산 자동차에는 무엇이 있을까요?
哪些国产汽车在海外有很高的人气?

0250 **국어** ①
国语
제 어머니는 고등학교에서 국어를 가르치십니다.
我母亲在高中教国语。

0251 **국외** ②
国外
한국의 화장품은 국외로 많이 수출되고 있다.
韩国的化妆品大量出口到国外。

0252 **국제결혼**
跨国婚姻
최근 국제결혼 비율이 높아졌다.
最近跨国婚姻的比例提高了。

0253 **국제선**
国际线
국제선을 타는 곳은 어느 쪽입니까?
国际线出发厅在哪边?

0254 **국제화**
国际化
국제화 시대라 해외를 드나드는 사람들이 많아졌다.
因为是国际化时代，所以越来越多人进出海外。

0255 **국화** ⑤
菊花
전남에서는 '대한민국 국향대전'이 열려 국화 향연이 펼쳐졌다.
全南举行大韩民国国享大典，进行了菊花盛宴。
신문 7

0256 **국회**
国会
대통령은 오늘 국회를 방문해 국회의원들과 대담을 나누었습니다.
总统今日访问国会，与国会议员们进行了对话。

0257 **군** ⑥
郡
내 할아버지의 고향은 함경북도 북청군입니다.
我爷爷的故乡是咸镜北道北清郡。

0258 **군대** ③
军队
대한민국의 건강한 남자라면 모두 군대에 가야 한다.
只要是大韩民国的健康男性就都要去军队服役。

0259 **군사** ④
军事
오늘은 야간 군사 훈련이 있겠습니다.
今天将会有夜间军事训练。

0260 **굴** ④
洞，洞穴，隧道
산 속에서 몰래 지하 땅굴을 파는 사람들이 있다고 들었다.
听说有人在山里偷偷地挖地道。

0261 **굽**
跟，鞋跟
구두 굽이 떨어져 나갔다.
鞋跟掉了。

0262 **권력** ②
기출
权力
그것은 왕이 권력을 마음대로 쓰지 못하게 하는 장치로서 기능을 하였다.
它作为让王不能够任意使用权力的装置起到了作用。

0263 **권리**
权利
국민은 자신이 가진 마땅한 권리를 행사해야 합니다.
国民应该要行使自己拥有的相应权利。

0264 기출	**권위** 权威	아이의 청소년기에는 '권위 있는 아빠'의 역할도 중요하다. 在孩子的青少年期一个"权威老爸"的作用很重要。
0265	**권유** ② 劝导，规劝，劝告	나의 간곡한 권유를 그가 뿌리쳤다. 他拒绝了我恳切的劝告。
0266	**귀가** ③ 回家	귀가 시간이 늦어지면 엄마가 자꾸 전화를 해서 귀찮다. 如果回家时间晚了，妈妈就会一直打电话，很烦。
0267	**귀국** ② 回国	귀국 날짜와 입국 날짜를 여기 적어 주세요. 请在这里填上回国日期与入境日期。
0268	**귀신** ① 鬼神，鬼	그것은 내가 귀신 이야기를 듣다가 오줌을 쌌던 일 같은 바보 같은 이야기였다. 那是个像我听鬼故事撒了尿一样的傻话。 소설-최은영-쇼코의 미소
0269	**규모** 规模	이 행사의 규모가 생각보다 크네요. 这场活动的规模比想象的要大。
0270 기출	**규정** ④ 规定，规则	동의하는 글을 '규약문'이라 하는데 여기에는 사회적 약속이나 규정이 있다. 同意的文章叫做规章，这里面包含社会的约定与规则。
0271 기출	**균형** 均衡，平衡	글쓴이는 정치적 균형을 위한 제도의 필요성을 제기하고 있다. 作者提出为政治平衡而制定制度的必要性。
0272	**그네** ② 秋千	아이가 그네를 타자고 졸랐다. 孩子催着要荡秋千。
0273	**그늘** 阴凉处，阴影	너무 더우니 그늘에 있어야겠네요. 因为太热了所以要待在阴凉处。
0274 기출	**그래프** 图表	다음 글 또는 그래프의 내용과 같은 것을 고르십시오. 请选出与下文或图表内容相同的选项。
0275	**그룹** ① 组合，小组	현재 국내 최고의 케이팝 보이 그룹은 방탄소년단이다. 现在国内最红的Kpop男子组合是防弹少年团。

0276 **그리움**
기출
思念

혼자 살다 보니 시간이 지날수록 가족에 대한 그리움을 더욱 느낀다.
一个人生活，随着时间的推移越来越思念家人。

0277 **그림자**
影子

W는 길을 가다 자신의 그림자가 보이지 않는다는 것을 알고 깜짝 놀랐다고 했다.
W走在路上，发现自己的影子不见了，吓了一跳。
소설-윤성희-유턴

0278 **그림책**
画册，绘本

천즈위엔은 대만의 유명 그림책 작가로 대표작은 '악어오리 구지 구지'이다.
陈致元作为台湾的绘本作家，他的代表作是"Guji-Guji"。

0279 **그중**
其中，之中

나는 방탄소년단의 노래를 다 좋아하는데 그중에서도 '피땀눈물'을 제일 좋아한다.
防弹少年团的歌我都喜欢，但其中最喜欢的是"血汗泪"。

0280 **극복**
克服 ①

위기 극복 능력을 키워야 한다.
要培养克服危机的能力。

0281 **근거**
기출
根据，依据

통계에 근거해 보면 두 달 사이에 물가가 큰 폭으로 올랐다.
根据统计，物价在两个月内大幅上涨。

0282 **근교**
近郊

서울 근교로 나가볼까?
去首尔近郊走走吗?

0283 **근대**
近代 ③

근대 사회는 민주주의와 자본주의, 개인주의를 바탕으로 성립되었다.
近代社会是以民主主义和资本主义，以及个人主义为基础成立的。

0284 **근래**
近来，最近

근래에 김 선생님을 만난 적이 없는데요.
最近并没有见过金老师。

0285 **근로자**
劳动者，工人

근로자의 부당 해고는 한국의 큰 사회 문제이다.
工人的不正当解雇是韩国一大社会问题。

0286 **근무**
기출
工作，上班

대부분의 사람들은 구직 시, 근무 조건을 중요하게 생각한다.
大部分人在求职时很看重工作条件。

0287 **근본**
根本，本质

교통 대란의 근본 대책을 세우자고 시민들은 주장했다.
市民主张制定交通大乱的根本对策。

0288 **근심**
忧虑，忧愁，操心 ①

근심이 많아지면 흰머리가 생긴다.
操心多了会长白头发。

0289 **근육**
肌肉

오빠는 헬스를 열심히 해 근육을 키웠다.
哥哥努力健身锻炼了不少肌肉。

0290 **금**
金 ⑤

금요일 말고 목요일에 만나는 건 어때요?
除了星期五(金曜日)，在星期四见面怎么样?

0291 **금**
金，金子 ⑥

황금 같은 주말에 집에만 있기에는 아깝지 않아요?
黄金般的周末只待在家里不觉得可惜吗?

0292 **금년**
今年

금년 여름에는 백 년만의 더위가 찾아왔다.
今年夏天是百年难遇的热。

0293 **금액**
金额 ②

총 50,000(오만)원의 금액을 지불하셔야 합니다.
总共要支付五万块的金额。

0294 **금연**
禁烟 ①

이곳은 금연 좌석입니다.
这里是禁烟座位。

0295 **금융**
金融

삼촌은 금융 분야에 종사하고 있다.
叔叔在金融领域工作。

0296 **급증** ②
激增，剧增

향후 십 년간 한국 인구가 급증하는 일은 없을 것 같다.
接下来十年间韩国的人口不会激增。

0297 **기계** ⑥
机器

기계가 작동을 멈추자 근로자는 기계를 살펴보았다.
机器一停止工作，工人就查看机器。

0298 **기관** ⑪
机关，机构

공공 기관에서 근무한다고 모두 공무원은 아니다.
在公共机关上班的人不全是公务员。

0299 **기구** ⑭
器具，器械，器材

요즘에는 공원에도 쓸 만한 운동기구를 많이 설치해 놓았다.
最近在公园设置了许多有用的运动器械。

0300 **기념** ②
纪念

내년 오월이면 나는 결혼 20(이십)주년을 맞이한다. 우리 부부는 결혼 기념으로 무엇을 할까 고민 중이다.
明年五月我将迎来结婚20周年。我们夫妻正在想结婚纪念该做些什么。

0301 **기념일**
纪念日

결혼기념일을 축하드립니다.
结婚纪念日快乐。

0302 **기념품**
纪念品

제주도에 가서 기념품으로 돌하르방 열쇠고리를 샀다.
去济州岛买了石头爷爷钥匙圈作为纪念品。

0303 **기능** ③
기출
机能，功能

간단한 일을 하는 것만으로도 뇌 기능을 유지하는 데 도움이 된다고 한다.
据说只做简单的事情就能帮助维持大脑机能。

0304 **기대** ③
기출
期待

이 과학자는 미래 세대의 활약에 기대를 걸고 있다.
这位科学家期待未来一代的活跃。

0305 **기도** ③
祈祷

밖에서 응원해주고 기도(를) 해주는 사람들도 많았어요.
外面很多人在为我加油祈祷。

신문 5

0306 **기독교**
基督教

한국에는 기독교 신자가 많다.
韩国有很多基督教信徒。

0307 **기둥** ①
柱子，支柱

이곳에 기둥을 하나 더 세우면 더 안정감이 있겠다.
这里再立一根柱子就更稳当了。

0308 **기록** ②
기출
记录

옛날에도 한여름에 얼음을 사용했다는 기록이 있다.
古代也有在盛夏使用冰的记录。

0309 **기반** ①
기출
基础

4(사)차 산업혁명은 인공지능을 기반으로 한다.
第4次产业革命是以人工智能为基础。

0310 **기본**
基本

뭐든 기본을 익히지 않고는 제대로 해낼 수 없다.
无论是什么，不熟悉基本就做不好。

0311 **기부** ⑧
기출
捐赠

이 회사는 신발이 한 켤레 팔릴 때마다 가난한 아이에게 신발 한 켤레씩을 기부를 한 대(기부한대).
这家公司说买一双鞋就会给贫穷的孩子捐赠一双鞋。

0312 **기사** ②
司机

아버지는 Q가 지하철 운전기사가 되던 날 동네잔치를 열었다.
Q当上地铁司机的那天，父亲在村子里摆了筵席。

소설-윤성희-유턴

0313	**기사** ⑩ 报道	신문 기사에 의하면 워너원은 연말에 모든 활동을 종료한다고 한다. 根据新闻报道，WannaOne在今年年底将会结束所有活动。
0314	**기술** ① 技术	기술 하나라도 배워야지 먹고 살 수 있지. 至少要学一门技术，才能活得下去。
0315	**기술자** 技术员， 技术人员	이곳은 차량 정비 기술자를 양성하는 교육기관입니다. 这里是培训车辆维修技术人员的教育机关。
0316	**기억력** 记忆力	기억력이 나날이 나빠지고 있다. 이러다가 치매에 걸리지 않을까 걱정이다. 记忆力一天比一天差。我担心这样下去会得痴呆症。
0317 기출	**기업** ① 企业	기업은 가입자를 위해 정보 보안 기술 개발에 적극 투자해야 한다. 企业应为用户积极投资信息安全技术的开发。
0318	**기업가** ① 企业家	성공한 기업가가 되고 싶다고요? 그렇다면 장사의 기본을 알아야 합니다. 想成为成功的企业家吗?那就要了解做生意的基本。
0319 기출	**기여** ④ 贡献，奉献	이 글은 특허 제도가 사회에 기여를 한 바를 높이 평가하고 있다. 这篇文章高度评价了专利制度对社会的贡献。
0320	**기운** ① 力气，精神	기운이 없을 때면 자양강장제를 먹는다. 没有力气的时候就喝滋养强壮剂。
0321	**기원** ⑤ 起源	〈화폐의 기원〉이라는 책에 의하면 화폐는 거래의 편의를 위하여 고안된 것이라고 한다. 根据《货币的起源》这本书，货币是为了交易方便而研究发明的。
0322	**기적** ③ 奇迹	기적이 일어나지 않는 한, 내가 이번 생에 결혼하는 일은 없을 것이다. 除非发生奇迹，否则我这一辈子都不会结婚。
0323 기출	**기존** 现有	기존의 정책은 전승 종목을 사유화할 우려가 있다. 现有政策担忧传承项目的私有化。
0324 기출	**기준** ③ 基准，标准	디자인을 할 때 표준이라 여기는 다수만을 기준으로 하였다. 设计时的标准在这里以多数人为基准。

0325 **기지개**
(伸）懒腰
어깨가 뻐근해져서 기지개를 켰다.
因为肩膀发酸，所以伸了个懒腰。

0326 **기초** ⑥
基础
기초를 다지지 않으면 그 어떤 실력도 의미가 없다.
如果基础不扎实，任何实力都没有意义。

0327 **기타** ①
其他
청바지, 미니스커트, 코트, 기타 등등을 반값 세일하고 있습니다.
牛仔裤，超短裙，大衣，还有其他衣服都在半价销售。

0328 **기혼** ②
已婚
기혼 여성을 대상으로 설문조사를 실시했습니다.
对已婚女性进行了问卷调查。

0329 **기획** ①
企划，策划
저희 매장에서는 '한글'을 주제로 한 기획 상품을 판매하고 있습니다.
我们卖场正在贩卖以“韩文”为主题的企划商品。

0330 **기후** ⑤
气候，天气
기후가 좋은 지역에서는 다양한 농작물이 자란다.
气候好的地区种着各种各样的农作物。

0331 기출 **긴급**
紧急
우리 대원들에게는 긴급 상황에 대처하는 능력이 요구된다.
我们要求我们的队员具备处理紧急情况的能力。

0332 **긴팔**
长袖
날이 쌀쌀해져서 긴팔을 입었다.
天气转凉，所以穿上了长袖。

0333 **길가**
路边，路旁
그 뒤로 길가에서 눈물지으며 통화하는 사람들이 가끔 보인다.
在那以后，时常会在路边看到眼含泪水打电话的人。
수필-은유-글쓰기의 최전선

0334 **길거리**
街，街道，大街，街头
길거리를 걸으며 통화를 하면 위험하다.
走在街上打电话很危险。

0335 **김** ①
热气，蒸汽
방금 찐 찐빵에서는 김이 모락모락 난다.
刚刚蒸的馒头热气腾腾。

0336 **깊이** ①
深度，深
〈깊이에의 강요〉는 깊이가 없다는 평론가의 말에 좌절을 한 어느 화가의 이야기이다.
《深度的强迫》是某位画家因没有深度的评论家的话而受到挫折的故事。

0337 **까닭**
原因，理由，缘故
내가 사는 것은 다만, 잃은 것을 찾는 까닭입니다.
我活着的理由只是为了找寻我所遗失的。
시-윤동주-길

0338 **깨** ①
芝麻

약한 불에 깨를 살살 볶으세요.
请用小火慢慢地炒芝麻。

0339 **껍질**
皮，壳

사과 껍질이 건강에 좋대요.
听说苹果皮对健康有益。

0340 **꼬리** ①
尾巴

하얀 꼬리를 세워 길 떠나는 나는 바다의 큰 고래.
竖起白色尾巴离开的我是海里的大鲸鱼。

노래–바비킴–고래의 꿈

0341 **꼭대기**
顶端，顶

산꼭대기에 오르니 시내가 한 눈에 들어온다.
爬上山顶，市内的景色尽收眼底。

0342 **꽃꽂이**
插花

언니는 요즘 꽃꽂이를 배운다. 플로리스트가 되고 싶다고 했다.
姐姐在学插花，她想要成为插花师。

0343 **꽃무늬**
花纹，花样

꽃무늬 원피스를 입은 저 학생은 누구지?
穿花纹连衣裙那位学生是谁?

0344 **꽃잎**
花瓣

노오란 네 꽃잎이 피려고 내게는 잠도 오지 않았나 보다.
为了绽放黄色花瓣，睡意还未向我袭来。

시–서정주–국화옆에서

0345 **꾸중**
责备，训斥，指责

부모님이 아끼는 도자기를 깨서 부모님께 꾸중을 들었다.
打破了父母最爱的陶瓷，被责备了一番。

0346 **꿀**
蜂蜜

사람들은 꿀이 건강에 좋은 식품이라고 생각한다.
人们认为蜂蜜是对健康有益的食品。

0347 **꿈속**
梦里，梦中

나는 꿈속에서 내내 울다가 일어났다. 그런데 무슨 꿈을 꾸었는지 기억이 안 난다.
我每每从梦中哭醒，却又不记得做了什么梦。

0348 **끈** ①
绳子，绳索

여기를 끈으로 잘 묶어 보세요.
用绳子把这里绑紧。

0349 **끼** ①
기출
顿，餐

작가는 이 책에 따뜻한 한 끼의 음식에 대한 이야기를 담고 싶었던 것이다.
作者想在这本书中讲述关于温暖的一顿饭的故事。

0350 기출	**나물** ① 野菜	한국에서는 보통 명절에 여러 가지 나물을 만들어 먹는다. 在韩国的各种节日里通常会拌野菜来吃。
0351	**나뭇가지** 树枝，枝条	새들이 나뭇가지에 앉아서 우는 것도 (외로움 때문이다) 鸟儿们站在树枝上鸣叫也是(因为孤独) 시-정호승-수선화에게
0352	**나뭇잎** 树叶	나뭇잎이 손짓하는 곳, 그 곳으로 가네. 树叶在招手，朝着那儿走去。 노래-김광석-바람이 불어오는 곳
0353	**나비** ③ 蝴蝶	이 칠흑 같은 어둠 속 날 밝히는 나비 효과, 네 작은 손짓 한 번에 현실을 잊어. 这漆黑的黑暗中照亮我的蝴蝶效应，你一个小小的手势就让我忘记了现实。 노래-방탄-Butterfly
0354	**나이프** 餐刀，刀具	가성비가 좋은 나이프 세트를 한정 판매하고 있습니다. 性价比不错的道具套装正在限量贩售。
0355	**낙엽** 落叶	낙엽을 굴리는 늦가을 바람이 불었다. 晚秋的风吹起了落叶。 소설-반디-고발
0356	**난로** ① 暖炉，火炉	날이 추워졌으니 난로에 불을 피워야겠다. 天气变冷了，暖炉该生火了。
0357	**난리** ② 骚动，动乱	우산도 두 개 밖에 없는데, 비는 자꾸 오고 난리신데요? 雨伞只有两把，雨却一直下个不停呢? 드라마-도깨비
0358 기출	**난방** ② 暖气	밤에는 난방 기구를 사용해야 한다. 晚上要使用暖气设备。
0359	**날개** ① 翅膀	날개를 활짝 펴고, 세상을 자유롭게 날 거야. 展开翅膀，自由飞翔。 노래-윤도현-나는 나비
0360	**남** ② 男	적지 않은 상황에서 남자 또한 남녀차별의 피해자가 될 수 있다고 생각한다. 我认为在不少情况中男性也是性别歧视的受害者。

0361	**남** ④ 南	남촌서 남풍 불 때 나는 좋대나(좋다) 南村吹南风时我很喜欢。 시-김동환-산너머 남촌에는
0362	**남매** 兄妹	우리 남매는 사이가 좋다. 我们兄妹关系很好。
0363	**남미** 南美(洲)	그는 남미에 오래 살아서 스페인어를 잘한다. 他在南美洲生活了很久，所以西班牙语很好。
0364	**남부** ① 南部	나는 대만 남부 지방에서 삼 년 이상 살면서 대만어도 배웠다. 我在台湾南部地区生活的三年里也学习了闽南语。
0365	**남북** 南北	남북을 잇는 다리가 건설된다면 좋겠다. 如果建一座连接南北的大桥就好了。
0366 기출	**낭비** 浪费	쇼핑으로 시간 낭비를 하면 안 된다. 不能用购物来浪费时间。
0367	**내달** 下月，下个月	오빠는 내달 중순에 입대한다. 哥哥在下个月中旬参军。
0368	**내부** ④ 内部	검사 임은정은 대표적 '내부 고발자'이다. 检察官林恩贞是"内部举报者"的代表。 신문 5
0369	**내외** ① 内外	보이 그룹 방탄소년단은 해외에서 대통령 내외를 만났다. 男子组合防弹少年团在海外与总统夫妇见面了。
0370	**내후년** 大后年	경제 전문가들에 의하면 불경기는 내후년까지 지속될 것이라고 한다. 根据经济学家的指出，经济萧条预期将持续到大后年。
0371	**냉동** 冷冻	냉동 창고에 들어가 보셨어요? 얼어 죽을 것 같던데… 去过冷冻仓库吗?快要冻死了…
0372	**냉방** 冷气	초가을 날씨인데도 너무 더워서 냉방을 해야 한다. 虽说是初秋的天气，但是太热了还是要开冷气。
0373	**냉수** 冷水	"냉수 마시고 속 차려."라는 말은 정신을 차리라는 말이다. "喝了冷水，打起精神"意思是打起精神。 속담

0374 **너머**
那边

산 너머 남촌에는 누가 살길래 해마다 봄바람이 남으로 오네.
山那边的南村住着谁，年年春风向南吹来。
시-김동환-산너머 남촌에는

0375 **넓이**
宽度

이 도형의 넓이를 계산하시오.
请计算该图形的宽度。

0376 **네모**
四方

카펫에는 동그라미, 네모, 세모의 도형이 그려져 있었다.
地毯上画着圆圈，四方，三角的图形。
소설-윤성희-유턴

0377 **네티즌**
网民，网友

한국에서는 네티즌들의 의견을 중요시하는 경향이 있다.
在韩国有重视网友意见的倾向。

0378 **노동** ③
劳动

한국노동사회연구소가 발표한 '저출산과 청년일자리 보고서'를 참고하십시오.
请参考韩国劳动社会研究院发表的“低生育与青年工作报告书”。
신문 1

0379 **노동자**
劳动者，工人

나는 공부하는 노동자입니다.
我是学习的劳动者。
수필-한동일-라틴어 수업

0380 **노랑** ①
黄色，黄

빨강, 파랑, 노랑을 삼색이라고 한다.
红蓝黄叫做三色。

0381 **노선** ①
路线

수도권 지하철 노선은 모두 몇 개입니까?
首都圈地铁路线总共有几条?

0382 **노선도**
路线图

서울 지하철 노선도를 보고 싶어서 그러는데요, 좀 찾아 주실 수 있을까요?
我想看看首尔地铁的路线图，可以帮我找找吗?

0383 **노약자**
老弱者

지하철 내 노약자석은 비워 두는 게 좋습니다.
在地铁内最好空出特殊专座。

0384 **노트북**
笔记本电脑

노트북에서 이상한 소리가 난다. 노트북을 바꿀 때가 됐나 보다.
笔记本电脑发出了奇怪的声音，是时候换一台了。

0385 **녹음** ③
录音

전공과 교수 중 한 사람은 수업 중 막말을 심하게 한다. 학생들은 그의 말을 녹음을 해서 그를 경찰에 고발하려고 한다.
专业教授中有一位在课上粗话讲得太严重。学生们打算把他的话录下来向警察举报他。

0386 **녹음기**
录音机

증거를 잡으려면 녹음기를 들고 가서 그의 말을 녹음하세요.
想要抓到证据，就拿着录音机把他的话录下来。

0387 **녹화** ③
录像，录影

케이팝 팬들은 〈음악만세〉 사전 녹화 방송을 보려고 새벽부터 기다렸다.
韩流粉丝为了看〈音乐万岁〉的事前录播，从凌晨就开始等了。

0388 **논리**
逻辑

그가 흥분한 상태로 내뱉는 말들은 논리에 맞지 않았다.
他在兴奋状态下说出话没有逻辑。

0389 **논의** ②
议论，讨论

시험에서 부정행위를 한 학생은 교무회의에서 논의를 거친 뒤 처벌 수위를 정하겠습니다.
在考试中作弊的学生将会经过教务会议讨论后予以处罚。

0390 **논쟁**
争论

낙태 찬반 토론에서는 전문가들이 열띤 논쟁을 벌였다.
在赞成或反对堕胎的讨论中，专家们展开了激烈的争论。

0391 **놀이공원**
游乐园

드라마에는 남녀 주인공들이 놀이공원에서 데이트하는 장면이 종종 나온다.
电视剧中常常会出现男女主角在游乐园约会的场面。

0392 **놀이터**
기출
游乐园

아버지는 큰애를 데리고 놀이터에 다녀온다며 나가셨다.
爸爸带着大孩子去了游乐园。

0393 **농민**
기출
农民

배추 생산 과잉, 농민들 한숨
白菜生产过度，农民们叹息

0394 **농부** ①
기출
农夫

배추가 필요 이상으로 생산되어 농부들이 힘들어한다.
白菜的生产超过了需求，农夫们感到很辛苦。

0395 **농사** ①
기출
农事

배추 농사가 잘 되어 농민들이 희망에 차 있다.
白菜农事进行得很顺利，农民们充满了希望。

0396 **농사일**
农活

나는 방학이 되면 집에 내려가 부모님의 농사일을 돕는다.
我放假就会回家帮父母干农活。

0397 **농산물**
农产品

지방에 있는 마트에서는 그 지방의 농산물을 판매한다.
地方超市在卖当地的农产品。

0398 **농업**
农业

퇴사 후 농업에 종사하고자 하는 이들이 많아졌다.
打算在退休后从事农业的人越来越多。

0399 **농촌**
农村

농촌 지역에서는 맑은 날씨 속에 벼 베기 등 가을걷이를 서두르는 농부들의 손길이 바빴다.
在农村地区，农夫们在晴天里忙着收割稻子等秋收。

신문 7

0400 **높임말**
敬语，尊称

윗사람에게는 높임말을 써야 한다.
对长辈应该要使用敬语。

0401 **뇌** ③
기출
大脑，脑

손을 움직이는 것은 뇌와 관련이 있다.
手的运动与大脑有关。

0402 **누님**
姐姐(敬语)

내 누님 같은 꽃이여.
如我姐姐一般的花儿啊。

시-서정주-국화옆에서

0403 **눈가**
眼角

지난날의 일들을 이야기하던 그녀의 눈가는 점점 붉어졌다.
说着过去那些事情的她眼角渐渐泛红了。

0404 **눈길** ①
目光，视线

나는 자꾸 그에게 눈길이 간다.
我的目光总是向着他。

0405 **눈동자**
瞳孔，眼珠，眸子

내 눈동자는 갈색입니다.
我的瞳孔是褐色的。

0406 **눈병**
眼疾，眼病

수영장에 다녔더니 눈병이 생겼다.
去了游泳池，竟然患了眼疾。

0407 **눈빛** ①
眼神

(그녀는) 언젠가 호기심 어린 눈빛으로 "혹시 글을 쓰세요"하고 물어 와 나를 당황하게 했던(했다)
(女人) 向我投来好奇的目光，问我"是作家吗?"，让我十分惊慌。

시-김신용-그 불빛

0408 **눈사람**
雪人

어릴 때 겨울이 되면 오빠와 눈사람을 만들곤 했다.
小的时候，一到冬天就和哥哥一起堆雪人。

0409 **눈싸움** ②
雪仗
동생과 앞마당에서 눈싸움을 했던 그 시절이 그립다.
好怀念和弟弟一起在前院里打雪仗的时候。

0410 **눈썹**
眉毛
눈썹을 너무 진하게 그렸더니 눈썹 모양이 이상해 보인다.
因为眉毛化得太浓，所以看起来很奇怪。

0411 **눈앞**
기출
眼前
그 말을 듣고 눈앞이 캄캄해졌다.
听完那话，觉得眼前一片漆黑。

0412 **눈치**
眼力见儿，眼色
(남자가 나에게) 작업(을) 거는 눈치면 저는 왼손으로 귀걸이를 만져요.
(男人向我) 投了一个工作的眼色，我用左手摸了摸耳环。
드라마-김비서가 왜 그럴까?

0413 **늦가을**
晚秋
쌀쌀한 늦가을 날씨에는 감기에 주의해야 한다.
凉飕飕的晚秋天气，小心感冒。

0414 **늦겨울**
晚冬，深冬
늦겨울이 지나니 꽃이 피기 시작했다.
深冬已过，开始开花了。

0415 **늦봄**
晚春
늦봄이 지나니 날이 무더워지기 시작했다.
过了晚春，天气开始变热了。

0416 **늦여름**
夏末
늦여름이 지나고 가을이 왔다.
过了夏末，秋天来了。

0417 **늦잠**
懒觉
늦잠을 자서 수업에 지각하고 말았다.
因为睡懒觉而迟到了。

0418 **다리미** 기출
熨斗

한 가전 업체에서 옷을 태우지 않는 다리미를 내놓았다.
一家家电企业推出了不会烫坏衣服的熨斗。

0419 **다방** ②
茶馆

요즘에는 다방이 별로 많지 않다.
最近茶馆不多。

0420 **다수**
多数

다수가 참여한다고 해서 나도 참여해야 한다고 생각하지 않는다.
我并不认为多数人都参加了我就一定要参加。

0421 **다운로드**
下载

불법 다운로드는 하지 맙시다.
请不要非法下载。

0422 **다짐**
决心，承诺，发誓

다시는 술을 마시지 않겠다고 다짐을 했다.
我下定决心再也不喝酒了。

0423 **다행**
幸好，幸亏，庆幸

내가 그런 남자와 결혼하지 않은 것을 천만다행이라고 생각한다.
我觉得不和那样的男人结婚真是万幸。

0424 **단계** ③ 기출
阶段

학생별로 수업의 단계를 동일하게 맞출 필요가 있다.
有必要根据学生类别统一上课的阶段。

0425 **단골** ①
老主顾，常客

손님은 저희 단골이시네.
您是我们的老主顾了。
드라마-상속자들

0426 **단기** ⑨
短期

단기 한국어 교육 프로그램 참가로 이번 여름방학에 한국에 가게 되었다.
为了参加短期韩语学习，这个暑假去了韩国。

0427 **단독** ②
单独

나는 A 교수를 단독으로 만나면 불편해서 싫다.
我不喜欢与A教授单独见面。

0428 **단맛**
甜味

단맛을 싫어하는 사람도 있을까?
有讨厌甜味的人吗？

0429 **단발머리**
短发

그녀는 단발머리가 참 잘 어울린다.
那女生真适合短发。

0430 **단속** ①
管制，取缔，查处
서울시에서는 불법 주차 단속을 강화하고 있다.
首尔市正在强化非法停车管制。

0431 **단위** ②
单位
한국의 화폐 단위는 '원'이다.
韩国的货币单位是'元'。

0432 **단점** ①
기출
缺点
이런 방식은 젊은이들이 별로 선호하지 않는다는 단점이 있었다.
这种方式的缺点是年轻人不太喜欢。

0433 **단지** ⑧
园区，小区
지하철 역 부근에 새 아파트 단지가 들어섰다.
地铁站附近建了新的公寓小区。

0434 **단체** ②
기출
团体
자연 체험 교육은 20(이십)명 이상 단체만 가능합니다.
只有20人以上的团体才能进行自然体验教育。

0435 **달빛**
月光
달빛이 비치는 호숫가에 앉아 그날을 생각하네.
坐在月光倒映的湖边，回忆起那天。

0436 **달성**
达成，实现
매일 만보라는 목표 달성을 하지 못하면 나는 집안에서라도 걸어서 만보를 채워야 한다.
如果没有达成每天走一万步的目标，就算在家里我也会走到一万步。

0437 **담** ①
墙，围栏
나는 수학에 담을 쌓았다.
我和数学绝交了。

0438 **담** ③
下一个，其次
우리 담에 또 만나자.
我们下次再见吧。

0439 **담당**
기출
担当，负责
4(사)차 산업혁명에서 전문 지식 서비스는 인간이 담당을 할 것이다.
人类将在四次产业革命中负责专业知识服务。

0440 **담당자**
负责人
이 문제는 담당자가 직접 처리해야 합니다.
这个问题需要负责人亲自处理。

0441 **담요**
毯子
날이 추우니까 담요를 덮고 자야 한다.
天气很冷所以睡觉要盖毯子。

0442 **담임**
班主任
나는 올해 초등학교 6(육)학년 담임을 맡았다.
我今年担任小学六年级的班主任。

0443 **답변**
回答，答复
언제쯤 한국에 돌아올 거냐는 나의 질문에 그는 답변을 하지 않았다.
他没有回答我什么时候会回韩国。

0444 **닷새**
五天
해외배송은 약 닷새쯤 걸린다.
海外配送大概需要五天。

0445 **당근**
胡萝卜
당근은 볶아서 먹으면 영양이 더 풍부하다.
胡萝卜炒着吃营养更丰富。

0446 **당시** ②
기출
当时
그는 당시 널리 퍼져 있던 유행의 흐름을 따랐다.
他跟随了当时广为流传的潮流。

0447 **당일**
当天，当日
당일로 홍콩 여행을 다녀왔다.
当天去了香港旅行。

0448 **당장** ②
马上，立马
당장 집값이 얼마나 오를지도 모르는 상황에서 여기저기 떠돌기는 어렵다.
眼下放假不知会上涨多少，很难到处流浪。
신문 1

0449 **당첨**
中奖，中彩
복권 일등에 당첨된 사람들은 복권 당첨 전보다 행복하게 살지 않았다고 한다.
有很多人在彩票中奖后比中奖前活得更不幸。

0450 **당황** ②
惊慌，慌张
보이스피싱 전화를 받고 순간 당황을 했지만 침착하게 대응했다.
接到诈骗电话的瞬间虽然很慌张，但还是沉着应对。

0451 **대가** ⑥
代价，牺牲
물품을 구입했으면, 우리는 그 물품의 대가를 반드시 지불해야 한다.
想要购买物品，我们一定要支那样物品的代价。

0452 **대규모**
大规模，大型
시청 앞에서 대규모 집회가 열릴 예정이니 차량을 통제합니다.
市政府前将会举行大型集会，因此实行交通管制。

0453 **대기** ⑦
大气
대기 오염 문제가 심각해 가정에서는 공기청정기를 사용한다.
因为大气污染严重，所以家庭使用空气净化器。

0454 **대기** ⑯
等候，等待
종합병원에서는 제시간에 맞춰 가도 대기를 시킨다.
就算准时到达综合医院，也还是要等候。

0455	**대기업** 大企业	대기업에 취업하는 것만이 능사가 아니다. 在大企业就职并不是万能的。
0456	**대낮** 大白天	전구를 바꿨더니 저녁에도 집이 대낮 같이 밝다. 换了灯泡后，就算是晚上，家里也像大白天一样亮。
0457	**대다수** 大多数	다수결의 원칙은 대다수가 찬성을 하는 쪽으로 결정하는 원칙이다. 多数表决是以大多数人赞成的一方决定的原则。
0458	**대도시** 大都市，大城市	나는 시골보다 대도시 생활이 더 편하다. 比起乡下，我觉得大城市的生活更便利。
0459 기출	**대량** ① 大量	앞으로 이를 대량으로 생산할 수 있는 기술력이 확보될 예정이다. 今后将确保这技术能够大量生产该产品。
0460	**대로** ⑤ 大路	대로변에서 큰 공사를 하고 있다. 大路边正在进行大工程。
0461	**대리** ⑤ 代替，代理	영화제의 대리 수상으로 이런저런 말들이 많다. 对于电影节的代替领奖众说纷纭。
0462	**대립** ③ 对立，分歧	새정부 이후 남북간의 대립은 예전보다 많이 줄었다. 新政府上台之后，南北间的对立比以前少了许多。
0463	**대문** ③ 大门	대문을 활짝 여니 그가 꽃다발을 들고 나를 기다리고 있었다. 一下打开大门，看到他拿着花在等我。
0464	**대비** ⑨ 对比，比较	보라색과 노란색이 화려한 보색 대비를 이루었다. 紫色和黄色形成了华丽的补色对比。
0465	**대비** ⑩ 预备，应对	자식들 뒷바라지에 노후 대비를 하지 못한 어르신들이 취업에 나섰다. 为了孩子而无法准备养老的老人们重新开始找工作。
0466	**대사** ④ 大使	나는 파라과이 대사로 한 동안 남미에 머물렀다. 我以巴拉圭大使在南美停留了一段时间。
0467	**대사** ⑰ 台词	여주인공은 대사를 다 외우지 못했다며 촬영을 연기했다. 女主角的台词背不下来，所以推迟了拍摄。

0468 **대상** ⑪
对象

한국어 학습자들을 대상으로 한 상호문화교육 방안에 대해 연구하고자 한다.
以韩语学习者为对象，对相互文化教育方案进行研究。
논문

0469 **대상자** ③
对象

이 연구의 대상자는 해외의 한국어 학습자들이다.
这项研究的对象是海外的韩语学习者。

0470 **대신** ③
기출
代替

지영 씨가 저 대신 아르바이트할 만한 사람을 알아보면 좋겠어요.
如果智英你能帮我找到代替我打工的人就好了。

0471 **대응** ②
对应，回应

유명 가수 A씨는 악성 댓글을 다는 일명 '악플러'들에게 법적으로 대응을 하기로 했다.
有名的歌手A决定以法律途径对应那些恶意回帖(又名喷子)的人。

0472 **대접** ⑤
招待，对待

우리는 손님 대접에 신경을 많이 쓴다.
我们花了很多心思招待客人。

0473 **대조** ⑩
对照，比对

각 문화 요소의 비교와 대조를 통해 타문화를 이해하는 능력을 키운다.
通过各文化的比较和对照培养理解他文化的能力。

0474 **대중** ②
大众

대중과 소통하려고 〈토크 콘서트〉를 진행하는 정치인들이 늘고 있다.
为了与大众沟通，越来越多的政客进行〈脱口秀〉。

0475 **대중가요**
大众歌谣

우리가 즐겨 부르는 대중가요로는 〈개똥벌레〉가 있다.
我们爱唱的大众歌谣有赵容弼的〈去旅行吧〉。

0476 **대중교통**
大众交通

주차장이 따로 마련되어 있지 않으니 가급적 대중교통을 이용해 주시기 바랍니다.
不特别提供停车场，请尽量使用大众交通。

0477 **대중문화**
大众文化

〈한국대중문화개론〉 수업을 통해서 내가 피상적으로 알았던 한국 대중문화에 대해 심도있게 알게 되었다.
通过〈韩国大众文化概论〉这门课，让我对韩国大众文化有了深刻的了解。

0478 **대책** ③
对策，措施

재벌들의 횡포를 막기 위한 대책을 신속히 마련해야 한다.
要迅速制定防止财阀横行的对策。

0479 기출	**대처** ④ 应对	일부 대기업들은 시장 변화에 신속히 대처를 했다. 一部分大企业快速的应对了市场变化。
0480	**대청소** 大扫除	주말을 맞아 집안 대청소를 했다. 到了周末，在家里做了大扫除。
0481	**대체** ③ 替代，代替	구입하신 물건이 매진되었습니다. 대체 상품으로 구입하시겠습니까? 您购买的商品已售罄，请问需要购买替代商品吗?
0482 기출	**대출** ② 借，出借，出租	사람도서관은 표현 그대로 사람을 책처럼 대출을 할 수 있는 도서관이다. 人图书馆顾名思义，就是可以像借书一样借人的图书馆。
0483	**대통령** 总统	대통령의 지지율이 높아지고 있다. 总统的支持率越来越高。
0484	**대표** 代表	어떻게 대표님은 저한테 감동을 주실까요? 代表怎么这么让我感动呢? 드라마-힘쎈여자 도봉순
0485	**대한민국** 大韩民国	대한민국 국민이라면 누구나 애국가를 알고 있다. 只要是大韩民国的国民就都知道爱国歌。
0486	**대형** ④ 大型	이 집에는 대형 가전제품을 놓을 수 없어요. 家里放不下大型家电产品。
0487	**댐** ② 坝，堤	이곳은 예전에 댐을 건설하려던 곳이었다. 这里是以前打算建堤坝的地方。
0488	**더위** 热，暑热	노인들은 더위를 피해 인천공항으로 몰려나왔다. 老人们为了避暑来到了仁川机场。
0489	**덕** ⑤ 德，品德	지식보다 덕을 쌓아야 한다. 比起知识，要累积道德。
0490	**덕택** 恩德，多亏，托福	저를 아껴주신 팬분들 덕택에 저희가 여기까지 올 수 있었다고 생각합니다. 我认为我们能走到今天这个位置都是多亏爱我们的粉丝。

0491	**덩어리** 块，团	(돈을 많이 쓰는 아이들을 가리키며) 저 사치 덩어리들… 那奢侈的人们…(指的是那群有钱人) 드라마-상속자들
0492	**도** ⑪ 道	남편은 경상도 사람입니다. 我老公是庆尚道人。
0493	**도구** ⑩ 工具，道具	청소 도구는 교실 맨 뒤의 도구함에 있습니다. 清洁工具在教室最后面的工具箱里。
0494	**도난** ① 失窃，被盗	여행 중에 휴대폰 도난을 당했습니다. 在旅行中手机被盗了。
0495	**도둑** ① 小偷	도둑을 잡고 보니 사촌이었다. 捉到小偷一看竟是表弟。
0496	**도마** ① 菜板，砧板	육류나 생선을 도마에서 손질한 뒤에는 도마를 깨끗이 소독해야 한다. 在菜板上处理完肉类或海鲜后，菜板要消毒干净。
0497	**도망** ② 逃跑	그럴 때 강이는 보이지 않는 곳을 향해 언젠가 도망을 가버릴 것처럼 보이기도 했다. 这时，小江看着远方，象是有一天会逃跑一样。 소설-임솔아-최선의 삶
0498	**도서** ⑥ 图书	한 달 동안 도서관에서 도서 신청을 받는다. 一个月内在图书馆接受图书申请。
0499	**도시락** 便当，盒饭	학창 시절 내내, 그는 도시락 반찬으로 단무지나 콩자반을 싸 갔다. 学生时代，他的盒饭小菜一直都是腌萝卜或五香豆。 소설-김애란-그곳에 밤 여기의 노래
0500	**도심** ④ 市中心	도심에 위치한 쇼핑몰에는 주말이면 사람들이 몰린다. 位于市中心的商场一到周末就很多人。
0501 기출	**도입** 引进	경제 성장의 성공 사례가 활발히 도입이 되는 현상을 경계하고 있다. 经济成长成功的例子在警惕活跃引进的现象。
0502	**도자기** 陶瓷	도자기를 직접 빚어 본 적이 아직 없습니다. 没有亲自动手做过陶瓷。

가 나 명사 다 라 마 바 사 아 자 차 카 타 파 하

0503 **도장** ⑰
图章，印章
계약서에 드디어 도장을 찍었다.
终于在合约上盖章了。

0504 **도전** ④
기출
挑战
이 후보자는 여러 번의 도전 끝에 시장으로 선출되었다.
这位候选人在经过多次挑战后当上了市长。

0505 **도중** ④
途中，过程中
상대방의 말하는 도중에 끼어드는 습관은 예의에 어긋난다.
在对方讲话途中插嘴的习惯是不礼貌的。

0506 **독** ④
毒
예술가들에게 열악한 환경은 '독'이라기보다는 '약'이었다.
对于艺术家来说恶劣的环境是'药'不是'毒'。

0507 **독감** ①
流感
독감에 걸리지 않도록 독감 예방 주사를 미리 맞아야 한다.
为了不得流感，要提前打流感预防针。

0508 **독립**
기출
独立
기업들은 계열사를 독립적인 회사로 분리했다.
企业将子公司分离成为独立的公司。

0509 **독신** ①
独身，单身
그녀는 평생을 독신자(독신)로 살겠다고 다짐했다.
她决定一辈子都单身。

0510 **독일어**
德语
내 친구는 한국에서 독일어과 교수로 재직 중이다.
我朋友在韩国任职德语教授。

0511 **독자** ④
기출
读者
독자들은 관심있는 분야의 책을 대출한다.
读者们会借阅感兴趣的书。

0512 **돌멩이**
石子
호수에 돌멩이를 던지니 작은 파문이 일었다.
向湖水丢了石子，激起小小涟漪。

0513 **동** ⑩
东
한국 동쪽에는 아름다운 해안가가 있다.
韩国东部有美丽的海岸。

0514 **동** ⑫
洞
서울 강남의 청담동을 아시나요?
知道首尔江南的清潭洞吗?

0515 **동그라미**
圆圈
우리 셋이 만나는 지점에 고등학생이 동그라미를 그렸다.
高中生在我们三个见面的地方画上了圆圈。
소설-윤성희-유턴

0516 **동기**④
同期，同届，
同年级

그녀는 나와 일상을 공유하는 대학 동기도 아니었다.
她也不是和我分享日常的大学同学。
소설-최은영-쇼코의 미소

0517 **동기**⑥
动机

한국어 학습 동기가 무엇입니까?
学习韩语的动机是什么？

0518 **동남아**
东南亚

올가을에는 동남아 여행을 갈까 한다.
今年秋天想去东南亚旅行。

0519 **동료**
기출
同僚，同事

그는 처음에 팀 동료들과 사이가 좋지 않았다.
他刚开始与小组同事的关系并不好。

0520 **동부**⑤
东部

미국 동부 지역에는 유명한 대학이 많다.
美国东部地区有许多有名的大学。

0521 **동서남북**
东西南北

딸을 잃은 그녀는 동서남북으로 딸을 찾아 나섰다.
失去女儿的她开始从东西南北寻找女儿。

0522 **동아리**②
기출
社团

우리 시에서는 청소년 과학 동아리 지원 사업을 실시하고 있습니다.
我们市正在实施青少年科学社团的支援事业。

0523 **동양**③
东洋，东方

그는 한 평생 동양 사상에 대해 연구했다.
他一生都在研究东方思想。

0524 **동양인**
东方人

캐나다 밴쿠버에는 동양인이 많이 산다.
加拿大的温哥华住着许多东方人。

0525 **동영상**
视频

저는 동영상을 통해 한국인을 처음 봤습니다.
我是通过视频第一次看到韩国人。

0526 **동요**②
童谣，儿歌

요즘은 동요를 부르는 초등학생들이 별로 없다.
最近没几个小学生唱儿歌。

0527 **동의**②
기출
同意

인터넷을 사용하다 보면 자신의 정보를 제공하겠다는 글에 동의를 해야 하는 경우가 많다.
上网时，常常需要我们同意提供个人信息。

0528 **동일**②
同一，相同

동일 조건이라면 나는 A사의 제품을 구입하겠다.
如果是相同的条件，我会购买A公司的产品。

0529 **동작** ③
动作

조용히 래생의 동작을 지켜보고 있던 여자가 입을 열었다.
静静地看着来生的动作的女人开口了。
소설-김언수-설계자들

0530 **동창** ①
同学，校友

Q는 중학교 동창을 통해 중고 트럭을 하나 구입했다.
Q通过中学同学买了一辆二手卡车。
소설-윤성희-유턴

0531 **동창회**
同学会

초등학교 동창회에서 동창들을 만났는데 다들 너무 변해서 못 알아볼 뻔했다.
在小学同学会上，大家的变化都太大了，差点没认出来。

0532 **동포** ②
同胞

그는 동포 사회에서 사기꾼으로 통한다.
他在同胞社会了是个骗子。

0533 **동호회**
同好会，爱好者协会

동호회 사람들은 서로를 닉네임으로만 불렀다.
同好会的成员都叫彼此的昵称。
소설-김금희-경애의 마음

0534 **동화** ⑦
기출
童话

동화는 어린이가 읽는 책이라는 인식이 지배적이었다.
普遍认为童话是儿童看的书。

0535 **동화책**
童话书

나는 자기 전에 아이에게 꼭 동화책을 읽어주었다.
我在睡觉前一定会给孩子们念童话书。

0536 **되풀이** ①
反复，重复

되풀이(를)해서 읽고 또 읽는 동안 내용이 골수에 박히고 정신이 자란다.
一遍又一遍地反复阅读中，内容刻骨铭心，使我们精神成长。
수필-정민-미쳐야 미친다

0537 **두께** ①
기출
厚度

이 피자의 두께는 종잇장처럼 얇지만 바삭바삭하다.
这张披萨的厚度虽然薄得像纸一样，但是很脆。

0538 **두뇌**
头脑

아몬드와 호두 등의 견과류는 두뇌발달에 도움이 되는 음식이다.
杏仁和核桃等坚果类是对头脑发达有帮助的食品。

0539 **두려움**
害怕，恐惧

삶의 두려움을 어떻게 극복하느냐가 관건이라고 생각합니다.
我认为如何克服人生的恐惧是关键。

0540 **두통약** 头痛药

골치 아픈 일이 많이 생겨 머리가 지끈거린다. 두통약이라도 좀 먹어야겠다.
伤脑筋的事情太多，弄得人头昏脑涨。要吃点头痛药了。

0541 **둘레** 周长

줄자로 허리둘레를 재 보았다.
用软尺量了腰围。

0542 **둥지** 巢穴

새가 나무 위에 둥지를 틀었다.
鸟在树上筑了巢穴。

0543 **뒤편** 后面，后方

첼로는 연주실 뒤편에 놓았습니다.
大提琴放在了演奏室的后面。

0544 **뒷골목** 后巷，小巷

뒷골목으로 다니지 말고 사람들이 많은 큰 길로 다녀야겠다.
不要走小巷，要走人多的大路。

0545 **뒷모습** 背影

나에게서 멀어지는 너의 뒷모습이 문득 그리워지는데…
突然很怀念你那远去的背影。

0546 **뒷문** 后门

뒷문이 스르륵 열렸다. 그런데 아무도 없었다.
后门慢慢地打开了，但是那里什么都没有。

0547 **뒷산** 后山

뒷산에 올라 민들레를 따던 어린 시절이 그립다.
好怀念爬上后山摘蒲公英的小时候。

0548 **드라이** 吹风，吹(头发)

헤어 드라이가 지난번보다 잘 됐네.
头发吹得比上一次好。

0549 **드라이브** 兜风

듣자 하니 드라이브인지 뭔지 가는 거 같던데.
听说好像去兜风还是什么的。

드라마-혼술남녀

0550 **드라이어** 吹风机

젖은 머리로 자면 탈모가 생기니 머리를 감은 후에는 꼭 드라이어로 말려야 한다.
湿头发睡觉会造成脱发，所以洗头后一定要吹干。

0551 기출 **드라이클리닝** 干洗

세탁소에 드라이클리닝을 맡겨야 한다.
要交给洗衣店干洗。

0552 **드레스** 礼服

보통 여자들이 일생에 드레스를 입을 일이 며칠이나 있겠습니까?
通常女生一生中穿礼服的日子能有几天?

0553 기출	**듣기** 听力	1(일)번부터 50(오십)번까지는 듣기 통합 문제입니다. 第一题到第五十题是听力综合问题。
0554	**등기**② 登记，注册	소유권 등기 이전 서류를 준비하십시오. 请准备所有权登记转移的材料。
0555	**등록**① 登记，报名，注册	이제 독도에 주민등록이 돼 있는 사람은 (그의) 부인 김신열 씨뿐입니다. 现在独岛居民登记的人只有（他的）夫人金申烈女士。 뉴스 3
0556	**등록금** 学费	우리 셋은 돈을 모아 (그 학생의) 대학 등록금을 대주었다. 我三个人凑了钱(替那位学生)交了学费。 소설-윤성희-유턴
0557	**등록증** 登陆证	외국인 등록증을 갱신해야 한다. 要更新外国人登陆证。
0558	**등산복** 登山服	한국인들은 뒷산에 오를 때에도 등산복을 갖춰 입는다. 韩国人就算是爬后山也要穿登山服。
0559 기출	**등장**① 登场，出场	이 작품처럼 등장 인물의 심리를 분명하게 보여주는 것은 없다. 没有哪部作品像这部作品一样鲜明地展现出场人物的心理。
0560	**디자이너** 设计师	내 고등학교 동창이 유명 패션 디자이너가 되었다. 我的高中同学成了有名的设计师。
0561	**디지털** 数字，数码	우리는 디지털 세상에 살고 있다. 我们活在数字世界。
0562	**따님** 令爱，千金小姐	둘째 따님은 엄마를 꼭 닮았네요. 二小姐与妈妈长得像极了。
0563 기출	**땅바닥** 地面	땅바닥을 경사지게 만들어 물을 흘려보냈다. 把地面做成斜坡，让水顺着斜坡流出去。
0564	**땅속** 地下，地里	내 소원을 적어 땅속에 묻었다. 나는 이것을 딱 십년 뒤에 파 볼 것이다. 写下我的愿望埋在地下。十年后我再挖出来看。

0565 **땅콩**
花生

그 아이는 땅콩 알러지가 있습니다.
那个孩子对花生过敏。

0566 **때** ②
泥，垢，污垢

목욕탕에 가서 때를 밀었더니 피부가 매끈해졌다.
去澡堂搓了澡，皮肤就光滑了。

0567 **떼** ①
群，帮，伙

중고등학생들이 떼를 지어 다니며 동급생들에게서 돈을 빼앗는다고 한다.
中学生成群结队地从同年级学生那里抢钱。

0568 **똥**
粪便

"개똥도 약에 쓰려면 없다."는 아무리 흔한 물건이라도 막상 쓰려고 하면 찾기 어렵다는 말이다.
"书到用时方恨少"是指就算是再常见的东西，你需要它的时候却很难找到。
속담

0569 **뚜껑**
盖子，盖

이 그릇의 뚜껑을 닫으세요.
请盖上这碗的盖子。

0570 **뜰** ①
院子，庭院

집 뒤에 있는 뜰을 거닐며 노래를 불러 보았다.
走到屋子背后的院子里唱了歌。

0571 **뜻밖**
意外，出乎意料

눈물을 닦기 위해 손수건을 꺼낸다고 생각했는데 여자가 꺼낸 것은 뜻밖에도 화장품이었다.
我以为那个女孩要拿出手绢擦眼泪，没想到她意外地拿出了化妆品。
소설–김언수–설계자들

0572 **띠** ①
腰带，带

태권도 승급 심사에 합격해서 검은 띠를 매게 되었다.
我在跆拳道晋级审核中合格了，戴上了黑腰带。

0573 **띠** ④
属相

저는 호랑이띠입니다.
我的属相是虎。(我属虎)

가 나 명사 다 라 마 바 사 아 자 차 카 타 파 하

0574 **량** ⑤
量

근무량이 많은 중소기업 재직자들은 학업과 업무를 병행하기가 어렵다.
工作量大的中小企业在职人员很难做到学业与工作平行。
신문 9

0575 **레몬**
柠檬

레몬은 디톡스 효과가 있어 몸 속의 독소를 제거해 준다.
柠檬有排毒效果，所以能排出身体里的毒素。

0576 **렌즈**
隐形眼镜

나는 라식수술을 해서 이제 렌즈를 낄 필요가 없다.
我做了激光手术，现在不用再戴隐形眼镜了。

0577 **렌터카**
租车，租用汽车

최근 제주도에서는 렌터카 사고가 잦다고 합니다.
最近济州岛的租用汽车频繁发生事故。

0578 **로그인**
登录

댓글을 쓰려는 데 로그인을 하라는 메시지가 떴다.
本打算留言却出现需要登录的消息。

0579 **로봇**
机器人

로봇이 친구이자 동반자가 될 날이 머지않았습니다.
距离机器人成为朋友和同伴的日子不久了。

0580 **리듬**
节奏，节拍

리듬에 맞춰 춤을 춘다.
跟着节奏跳舞。

0581 **리모컨**
遥控器

이 텔레비전은 리모컨이 없으면 아예 켤 수가 없네요.
电视没有遥控器根本打不开。

0582 **리본**
带子，飘带

원피스에 달린 리본을 예쁘게 묶어 보세요.
请把连衣裙上的飘带帮个漂亮的结。

0583	**마늘** 蒜	한국에서는 깐 마늘과 다진 마늘을 손쉽게 구할 수 있다. 在韩国很容易买到剥好的蒜和蒜泥。
0584	**마디** ① 关节	나는 손가락 마디가 굵은 편이다. 그래서 맞는 반지를 찾기가 어렵다. 我的手指关节很粗，所以很难找到合适的戒指。
0585	**마라톤** 马拉松	마라톤, 마라톤 삶은 길어 천천히 해. 42.915(사십구점 구일오). 马拉松，马拉松，人生很长，慢慢来，42.915。 노래-방탄-낙원
0586	**마루** ③ 地板，客厅	마루에 주저앉아 발톱을 깎는다. 坐在地板上剪脚趾甲。
0587 기출	**마무리** 结尾，收尾， 善后	시장은 추진 중이던 정책을 모두 마무리 지었다. 市长把推行中的政策都收尾了。
0588	**마사지** 按摩	컴퓨터 작업을 오래 했더니 몸이 뻐근해 마사지를 받았다. 长时间使用电脑浑身酸痛，所以做了按摩。
0589	**마약** 毒品	마약은 한 번도 안한 사람은 있어도 한 번 한 사람은 없다고 한다. 그 만큼 중독이 무서운 것이다. 有一次都不吸毒的人，但是没有只吸一次毒的人。可见毒品是多么可怕的东西。
0590	**마우스** ② 鼠标，滑鼠	마우스를 너무 오래 써서 그런지 마우스가 제대로 움직이지를 않는다. 不知是不是用了太久了，鼠标不能正常使用了。
0591	**마음가짐** 思想准备，心态	단정한 마음가짐을 갖고 살자. 带着端正的心态生活吧。
0592	**마음속** 内心，心里， 心中	그에게 고백을 하겠다고 마음속으로 다짐했다. 在心底决定要向他表白。
0593	**마음씨** 心地，心肠	옛날 옛날에 마음씨가 고운 한 처녀가 살고 있었습니다. 很久很久以前，有一个心地善良的姑娘。
0594	**마이크** 麦克风，话筒	마이크를 잡은 김에 노래라도 한 곡 할까요? 都拿起话筒了，顺势唱首歌怎么样?

0595 **마찬가지**
기출
一样，相同，同样

다음 주가 개강이니 방학도 다 끝난 거나 마찬가지이다.
下星期开课，与放假结束一样。

0596 **마찰**
기출
摩擦，冲突

태양광 발전소 사업자와 주민 사이에 마찰이 빚어지고 있다.
太阳能发电站经营人与居民发生了冲突。

0597 **막내**
老幺，老小

나는 막내로 자라 부모님의 사랑을 듬뿍 받았다.
我作为老幺长大，深受父母疼爱。

0598 **막대기** ①
棍，棒

예전에는 막대기로 학생들의 머리를 치는 선생들이 있었다.
以前有老师用棍子打学生的头。

0599 **막차** ①
末班车

막차를 타고 집으로 돌아갔다.
我搭末班车回家了。

0600 **만남**
相遇，相会，相聚

요즘에는 남녀가 자연스러운 만남을 갖기가 어렵다.
最近男女很难自然地相遇。

0601 **만원** ①
满员，爆满

지하철 9(구)호선은 출퇴근 시간에는 항상 만원이다.
地铁9号线每到上下班时间就爆满。

0602 **만점**
满分

지은이는 전 과목에서 만점을 받았다.
智恩所有的科目都拿了满分。

0603 **만족** ①
기출
满足

내가 최고라고 생각하는 순간 거기에 만족을 하게 되니까요.
认为自己是最棒的那一瞬间，我就会满足于此。

0604 **만족감**
满足感

삶에서 만족감을 얻으려면 무엇이 필요할까?
想要在生活中得到满足感需要些什么呢?

0605 **만화책**
기출
漫画书

만화방이 단순히 만화책을 보는 공간에서 벗어나 '만화카페'로 다시 태어나고 있다.
漫画屋不再只是单纯看漫画的空间，而是重生"漫画咖啡屋"。

0606 **말기** ⑤
末期，晚期

그는 배가 아파서 병원에 갔는데 위암 말기라는 충격적인 진단을 받았다.
他因为肚子痛去了医院，却被确诊为胃癌末期。

0607 **말다툼**
争吵，口角

사소한 말다툼이 시작이었을까 내가 너보다 무거워졌던 순간.
我变得比你更沉重的那瞬间，是琐碎的争吵开始的时候吗?
노래-방탄-Trivia 轉 : Seesaw

0608 **말투**
기출
语气

그녀는 내게 딱하다는 말투로 말했다.
她用生硬的语气跟我说话。

0609 **말하기**
会话，演讲

우리 학생들은 말하기 대회에 참가하려고 준비하고 있다.
我的学生正在准备参加演讲比赛。

0610 **맘** ①
心地，心肠

맘이 좋은 부부가 옆집에 살고 있다.
隔壁住着一对心地很好的夫妇。

0611 **맞벌이**
双职工(夫妻都工作)

맞벌이 부부들을 위한 쇼핑 서비스가 많아졌다.
为了双职工夫妇的购物服务多了起来。

0612 **맞은편**
对面

저기 맞은편에 앉아 있는 잘생긴 남자는 누구죠?
对面坐着的那个帅哥是谁?

0613 **맞춤법**
拼写法

이 글은 맞춤법에 맞지 않는 단어가 너무 많네요.
这篇文章有太多拼写不正确的单词了。

0614 **매** ①
木棍，木棒

매를 맞는 직장인들이 있다고 한다. 기가 막힐 노릇이다.
听说有上班族被木棍打，真是让人无语。

0615 **매력**
魅力

나는 배우 공유에게 무한 매력을 느꼈다.
我感受到了演员孔刘的无限魅力。

0616 **매운맛**
辣味，辣

매운맛이 나는 과자를 많이 먹었더니 물이 당긴다.
因为吃太多辣味的饼干，所以想喝水。

0617 **매운탕**
辣汤，鲜辣鱼汤

낚시로 잡은 생선으로 매운탕을 끓여 먹어보고 싶다.
想用钓上来的鱼做鲜辣鱼汤。

0618 **매장** ⑥
卖场，商场

S 화장품은 압구정동에 가장 큰 매장을 열었다.
S化妆品在狎欧洞开了一家最大的商场。

0619 **매점** ②
小卖部，小铺

병원과 학교에서 매점을 운영하는 분들은 돈을 많이 번다.
在医院和学校开小卖部的人能赚很多钱。

0620	**매진** ③ 售罄	다니엘이 광고한 티셔츠는 이미 매진이 되었다. 우리는 그를 '완판남'이라 부른다. 丹尼尔代言的T恤已经售罄。我们称他为'售罄男'。
0621 기출	**매체** 媒体	세대별 매체 이용 현황을 보면 20(이십)대는 신문을 많이 보지 않는다. 从各年龄段媒体使用现况来看，20几岁的人很少看报纸。
0622	**맨발** 光脚	건강을 위해 맨발로 공원을 걷는 노인들이 있다. 有老人为了健康在公园里光脚走路。
0623	**머리칼** 头发	머리칼이 자꾸 눈을 찌른다. 얼른 머리를 잘라야겠다. 头发总是戳眼睛，要赶紧剪头发了。
0624	**머릿속** 脑海，脑中	중학교 시절 전교생 앞에서 상을 받았다. 삼십 년 만에 모교에 왔는데 그 날의 장면이 아직도 머릿속에 남아 있었다. 中学的时候在全校师生面前得了奖。时隔三十年再次回到母校，那天的场面仍留在脑海里。
0625	**먹이** 食物，饲料	공원의 비둘기에게 함부로 먹이를 주지 마십시오. 请不要随意喂食物给公园的鸽子。
0626	**먼지** ① 灰尘，尘埃	허공을 떠도는 작은 먼지처럼… 就像飘在空中的小小尘埃一般。 노래-방탄-봄날
0627	**멀미** ① 晕船/车	두 시간 이상 차를 탔더니 차 멀미가 났다. 坐了两个多小时的车，开始晕车了。
0628	**멍** ① 淤青，淤血	축구를 하다가 넘어졌는데 다리에 멍이 들었다. 踢足球的时候摔倒腿上淤青了。
0629	**메뉴판** 菜单	사장님, 여기 메뉴판 좀 주시겠어요? 老板，能给我菜单吗?
0630	**메달** ② 奖章，奖牌	이번 축구 시합에서 우리 학교가 동메달을 땄다. 我们学校在这次的足球比赛中获得了铜牌。
0631	**메모지** 便利贴	핸드폰이 고장나서 그의 전화번호를 메모지에 썼다. 因为手机坏了，所以把他的电话写在了便利贴上。
0632	**멜로디** 旋律	이 발라드 곡은 멜로디가 참 아름답다. 这首抒情歌的旋律真美。

0633	**며느리** 儿媳妇	나는 이 집안의 셋째 며느리이다. 我是这个家族的第三个儿媳妇。
0634	**면** ⑤ 面，方面	언어의 기능적인 면뿐만 아니라 그 언어가 사용되는 곳의 사회·문화적 규범도 알아야 한다. 不仅是语言的机能方面，还要知道这门语言使用地的社会文化的规范。 논문
0635	**면담** 面谈	한 학생이 내게 면담을 요청했다. 有一位学生申请与我面谈。
0636	**면도** 刮胡子，剃须	고등학생 아들은 아침마다 면도를 한다. 高中生的儿子每天早晨都刮胡子。
0637	**면적** 面积	미국 미시건 호수의 크기는 남한의 면적과 비슷하다고 한다. 据说美国密西根湖的大小与南韩的面积差不多大。
0638 기출	**면접** 面试	떨지 말고 면접시험 잘 보세요. 不要紧张，好好面试。
0639	**면접관** 面试官	면접관은 내게 "결혼은 언제쯤 할 생각입니까?"라고 예의에 어긋나는 질문을 했다. 面试问了我"打算什么时候结婚?"这个不合礼仪的问题。
0640	**면허** ① 许可，执照，资格证	드디어 운전면허를 땄다. 终于拿到驾照了。
0641	**면허증** 许可证，执照	운전 면허증을 따면 제일 하고 싶은 일은 교외 드라이브이다. 拿到驾照后最想做的事情就是到郊外兜风。
0642	**멸치** 鳀鱼	잔멸치를 볶아서 먹으면 고소하다. 鳀鱼炒着吃很酥脆醇香。
0643	**명** ② 名，名称	이 그림의 작품명은 '빙글빙글'입니다. 这幅画的作品名称是"转啊转"。
0644 기출	**명단** ① 名单	김 선생님, 이번 회의 참석자 명단 좀 주시겠어요? 金先生，可以给我这次会议出席者名单吗?

0645 **명령** ①
命令

나한테 이래라 저래라 명령 좀 하지 마세요.
请不要命令我做这做那。

0646 **명예** ①
名誉

그는 돈이나 명예로는 남부럽지 않은 사람이다.
他是个有钱有名誉的人。

0647 **명함**
名片

우선 여분의 명함부터 찍어 놓아야 할까.
首先应该印上多余的名片吗?

소설-김금희-한낮의 연애

0648 **모금** ②
기출
募捐

중요한 문화재를 지키기 위해 시민들이 자발적으로 모금에 나섰다.
为了保护重要的文化遗产，市民们自发地开始募捐活动。

0649 **모니터**
显示器

그는 모니터에서 눈을 떼지 않고 일했다.
他目不转睛地盯着显示器工作。

0650 **모델**
模型，标本，样式

한국어 교육에서는 새로운 지역적 모델을 구상해야 할 것이다.
韩语教育要构想新的地区模式。

논문

0651 **모래** ①
沙，沙子

나는 차가운 모래 속에 두 손을 넣고 검게 빛나는 바다를 바라본다.
我把手放进冰冷的沙子中，望着漆黑的大海。

소설-최은영-쇼코의 미소

0652 **모범** ②
기출
模范

저희 측에서 사회에 모범이 되는 분들을 찾아 상을 드리고자 합니다.
我方想找一个社会模范者来授予奖项。

0653 **모자** ②
母子

모자가 참 닮았네요. 특히 아들 코는 엄마 판박이네요.
母子长得真像，特别是鼻子跟妈妈的一模一样。

0654 **모집**
招募，征集

내달부터 학생 모집을 시작합니다.
下个月开始招募学生(招生)。

0655 **모험**
冒险，探险

모험도 없는 자신의 여생이, 그럴수록 측은해지는 거였다.
没有冒险的余生，越是怀念越是可怜。

소설-이만교-번지점프

0656 **목** ⑩
木

은희는 목요일마다 발레를 배운다.
恩熙每周的星期四(木曜日)学习芭蕾。

0657 **목구멍**
喉咙，嗓子眼

목구멍이 따끔거리며 아프다.
喉咙刺痛。

0658 **목록**
目录，清单

나는 가방에서 종이를 꺼내 쇼핑 목록을 작성했다.
我从包里拿出纸张做了购物清单。

0659 **목사** ⑤
牧师

목사님의 설교 내내 졸았다.
牧师的说教让我一直打瞌睡。

0660 **목숨** 기출
生命，性命

북극곰은 몸의 50%(오십 퍼센트)가 지방인데, 사람이 이만큼 지방을 가지고 있으면 목숨을 잃을 수도 있다.
北极熊身体的50%是脂肪，如果人类体内有这么多的脂肪就会危及性命。

0661 **목적지**
目的地

잠시 후 목적지에 도착합니다.
稍后将抵达目的地。

0662 **목표**
目标

교육은 그 과정에서 각자 자기 목표를 세울 수 있도록 도와준다.
教育有助于在此过程中各自建立各自的目标。

수필-한동일-라틴어 수업

0663 **몫** 기출
分量

이는 편리한 환경을 조성하는 데 큰 몫을 하고 있다.
这在营造便利环境中占了很大的分量。

0664 **몸매**
身材，身姿，身段

나는 몸매 관리를 위해 고구마와 닭가슴살만 먹는다.
为了管理身材，我只吃地瓜和鸡胸脯肉。

0665 **몸무게**
体重

오랜만에 몸무게를 쟀다. 세상에, 살이 이킬로나 쪘다.
好久没有称体重了，天哪，竟然胖了两公斤。

0666 **몸살** ①
浑身难受，指身体疲劳，酸痛，虚弱，无力的病症

이사를 하고 나서 몸살로 고생했다.
搬了家以后，病倒了。

0667 **몸속**
体内

내 몸속에는 한국인의 피가 흐르고 있습니다.
我体内流着韩国人的血。

0668 **몸짓** 기출
身体动作，体态

두 사람은 말이 통하지 않아 사전과 몸짓을 이용해 서로 이야기했다.
两个人语言不通，但是利用照片和身体动作进行了交谈。

0669 **몸통**
块头，躯干

이 곤충의 몸통은 유난히 크다.
这只昆虫的块头特别大。

0670 **못** ①
钉子

부모의 가슴에 못을 박는 일은 하지 말아야 한다.
不要做在父母心头钉钉子的事情。

0671 **묘사** ②
기출
描绘，描写，刻画

그 화가는 아주 사실적인 묘사로 사물 외관의 특징을 드러냈다.
那位画家运用了非常写实地描绘了事物外观的特征。

0672 **무관심**
漠不关心，冷漠

자녀에 대한 무관심이 화를 부른다.
对子女的不关心会引起祸害。

0673 **무기** ⑤
武器，兵器，军火

무기 소지는 금지입니다.
禁止携带武器。

0674 **무늬**
기출
花纹，纹路

나방은 나비보다 무늬가 화려한 경우도 많다.
有很多蛾子的纹路比蝴蝶的纹路要华丽。

0675 **무대** ⑥
舞台

텅텅 빈 무대에 섰을 때 괜한 공허함에 난 겁을 내.
站在空荡荡的舞台上，因无谓的空虚感而怯懦。

방탄-노래-EPILOGUE: Young Forever

0676 **무더위**
기출
炎热，酷暑，酷热

오미자 차는 무더위에 지친 사람의 입맛이 나게 하는 데에 도움이 된다.
五味子茶有助于在炎热天气中疲惫的人开胃。

0677 **무덤**
坟墓

"제 무덤을 제가 팠다."는 말은 자기를 본인이 직접 위험에 빠지게 했다는 말이다.
"自己挖了自己的坟墓"这句话是说自己让自己陷入了危险。

속담

0678 **무리** ⑧
过分，勉强，无理，吃不消

하루 열 시간 이상 근무는 몸에 무리가 된다.
一天工作10个小时以上身体会吃不消。

0679 **무시** ④
无视，轻视

약자에 대한 무시가 팽배한 세상
对弱者的无视日益膨胀的世道。

수필-은유-글쓰기의 최전선

0680	**무역** ② 贸易(特指国际贸易)	무역 회사에 근무한다던 김 씨는 그새 또 직장을 옮겼다. 曾在贸易公司工作的金某近日又换了工作。
0681	**무용** ③ 舞蹈	나는 초등학교 때 무용을 배웠다. 我在小学的时候学过舞蹈。
0682	**무의미** 无意义	열심히 일해 번 돈이 아니라면, 그 돈은 내게 무의미하다. 如果不是努力赚来的钱，那钱对我来说就毫无意义。
0683	**무지개** 彩虹	쌍무지개가 뜬 걸 직접 본 적이 있다고요. 我亲眼见过双彩虹。
0684	**무책임** 不负责任	경찰은 그 부모의 자식에 대한 무책임을 비난했다. 警察指责了他父母不负责任的行为。
0685	**문구점** 文具店	문구점에는 다양한 문구류가 있다. 文具店里有许多文具。
0686 기출	**문명** ③ 文明	이로 인해 사람들은 문명 발달에 필요한 자원을 얻기 쉬워졌다. 正因如此人们很容易得到文明发达所需的资源。
0687	**문방구** 文具店	요즘은 문방구가 점차 사라지고 있다. 最近文具店正在逐渐消失。
0688	**문법** ① 文法	저는 조 선생님께 한국어 문법을 배우고 있습니다. 我正在向赵老师学习韩语语法。
0689	**문병** ② 探病	나는 할아버지의 문병을 갔다. 我去医院看了爷爷。
0690	**문서** 文书，文件	강 씨는 문서 위조 혐의로 구속되었다. 江某因伪造文件的嫌疑被拘留了。
0691 기출	**문의** ③ 询问，咨询	그건 내가 문의를 해 보고 알려 줄게. 我询问之后再告诉你。
0692 기출	**문자** ② 文字，短信	문자 메시지를 주고받을 때 이모티콘을 통해 감정을 표시한다. 在收发短信的时候通过表情符号来表达感情。
0693	**문장** ② 句子	한국어 문장을 하루에 열 개만 써 보세요. 쓰기 실력이 늘 거예요. 请一天写十个韩语句子。写作能力会提高的。

0694 **문제점**
기출
问题

이로 인한 문제점을 해결해 줄 방안이 마련되었다.
我们准备了解决由此所产生问题的方案。

0695 **문학** ①
기출
文学，文学作品

도서 구매율에 따르면 분야별로는 문학이 가장 많았으며 '자기 계발'이 그 뒤를 이었습니다.
根据图书购买率，文学类书籍最多，'自我开发'类位居第二。

0696 **문화재**
文化遗产，文物

해외 여행에 가서 중요 문화재 앞에서 사진을 찍을 때에는 문화재가 훼손되지 않도록 각별히 유의해야 한다.
海外旅行时，特别要注意与文物拍照时不要损坏文物。

0697 **물가** ①
水边，岸边

물가에 앉아 지난날을 떠올려 본다.
坐在岸边回想以前的日子。

0698 **물가** ②
物价

최근 물가가 많이 올랐다.
最近物价上涨了很多。

0699 **물감** ②
기출
颜料

물감은 섞거나 덧칠할수록 색이 탁해진다.
颜料混合或是越沾颜色越浑浊。

0700 **물결**
水波，波纹

잔잔한 물결에 파문이 일었다.
平静的水波掀起了涟漪。

0701 **물기**
水分，湿气

물기가 마르지 않은 식기에 음식물을 넣으면 내용물이 상할 수 있으니 주의하세요.
请注意将食物放在水分未干的餐具里，里面装的东西会坏掉。

0702 **물소리**
水声

똑똑똑, 어디서 물소리가 나지 않나요?
滴答滴答，从哪里传来的水声？

0703 **물속**
水中，水里

열 길 물속은 알아도 한 길 사람 속은 모른다는 말은 사람의 마음은 헤아리기가 어렵다는 말이다.
知人知面不知心的意思是说人心难测。
속담

0704 **물약** ③
口服液，药水

아이들은 알약을 먹지 못해 물약을 먹는다.
小孩子吃不了丸药就吃口服液。

0705 **물음** ①
问题，提问

다음 물음에 답하시오. 이 글의 지은이는 직장 내 갑질에 대해 어떻게 생각합니까?
请回答下列问题。这篇文章中作者是如何看待职场中的甲方行为?

0706 **물질** ②
物质，钱财

물질만능주의란 물질만을 추구하는 정신을 일컫는다.
物质万能主义是指只追求物质的精神。

0707 **뮤지컬**
音乐剧

그 배우가 나오는 뮤지컬은 무슨 일이 있어도 꼭 본다.
不论发生什么事，我都会去看那位演员出演的音乐剧。

0708 **미국인**
美国人

한국어를 잘하는 미국인도 있으니 미국인에게 무조건 영어를 써야 한다는 고정관념은 버리세요.
因为有韩语说得好的美国人，所以请丢掉一定要和美国人说英文的固定观念。

0709 **미니** ②
迷你

내 동생은 어렸을 때 미니카를 수집했다.
我弟弟小时候收集了迷你车。

0710 **미디어**
媒体

영상미디어에서는 아시아인 캐릭터가 다양한 활약을 보이고 있다. 그 중 영화 〈서치(Search)〉가 대표적이다.
影像媒体中亚洲人的角色展现了多样的活跃。其中电影〈Search〉就是代表作的。

0711 **미련** ②
迷恋，留恋

헤어진 연인에 대한 미련을 버리지 못해 데이트 폭력이 일어나곤 한다.
因为无法割舍对分手恋人的迷恋，所以才会发生约会暴力。

0712 **미만** ①
未满

이 클럽은 20(이십)세 이상 35(삼십오)세 미만에 해당되는 성인들만 출입할 수 있다고 한다.
听说这间夜店只允许20岁以上未满35岁的成人出入。

0713 **미성년자**
未成年人

술집은 미성년자의 출입을 금하는 곳이다.
酒馆是禁止未成年人出入的地方。

0714 **미소** ⑤
微笑

할아버지는 그 말을 일본어로 전하면서 연신 미소를 지었다.
爷爷把他的话翻译成日语，连连微笑。

소설-최은영-쇼코의 미소

0715 **미술**
美术

나는 미술에 소질이 없다.
我对美术没有天分。

0716 **미용사**
美容师

내 동생은 대학 진학보다 취업을 하겠다고 했다. 현재 미용사가 될 준비를 하고 있다.
我的妹妹比起上大学更想要工作。现在正在准备成为一名美容师。

0717 **미움**
讨厌，厌恶

부모에 대한 미움은 쉽게 사라지지 않는다.
对父母的厌恶不会轻易地消失。

0718 **미인**①
美人，美女

우리 엄마는 미인 대회 일등 출신이다.
我妈妈曾是选美大赛的第一名。

0719 **미장원**
美容院

엄마는 미장원에 머리를 하러 간 지 벌써 세 시간이 넘었는데 아직도 안 오셨다.
妈妈已经去美容院做头发做了三个多小时了，还没有回来。

0720 **미팅**
集体约会，
集体相亲

대학교에 다닐 때 미팅을 해 봤나요?
上大学的时候有参加过集体相亲吗?

0721 **미혼**①
未婚

그녀는 평생을 미혼으로 지냈고, 그녀의 행복지수는 무척 높았다.
她一生未婚，但她的幸福指数非常高。

0722 **민속놀이**
民俗游戏

널뛰기, 그네뛰기는 한국의 대표적인 민속놀이이다.
跳跳板和荡秋千是具有代表性的民族游戏。

0723 **민족**
기출
民族

사회도 각 집단의 속성과 이해관계에 따라 민족 간 충돌이 일어난다.
社会也会根据各个团体的属性和利害关系出现民族间的冲突。

0724 **민주주의**
民主主义

대한민국은 민주주의 사회이다.
大韩民国是民主主义社会。

0725 **믿음**
信任，相信

이미 가졌다고 생각하고 움직여 봐. 믿음은 바라는 것의 실상이고, 안 보이는 것의 증거니까.
想着已经拥有试着行动，信任是期望的实体，因为这是看不见的证据。
노래-비와이-데이데이

0726 **밑바닥**
底，底面，底部，
底层

양회장의 폭력 영상이 만천하에 공개되었다. 그의 인성의 밑바닥을 드러낸 증거였다.
杨会长的暴力视频被公诸于世，这是暴露他人生最底层的证据。

0727 **밑줄**
下划线

이 글의 주제에 밑줄을 그으세요.
请在这篇文章的主题处画上下划线。

0728	**바가지** ① 瓢，舀子	집에서 새는 바가지, 밖에서도 샌다는 속담은 집안에서 제대로 못 하는 사람은 밖에서도 올바르게 행동하지 않는다는 말이다. 家中的漏瓢到外面也是漏瓢这个俗语是说在家里做不好的人，在外面也不会行为端正。 속담
0729	**바구니** 篮子，筐	귤이 바구니에 가득 쌓여 있다. 篮子里装满了橘子。
0730	**바늘** 针	"바늘 도둑이 소 도둑 된다."는 말은 작은 도둑이 자라면 큰 도둑이 된다는 말이다. "小时偷针，大时偷金"是说小贼长大会成为大盗。 속담
0731	**바닷물** 海水	저 출렁이는 바닷물에 뛰어들어 보고 싶다. 我想跳进那荡漾的海水里。
0732	**바둑** 围棋	내 동생은 바둑을 잘 둔다. 我弟弟围棋下得很好。
0733	**바람** ② 希望，期望，心愿	내 안에는 원하지도 않던 헛된 바람이 어느 새부턴가 생겨…(생겼다) 我心中不知何时生出并非所愿的希望。 노래-비와이-데이데이
0734	**바보** 傻瓜，傻子	말 한 마디 잘못해서 완전히 바보가 되었다. 因为说错一句话，完全成了傻子。
0735	**바위** ① 岩石，石头	지도에 그려진대로 산 정상 부근에서 커다란 바위 세 개를 발견했다. 跟着地图所画的，在山顶附近发现了三个巨大的岩石。 소설-윤성희-유턴
0736 기출	**바탕** ① 基础	피카소는 황소의 모습을 주의 깊게 살펴보고 이를 바탕으로 작품을 시작했다. 毕加索仔细地观察了黄牛的形象，并以此为基础开始了作品创作。
0737	**박사** ① 博士	언니는 올여름에 경제학 박사 학위를 받았다. 姐姐在今年夏天拿到了经济学博士学位。
0738	**박스** 箱子，盒子	박스를 열어 보니 꽃이 한아름 들어 있었다. 打开盒子一看，发现里面装着一束花。

0739 **반값** 半价，五折

이 물건은 내내 팔리지 않더니 결국 반값으로 팔렸다.
这东西一直卖不出去，最终以半价卖出去了。

0740 **반납** ② 返还，退回

이 책은 일주일 내에 반납을 해야 한다.
这本书要在一周内返还。

0741 **반달** ① 半月，月牙，月弯

그녀의 눈썹이 반달 모양으로 예쁘게 생겼다.
她的眉毛长得像月牙一样好看。

0742 **반대말** 反义词

'얇다'의 반대말은 '두껍다'입니다.
'薄'的反义词是'厚'。

0743 **반대쪽** 反方向

나는 반대쪽으로 가야 되는데… 그럼 우리 여기에서 헤어지자.
我要往反方向走...那我们在这里分开吧。

0744 **반말** 半语，平语，卑称

후배가 나에게 반말을 했다. 기분이 몹시 상해 그 후배에게 한 마디했다.
后辈对我说了平语，心情非常不好，说了那个后辈一句。

0745 **반면** ② 反面，但，相反的

매체를 통한 외국어 학습은 긍정적이다. 반면에 무분별하게 날것의 방송을 시청하면 타문화에 대한 왜곡된 지식을 습득할 수 있다.
通过媒体学习外语是好的，但盲目地收看节目可能会学到歪曲的他文化知识。

논문

0746 **반발** ① 反对，反抗

등록금 인상 공지는 전교생의 반발을 샀다.
学费上涨公告引起了全校学生的反对。

0747 **반복** ① 反复

반복이 성공을 이끈다.
反复引导了成功。

0748 **반성** ① 反省

검사 임은정은 검찰의 반성과 개혁을 촉구하는 글을 끊임없이 올렸다.
检察官林恩贞不断地上传了敦促检察官反省与改革的文章。

신문 5

0749 **반영** ① 反映
기출

소비자들의 심리를 반영(을) 한 백화점의 매출 전략이 호응을 얻고 있다.
百货商店反映消费者心理的销售策略得到了呼应。

0750 **반응** (기출)
反应
생물들은 환경 변화에 민감하게 반응을 한다.
生物对环境变化有着敏感的反应。

0751 **반장** ⑧
班长
지금부터 반장 선거를 시작하겠습니다.
现在开始进行班长选举。

0752 **반죽**
和面，面
수제비를 만들려면 밀가루로 반죽을 잘해야 한다.
想做疙瘩汤，要先用面粉和好面才行。

0753 **반창고**
创可贴
손을 칼에 베어서 손에 반창고를 붙였다.
手被刀割伤贴了创可贴。

0754 **반팔**
短袖
날이 아직 쌀쌀한데 반팔을 입었어?
天气还很凉，就穿上短袖了?

0755 **반품** ②
退货
방금 산 제품에 하자가 있으니 반품을 요구합니다.
刚刚买的新产品有瑕疵所以申请了退货。

0756 **받침**
托子，垫子
이 냄비 받침이 만원이나 한다고? 말도 안 돼.
这个锅垫要一万元?太不像话了。

0757 **발걸음** (기출)
脚步，步伐
할머니를 시골에 혼자 두고 서울로 올라오는 발걸음은 가볍지 않았다.
将奶奶一个人留在乡下来到首尔的脚步并不轻松。

0758 **발견** ①
发现
〈생활의 발견〉이라는 말도 있듯이 우리는 생활 속에서 많은 지혜를 터득할 수 있다.
就像有〈生活的发现〉这句话一样，我们在生活中获得了许多智慧。

0759 **발급**
发放，发
미성년자에게는 카드를 발급을 해 주지 않습니다.
不给未成年人发银行卡。

0760 **발길**
脚步
〈금일 휴업〉이라는 안내에 발길을 돌릴 수밖에 없었다.
看到了〈今日停业〉的通知，我只好回头了。(意译)

0761 **발꿈치**
脚后跟，脚跟
아이는 앞이 잘 보이지 않자 발꿈치를 들었다.
孩子看不清前面，就踮起了脚跟。

0762 **발끝**
脚尖
발레리나들은 어떻게 발끝으로 서서 춤을 출까요? 너무 신기하지 않은가요?
芭蕾舞者们是怎么用脚尖跳舞的?不觉得很神奇吗?

0763 **발달**
发展，发达

컴퓨터 산업 발달이 빠르게 진행되었습니다.
电脑产业发展迅速。

0764 **발등**
脚背

"제 발등을 찍었다."라는 말이 있다. 자기 스스로 자기에게 해가 되는 일을 한 사람에게 하는 말이다.
有句话叫"搬起石头砸自己的脚"。是对那些用自己的话害了自己的人说的。
속담

0765 **발명** ①
기출
发明

특허법은 독창적인 기술을 최초로 발명을 한 사람에게 기술에 대한 독점적 사용권을 부여한다.
专利法是赋予独创技术的最初发明者这项技术特别的使用权。

0766 **발목** ①
脚踝

그 선수는 경기에서 발목을 다쳐 후반전에 경기에 뛸 수 없습니다.
那位选手因为脚踝受伤，没办法在下半场继续跑了。

0767 **발생**
기출
发生

이 글은 발생 가능한 사회 문제를 제기하고 있다.
这篇文章提出了可能发生的社会问题。

0768 **발음** ①
发音

쇼코의 영어는 알아 듣기 쉬웠다. 발음이 정확했고 세련된 연음을 구사했다.
쇼코的英文很容易听懂，发音清楚，使用了简洁的软音。
소설-최은영-쇼코의 미소

0769 **발자국**
脚印

눈이 쌓인 곳을 밟고 지나갔다. 눈 위에 발자국을 남겨 보고 싶었다.
走过积雪的地方，想在雪上留下脚印。

0770 **발전** ①
发展

한국은 눈부신 경제 발전을 이루었다.
韩国取得了辉煌的经济发展。

0771 **발톱**
脚指甲

발톱에 메니큐어를 예쁘게 발라 발톱을 자르고 싶지 않다.
我不想剪掉涂了漂亮指甲油的脚指甲。

0772 **발표** ①
기출
发表，发布

발표 내용은 짧고 분명하게 하는 것이 좋다.
发表内容简短且明确会比较好。

0773 **발표회**
기출
发布会，发表会

신제품 발표회에서 숫자를 활용한 데이터를 제시하면 고객에게 신뢰감을 줄 수 있다.
在新产品的发布会上，提供数字数据能够给顾客带来信赖感。

0774	**발행** ① 发行，印发	이 잡지는 계간지로 연간 4(사)회 발행이 된다. 这本杂志以季刊形式一年发行四次。
0775	**밤** ② 栗子	밤을 따다가 손에 가시가 박혔다. 摘栗子的时候，手上扎了个刺。
0776	**밤새** ② 通宵，整夜，整晚	우리는 밤새 잠을 이루지 못했다. 我们整夜都没睡。 소설-윤성희-유턴
0777	**밤색** 栗子色	밤색과 갈색의 차이를 알겠어요? 난 잘 모르겠던데… 知道栗子色与褐色的差别吗?我不太清楚...
0778	**밤중** 半夜，深夜	밤중에 다니면 위험하다고 하는데 여기는 안전해서 괜찮다. 听说半夜出门很危险，但是这里很安全，所以没关系。
0779	**밥그릇** 饭碗，餐具	배가 고팠는지 그 아이는 밥그릇을 싹싹 비웠다. 不知是不是太饿了，那孩子把饭碗清的干干净净。
0780	**밥맛** 胃口	가을이 되니 밥맛이 좋아졌다. 천고마비(天高馬肥) 즉, "가을에는 하늘이 높고 말이 살찐다."라는 말이 있듯이 나도 살이 찌려나 보다. 到了秋天胃口就变好了，天高马肥即，就像"秋天的天很高，马变肥"一样我也要长胖了。
0781	**밥솥** 电饭锅，饭锅	이 전기밥솥에 밥을 하면 밥맛이 좋습니다. 这个电饭锅做的饭很好吃。
0782	**방면** ① 方面，方向	올림픽 도로 방면에는 지금 차량이 정체되어 있습니다. 奥利匹克大路方向现在车辆停滞不前。
0783 기출	**방바닥** 房间的地板	방바닥에 누우니 잠이 솔솔 온다. 躺在房间的地板上，睡衣渐渐袭来。
0784	**방송사** 电视台	방송사의 PD로 근무하고 있습니다. 我在电视台当导演。
0785 기출	**방식** ① 方式	남자가 말하는 방식으로 가장 알맞은 것을 고르십시오. 根据男生的说话方式选出最佳答案。
0786 기출	**방안** ① 方案	시청 직원들이 쓰레기를 줄이는 방안에 대해 회의를 열었다. 市政府工作人员就减少垃圾的方案召开了会议。

0787 **방울** ①
滴，水珠

창문에 빗방울이 맺혀 있다.
窗户上挂着水珠。

0788 **방지** ④
기출
防止

이는 약의 부작용을 방지하려는 목적이다.
这有防止药物副作用的目的。

0789 **방해** ①
기출
妨碍

이력서에 있는 개인 정보가 공정한 선발에 방해가 될 수 있다.
履历表上的个人信息会妨碍公正的选拔。

0790 **배경** ①
背景

이 글은 지명이 만들어진 배경에 대해 설명하고 있다.
这篇文章在说明地名的创造背景。

0791 **배구** ⑤
排球

나는 고등학생 때까지 배구 선수로 활동했다.
直到高中的时候我都是排球选手。

0792 **배꼽**
肚脐

"배보다 배꼽이 더 크다."는 당연히 커야할 것이 작고, 작아야 할 것이 클 때 말한다.
"肚脐比肚子大"是说原本要大的东西很小，而原本要小的东西却很大。

속담

0793 **배낭** ①
背包

그 여행 작가는 이번에도 배낭 하나 달랑 메고 세계여행을 떠났다.
那位旅行作家这次也只背了一个背包就踏上了世界之旅。

0794 **배낭여행**
背包旅行

오빠는 유럽으로 배낭여행을 떠났다.
哥哥背包旅行去了欧洲。

0795 **배려** ②
照顾，关怀

배려를 할 때 먼저 상대방의 입장을 고려해야 한다는 것은 말처럼 쉬운 일이 아니다.
照顾对方的时候，先考虑对方的立场并没有嘴上说的那么简单。

0796 **배송** ④
配送，发货

저는 〈신기택배〉를 이용합니다. 배송이 제일 빠르거든요.
我都用〈神奇快递〉，发货最快了。

0797 **배우자** ②
配偶，伴侣

마음에 맞는 배우자를 만나 결혼하게 되었습니다.
遇到了合心意的配偶就结婚了。

0798 **배웅**
送行，送别

공항에 친구 배웅을 하러 나간다.
到机场为朋友送行。

0799 기출	**배치** ③ 安排，配置，布局	회의 명단을 보고 자리 배치를 정해야 합니다. 对着会议名单决定位置的安排。
0800	**배터리** ① 电池	휴대폰 배터리를 충전해야 하는데 혹시 충전기 있어요? 手机电池需要充电，有充电器吗?
0801	**배편** 船，班船	배편으로 짐을 보내면 비용이 훨씬 절감됩니다. 用船运送行李费用大大减少(确实省钱)。
0802	**백** ⑧ 包，手提包	그녀는 영수증을 받자마자 확인도 하지 않고 그냥 백에 넣었다. 那个女人拿到发票看都不看就放进了包里。
0803	**뱃속** 肚子里	뱃속에는 아이가 있습니다. 肚子里有孩子。
0804 기출	**버섯** ② 蘑菇	그는 버섯의 재배 방법을 연구한다. 他在研究蘑菇的培育方法。
0805	**버터** 黄油	식빵에 버터를 발라 먹었다. 我吃了抹黄油的面包。
0806	**버튼** 按钮，开关	버튼을 누르니 음식이 나왔다. 按了按钮，食物就出来了。
0807	**번개** ① 闪电	우산을 쓰고 가다가 번개를 맞을 뻔했다. 撑着伞差点被闪电击中。
0808	**번역** 翻译	아무리 간단한 문장이라도 번역은 그리 쉬운 작업이 아니다. 就算是简单的句子，翻译也不是一项简单的工作。
0809	**번지** ③ 门牌号，号，地址	487(사백팔십칠)번지는 어느 쪽인가요? 487号在哪一边?
0810	**번호표** 号码牌	고객님, 번호표를 뽑고 기다리십시오. 您好，请抽号等候。
0811	**벌** ③ 蜜蜂	벌에 쏘이면 죽을 수도 있다는데 사실인가요? 听说蜜蜂蛰了会死，是真的吗?

0812 **벌**⑥ 惩罚
죄를 지었으면 벌을 받아야 한다.
犯了罪就应该受到惩罚。

0813 **벌금** 罚款
그는 과속으로 고속도로를 달렸다. 결국 벌금을 내게 됐다.
他在高速路上超速，结果缴了罚款。

0814 **벌레**① 虫子
이 파리채로 벌레를 잡을 수 있겠어?
用苍蝇拍能抓到虫子吗?

0815 **범위** 范围
시험 범위가 너무 넓어서 공부하기가 힘드네요.
考试范围太广，学习起来太难了。

0816 **범인**② 犯人，罪犯
경찰은 현장에서 범인을 체포했다.
警察在现场逮捕了罪犯。

0817 **범죄** 犯罪
무엇보다 검찰이 개인적 범죄에 대해서만 수사하고 '은폐'라는 조직적 범죄에 대해선 눈감았으니까요.
因为只对检察官的个人犯罪进行调查，对'包庇'这样的组织犯罪却睁一只眼闭一只眼。
신문 5

0818 **법률** 法律
변호사님께 법률 상담을 받으러 왔습니다.
我来向律师咨询法律。

0819 **법원**① 法院
그 여자가 나를 성희롱으로 고소했다. 나는 법원에 가서 내 무죄를 증명할 것이다.
那个女人以性骚扰起诉了我，我会到法院证明我是无罪的。

0820 **법칙** 法则
법치주의 국가에서 법칙을 지키지 않는 사람은 벌을 받아야 한다.
在法治主义国家不遵守法则的人就要受到惩罚。

0821 **베개** 枕头
너무 높은 베개를 베고 잤더니 목이 좀 뻐근하다.
枕着太高的枕头睡觉，脖子有点酸痛。

0822 기출 **베란다** 阳台
자전거는 베란다에 두었습니다.
把自行车放在了阳台。

0823 **벤치** 长椅，长凳
우리는 공원에 있는 벤치에 나란히 앉아 이야기를 나누었다.
我们并排坐在公园的长椅上聊天。

0824	**벨** ② 铃，门铃	벨을 눌렀더니 그 남자가 나왔다. 按了门铃，那个男人就出来了。
0825	**벨트** 安全带，腰带	안전벨트를 꼭 매십시오. 请系好安全带。
0826	**벼** ① 稻子，水稻	벼를 베는 일로 하루 일당 오만원을 받았다. 割稻子一天能赚五万韩币。
0827	**벽시계** 挂钟，壁钟	벽시계를 걸면 좀 벽이 지저분해 보일 것 같지 않아요? 挂了壁钟不觉得看起来有点杂乱吗?
0828	**벽지** ② 壁纸	새 벽지를 발랐더니 집안이 환해졌다. 贴了新的壁纸，家里变得敞亮了。
0829 기출	**변경** ④ 更改，变更	비밀번호 변경도 주기적으로 해야 한다. 也要定期更改密码。
0830	**변동** 变动	최근 주가 변동이 심하니 당분간은 주식을 구입하지 않는 편이 좋겠다. 因为最近股价波动严重，暂时不要买股票比较好。
0831	**변명** ① 辩解，申辩，狡辩	그 학생은 자기 성적이 좋지 않은 이유에 대해 변명을 구구절절 늘어놓기 시작했다. 那个学生对自己成绩不好的理由开始了狡辩。
0832	**변비** ① 便秘	요즘 변비가 심해졌다. 아무래도 변비약을 먹어야겠다. 最近便秘变得严重了，看来要吃药了。
0833	**변화** 变化	한국은 1970(천구백칠십)년대에 경제적으로 큰 변화를 겪었다. 韩国在1970年经历了巨大的经济变化。
0834	**별도** ① 另外，另行	이집은 손님을 위한 방을 별도로 마련했다. 这家人为了客人另外准备了房间。
0835	**별말씀** 特别的话	선생님께서 별말씀이 없으셔서 여기까지만 준비했습니다. 老师没说什么特别的话，所以就准备到这里。
0836	**별명** ① 外号，绰号	내 이름 진, 끊임 없이 잘생김, 근데 내 별명 찐따 我的名字是 Jin，我是最帅的，但是我的外号是 Jindda (笨蛋) 노래-방탄-Outro: Circle Room Cypher

0837 **별일**
特别的事情

별일 없으면 주말에 우리집에 와서 같이 저녁이나 할래요?
如果没什么特别的事情，周末到我们家吃晚饭怎么样?

0838 **병실** ②
病房

친구가 다리를 다쳐서 병원에 입원했다. 오늘 병실로 문병을 가기로 했다.
朋友因脚伤住院，今天说好了去病房探病。

0839 **보고** ③
기출
报告

왕은 주변에서 일어나는 모든 일들을 신하에게 보고를 받았다.
国王从大臣那里得到了周围发生的所有事情的报告。

0840 **보고서**
报告，报告书

밤새 보고서를 작성하느라 한 숨도 못 잤다.
为了写报告整晚都没有睡。

0841 **보관** ①
기출
保管，保存

겨울에 강에서 채취한 얼음은 보관을 했다.
保管冬天在河上采的冰。

0842 **보급** ①
普及，推广

본사는 신기술 보급에 힘쓰겠습니다.
总公司(本社)会努力推广新技术。

0843 **보기** ①
例子，范例

아랫사람에게 본보기를 보이도록 하겠습니다.
我会成为下面人的榜样。

0844 **보너스**
奖金

오늘 연말 보너스를 받았다. 얼마 안 되지만 기분은 좋다.
今天拿到了年终奖金，虽然没有很多但是很开心。

0845 **보도** ④
报道

신문 보도에 의하면 한국인의 자살률이 세계 일위라고 한다.
根据新闻报道指出韩国人的自杀率是世界第一。

0846 **보람**
意义，价值

나는 한국어를 가르치는 일에 보람을 느끼고 있다.
我从教韩文的工作中感受到了意义。

0847 **보름** ①
十五(天)

정월 보름날에 한국인들은 오곡밥을 먹는다.
韩国人在正月十五会吃五谷饭。

0848 **보름달**
满月，
十五的月亮

보름달이 뜨면 곰이 운다.
满月升起，熊会出没。

0849 **보리** ①
大麦

이곳에서는 보리를 재배하고 있다.
这里种着大麦。

0850	**보리차** 大麦茶	한국인들은 보리차를 즐겨 마신다. 韩国人很喜欢喝大麦茶。
0851 기출	**보물** ④ 宝物，宝藏	아들은 보물을 찾기 위해 밭을 파 봤지만 아무것도 나오지 않았다. 孩子为了寻找宝藏挖了田，但是却什么也没有找到。
0852	**보상** ① 补偿，回报	무슨 보상이 있어야 성과도 있지. 要有什么补偿，才有成果。 드라마-김비서가 왜 그럴까?
0853	**보석** ④ 宝石	반짝이는 보석이 많아 봤자 소용없다. 看再多亮晶晶的宝石也没用。
0854	**보수** ⑨ 报酬	일한 만큼 보수를 받아야 한다. 干多少活就要拿到相应的报酬。
0855 기출	**보안** ① 保安	여전히 사생활 침해와 테러 위험 등의 보안 문제는 정부가 넘어야 할 큰 산이다. 侵害私生活与恐怖危险等安全问题仍旧是政府需要越过的大山。
0856 기출	**보완** 补充，完善	보수와 진보가 서로 보완을 하여 상호 균형을 이룰 때 경제는 더욱 발전한다. 保守与进步相互补充，实现相互的均衡时，经济会更发达。
0857 기출	**보장** ① 保障	기본 소득은 노동에 대한 최소한의 대가 보장을 해 줘야 한다. 基本所得对劳动应有最低限度的保障。
0858	**보전** ③ 保存，保护，保全	"대한사람 대한으로 길이 보전하세" 이는 애국가 1(일)절의 마지막 가사이다. "大韩人走大韩的路，保全我们的江山"是《爱国歌》第一节的最后一句。
0859 기출	**보조** ② 辅助	수면 보조 제품이 수면 장애의 진정한 해법이 될 수 있을까요? 睡眠辅助产品真的是睡眠障碍的解决方法吗?
0860 기출	**보존** 保存	역사적 가치가 있는 토지, 자연, 건물을 관리하고 보존(을) 하려는 노력이 시작되고 있다. 管理和保存有历史价值的土地，自然，建筑的努力已经开始了。
0861	**보충** 补充	고등학교 때 보충수업이 너무 싫어서 도망치고 싶었다. 高中的时候因为太讨厌补课，曾想过逃跑。

0862 **보행자**
行人

보행자가 다니는 구역에는 차량을 통제한다.
行人通行的区域不允许车辆通行。

0863 **보험**
기출
保险

보험사는 운동을 꾸준히 한 사람에게 보험료를 할인해 준다.
保险公司对坚持运动的人给予保险费折扣。

0864 **보호** ①
保护

국민이 법의 보호를 받는 것은 당연하다.
国民受到法律的保护是应当的。

0865 **복** ⑫
福气，运气

조각보를 만들 때는 쓰는 사람이 복을 받기를 바라는 마음으로 바느질을 한다.
做雕刻布是希望用的人能得到福气而做的针线活。

0866 **복도** ④
走廊，楼道

복도에 서서 도시락을 먹는 학생들이 있다.
有学生站在走廊上吃便当。
문학 잡지

0867 **복사** ⑨
复印

신입 사원 시절, 나의 주된 업무는 복사와 문서 정리였다.
当我还是新职员的时候，我的主要工作是复印和文件整理。

0868 **복사기** ②
复印机

7(칠)층 복사기가 고장나서 그러는데, 이것 좀 복사해 주시겠어요?
7楼的复印机坏了，你能帮我复印一下这个吗?

0869 **복수** ③
报仇

나에게 모욕감을 준 그에게 복수를 다짐했다.
我决定向侮辱我的那个人报仇。

0870 **복숭아**
桃子

복숭아는 고가의 과일에 속한다.
桃子属于高价水果。

0871 **복용** ①
服用

정기적으로 복용을 하는 약물이 있으십니까?
有长期服用过得药物吗?

0872 **복통**
腹痛，肚子痛

돼지고기를 잘 익히지 않고 먹어서 그런지 저녁 내내 복통에 시달렸다.
不知是不是吃了没熟的猪肉，一晚上都肚子痛。

0873 **복음**
炒

미국 친구는 멸치복음을 보고 비명을 질렀다. 멸치의 눈이 자기를 보는 것 같다고 했다.
美国朋友看到炒鳀鱼后发出了尖叫，说鳀鱼的眼睛象是在看着自己。

0874 **본능**
本能

인간은 본능만을 따르며 살 수 없다.
人类只靠本能是无法生存的。

0875 **본부** ③
总部，本部

본부에서 연락이 왔습니다.
总部来了联系。

0876 **본질** ②
기출
本质

심리 장애가 생긴 원인의 본질을 파악하는 것이 중요하다.
了解产生心理障碍原因的本质很重要。

0877 **볼** ①
脸蛋，脸颊

그는 내 볼을 살짝 꼬집었다.
他轻轻地捏了捏我的脸蛋。

0878 **볼거리** ①
看点

이번 행사에는 다양한 볼거리가 제공되오니 많은 참여 부탁드립니다.
这次的活动看点多多，请多多参与。

0879 **볼링**
保龄球

볼링을 칠 때는 옆사람이 공을 다 굴린 뒤에 내 공을 굴려야 한다.
打保龄球的时候，要等旁边的人打完才能滚自己的球。

0880 **볼일**
有事，要办的事

볼일이 있어서 어디 좀 들렀다 오느라 늦었어요.
因为有事去了别了的地方，所以来晚了。

0881 **봉사** ③
기출
奉献

자신에게 필요하지 않은 물건을 봉사단체에 기증하는 시민들이 늘고 있다.
越来越多市民将自己不需要的东西捐献给奉献团体。

0882 **봉지** ⑥
袋子，袋

본 매장에서는 환경보호를 위해 비닐봉지를 사용하지 않습니다.
本卖场为了环境保护，因此不使用塑料袋。

0883 **부** ⑰
财富

부와 명예는 한 순간 불었다 가버리는 바람과 같다.
财富和名誉就像一瞬间吹过的风一样。

0884 **부근** ③
附近

학교 부근에는 분식점이 많다.
学校附近有许多小吃店。

0885 **부끄러움**
害羞，害臊

그 학생은 부끄러움 때문에 좀처럼 사람들을 만나려고 하지 않는다.
那个学生因为害羞所以不愿与人见面。

0886 **부담** ①
负担，承担

A 학교는 학비, 기숙사비뿐만 아니라 기타 학교 운영비도 학부모가 부담을 해야 한다.
A校不仅仅是学费，宿舍费，连学校的其他运营费用都需要学生家长负担。

0887 **부대** ⑧
部队

한국음식 '부대찌개'의 기원을 아시나요?
知道韩国'部队锅'的起源吗?

0888 **부동산**
房地产，不动产

집값은 부동산에 가서 알아보는 게 좋겠네요.
房价还是到房地产中介那里去了解比较好。

0889 **부모** ①
父母，家长

학생들이 점심시간 운동장에서 놀다가 다치는 사건으로 학부모 항의가 이어지자 교장이 사용 금지령을 내렸다.
因学生中午在操场玩耍时受伤，学生家长抗议不断，校长下达了禁止使用令。
신문 11

0890 **부문** ⑥
部门，领域

고모는 단편소설 부문에서 문예상을 수상했다.
姑姑在短篇小说部门得了文艺奖。

0891 기출 **부상** ⑤
负伤，受伤

운동 중에서도 걷기는 부상 위험 없이 할 수 있기 때문에 남녀노소 누구에게나 좋다.
运动中，走路因为没有受伤的危险，所以男女老少皆宜。

0892 **부서** ⑫
部门，单位

미리는 총무부에서 인사부로 부서를 옮겼다.
美丽从总务部调到了人事部。

0893 **부위** ④
部位

돼지고기는 어느 부위가 가장 맛있지요?
猪哪个部位的肉最好吃？

0894 **부인** ④
夫人，已婚女子，妇女

〈채털리 부인의 사랑〉은 영국 작가 D.H 로렌스의 유명 작품이다.
《查泰莱夫人的情人》是英国作家D.H劳伦斯的著名作品。

0895 **부자** ③
父子

부자는 외모뿐만 아니라 성격도 비슷하다.
父子俩不仅长得像，连性格都差不多。

0896 기출 **부작용**
副作用，负面效果

이 전문가는 산업혁명의 부작용에 대해 반성해야 한다고 주장했다.
这位专家认为要对产业革命的副作用进行反省。

0897 **부잣집**
富人家，有钱人家

부잣집일수록 사람들에게 많이 베풀어야 한다.
越是有钱人家越要多施舍。

0898 **부정** ②
不正当，违规

부정을 저지른 정치인은 감옥에 갔다.
营私舞弊的政界人士都去了监狱。

0899 **부정** ⑩
否定，否认

외국어 수업에서 학습자는 자신의 문화에 대해 부정을 하지 않고 목표문화를 비판적으로 수용해야 한다.
外语课上学习者不应该否定自己的文化，而是批判性地接受目标文化。
논문

0900 **부정확**
不正确

그의 한국어는 문법의 부정확이 가장 큰 문제이다.
他韩语的最大问题在于不正确的文法。

0901 **부족** ⑤
部落，部族

한부족의 부족장은 부족민들의 존경을 받는 사람이다.
一个部落的族长是受到部落人民尊重的人。

0902 **부주의**
不注意，疏忽，不慎

초보운전자들보다 운전에 능숙한 사람들이 부주의로 사고를 내기도 한다.
与新手司机相比，老司机也会因疏忽而导致事故。

0903 **부채** ①
扇子

“불 난 집에 부채질한다.”는 남의 불행을 돕기는커녕 더 상대를 힘들게 한다는 말이다.
“火上加油(给着火的房子扇扇子)”是指在别人不幸的时候不仅不帮忙，反而让对方更难受。

속담

0904 **부처** ①
佛祖，菩萨

부처님의 가르침처럼 욕망을 끊을 수만 있다면 좋으련만 저는 그러지 못했습니다.
如果能像佛祖的教诲那样戒除欲望就好了，但是我却没能做到。

수필–한동일–라틴어 수업

0905 **부츠**
靴子

부츠를 자주 신으면 무좀에 걸리기 쉽다고 한다.
听说经常穿靴子会得脚气。

0906 **부친**
父亲

부친은 치매에 걸리셔서 지금 요양원에 계십니다.
父亲因为得了痴呆，所以现在在疗养院。

0907 **부품**
部件，零件，配件

전자 부품을 생산하는 공장에서 일하던 직원들이 이름 모를 병에 걸렸다. 조속한 조사가 필요하다.
生产电子零件的工厂工人得了不知名的病，需要尽快调查。

0908 **북** ⑥
北，北边

한 때 한국에서는 ‘북’이라는 말만 써도 이상한 오해를 받곤 했다.
据说曾经在韩国连写“北”这个字眼都会受到奇怪的误会。

0909 **북미**
北美

북미지역에서도 한국어 교육이 활발하게 이루어지고 있다.
韩语教育在北美地区也很活跃。

0910 **북부** ①
北部，北方

이번 주 북부 지방에는 기온이 떨어지겠습니다.
这周北部地区将会降温。

0911 **분노**
기출
愤怒

외로움을 받아들이지 못하면 분노와 적개심이 쌓일 수 있다.
如果不能接受孤独，就会累积愤怒和敌忾之心。

0912 **분단** ③
분裂，分隔

한국은 남한과 북한으로 분단이 되어 있다.
韩国分隔成南韩与北韩。

0913 **분량**
分量

단편소설의 분량은 200(이백)자 원고지 70(칠십)매 정도이다.
短篇小说的分量是70张200字的作文纸。

0914 **분류** ③
기출
分类

이 글은 지명 분류 방법에 대해 설명했다.
这篇文章对分类地名的方法进行了说明。

0915 **분리** ④
分离，分开

목표언어교육과 문화교육을 분리를 해서 가르치는 것은 바람직하지 않다.
将目标语言教育与文化教育分开来教学是不正确的。

논문

0916 **분석** ②
기출
分析

이 글은 사회 현상을 논리적으로 분석을 했다.
这篇文章对社会现象做了逻辑分析。

0917 **분수** ⑤
分寸，深浅

그는 제 분수를 모르고 사치를 하더니 결국 망했다.
他不知分寸地奢侈享受，最后还是破产了。

0918 **분수** ⑪
喷泉，喷水

백화점 분수 앞에서 만나요.
我们在百货商店的喷泉前见面吧。

0919 **분실** ②
丢失，遗失

저희 업소에서는 고객님의 분실 사고에 책임을 지지 않습니다.
顾客的遗失事故，本店概不负责。

0920 **분실물**
失物，丢失物品

분실물 센터에 가서 내가 잃어버린 책을 찾아야 한다.
我要去失物招领处找回我丢的书。

0921 **분야**
기출
领域

법률이나 경영 등 다양한 분야에서 지식 서비스를 제공하는 로봇이 등장할 예정이다.
提供知识服务的机器人将在法律或经营等多方领域登场。

0922 **분포** ②
分布

우리는 생물의 다양한 분포를 연구하고 있다.
我们正在研究生物的多样分布。

0923 **분필** ③
粉笔

분필은 잘 부러진다, 또는 잘 부서진다
粉笔易断，也易粉碎。

시-나히덕-분필

0924	**불가** ① 不准，不宜，不可以	이 클럽은 청소년 입장 불가입니다. 本夜店不准青少年入场。
0925	**불가능** 不可能	전교 151(백오십일)등이 두 달 만에 전교 1(일)등이 되는 일은 불가능이라 말할 수 있다. 全校第151名在两个月内成为全校第一名是不可能的事。
0926	**불교** 佛教	불교 신자가 전국에 몇 퍼센트나 됩니까? 全国有多少的佛教信徒?
0927	**불규칙** 不规则	한국어의 불규칙 동사의 변화는 너무 헷갈린다. 韩语不规则的动词变化很容易分不清。
0928	**불균형** 不平衡，不均衡	지역 간 불균형이 점차 심해지고 있다. 地域间的不平衡现象越来越严重。
0929	**불꽃** ① 火花，火星	이 가스통에서 불꽃이 일었다. 这个煤气罐起了火星。
0930	**불리** ① 不利	장애를 가졌다고 해서 장애인들이 일반인들보다 불리(한) 조건만 있는 것은 아니라고 본다. 我认为就算是残疾，比起一般人，也不是只有不利的地方。
0931	**불만** 不满	공휴일에 쉬지 못해 직원들의 불만이 이만저만이 아니다. 因为公休日不能休息，所以职员们的非常不满(怨声载道)。
0932	**불만족** 不满意	마이클은 한국 생활의 불만족을 수시로 나타냈다. 迈克时不时就对韩国的生活感到不满意。
0933 기출	**불법** ① 非法	불법 주차 단속을 강화해야 한다. 必须加强非法停车的管制。
0934	**불빛** 灯光，火光	저 쪽에서 불빛이 새어나오고 있습니다. 那边透出灯光。
0935	**불어** ③ 法语	정희는 프랑스어과를 나왔지만 불어를 한 마디도 못한다. 贞姬虽然是读法语系，但是她一句法语都不会。
0936	**불완전** 不完全	인간은 불완전(한) 존재라는 사실을 명심해야 한다. 要铭记人类是不完全的存在这个事实。

가 나 다 라 마 명사 바 사 아 자 차 카 타 파 하

0937	**불이익** 损失，受损， 不利	이런저런 배제와 불이익, 괴롭힘이 있었죠. 曾有过这样那样的排斥和损失，以及欺凌。 신문 5
0938	**불충분** 不充分，不充足	지금 교육 현장은 다양한 교재의 불충분 상태에 있다. 现在教育处于各种教材不充足的状态。
0939	**불친절** 不亲切	매장 내 직원의 불친절 때문에 다시는 이곳에 오고 싶지 않다. 因为卖场的工作人员的不亲切，再也不想来这里了。
0940	**불쾌** 不快，不愉快	지하철 안에서 뒤에 있는 남자가 내 뒤에 바짝 붙어 있다. 불쾌(감)를 느꼈다. 在地铁上，后面的那个男人贴着我，让我感到不快。
0941	**불평** ① 不平，不满， 牢骚	한국을 방문한 외국인들 중 “대체 한국 사람들은 왜 그래요?”고 불평을 늘어놓는 이들이 종종 있다. 访问韩国的外国人中常常有人会发牢骚说“韩国人到底为什么那样?”
0942	**불평등** 不平等	우리는 현재 불평등 사회에 살고 있지는 않나요? 我们现在生活在一个不平等的社会，不是吗?
0943	**불필요** 不必要，不需要	의사소통의 불필요를 외치는 사람은 그 누구도 없을 것이다. 没有任何人会高喊沟通的不必要。
0944	**불행** 不幸，倒霉，祸	삼포세대(연애, 결혼, 취직, 이 세 가지를 포기한 세대) 청년들은 쉽게 불행을 느낀다. 三抛世代(恋爱，婚姻，工作，抛弃这三样的世代)青年们容易感到不幸。
0945	**불확실** 不确定，不确切	삶의 불확실(성)을 받아들여야 한다. 要接受人生的不确定性。
0946	**뷔페** 自助餐	한식 뷔페의 인기가 점차 시들해지고 있다. 韩式自助餐的人气正在逐渐下降。
0947	**비결** ③ 秘诀，诀窍	이 특수 건물의 비결에는 과학적인 구조가 큰 역할을 했다. 在这个特殊建筑的秘诀中，科学的构造是很大一部分。
0948	**비극** 悲剧	비극은 (부모들이) 잠시 자리를 비운 사이 찾아왔다. 悲剧在(父母)暂时离开位子的时候来临。 신문 8

0949	**비난** 责难，指责，谴责	그 기업의 회장은 직장 내 갑질로 국민들의 비난을 받았다. 那家企业的会长因为甲方的蛮横行为遭到了国民的谴责。
0950 기출	**비닐** 塑料	비닐 포장재도 환경오염의 원인 중 하나입니다. 塑料包装材料也是造成环境污染的原因之一。
0951 기출	**비만** ① 肥胖	꿀은 비만을 일으키지 않는다고 생각한다. 我认为蜂蜜不会引起肥胖。
0952	**비명** ② 尖叫，哀鸣，惊呼	창대는 비명처럼 소리쳤다. "완벽하군요." 昌大很大声的叫了出来，"这是太完美了"。 소설-전성태-코리언솔저
0953 기출	**비밀번호** 密码	비밀번호를 자주 변경해야 한다. 密码要定期修改。
0954	**비바람** 风雨	비바람이 치던 바다 잔잔해져 오면… 风雨过后的大海若平静下来… 노래-해바라기-연가
0955	**비법** ② 秘法，秘方	떡볶이 소스의 비법을 알려 주세요. 请告诉我炒年糕酱料的秘方。
0956	**비상** ① 紧急，紧张	비상 대책을 강구하지 않으면 안 된다. 非采取紧急对策不可。
0957	**비상구** 安全出口，紧急出口	비상 시 복도 왼쪽에 위치한 비상구로 대피하세요. 紧急情况时，请从走廊左侧的紧急出口避难。
0958 기출	**비용** ③ 费用	시간과 비용을 들여 멀리 여행을 떠날 필요는 없다. 没必要花费时间和费用去远方旅行。
0959	**비유** ① 比喻，比方	사람들은 종종 인생을 마라톤에 비유를 하곤 한다. 人们常常将人生比喻成马拉松。
0960 기출	**비율** ② 比率，比例	텔레비전을 보는 사람의 비율은 20(이십)대가 40(사십)대보다 높다. 20岁人群看电视的比率比40岁人群高。

0961 **비자** ⑧
签证
이들 부부는 취업방문비자로 입국했다.
这对夫妇以就业访问签证入境了。
신문 8

0962 **비중** ①
기출
比重，比例
도서 구매율에 따르면 가장 많은 비중을 차지했던 20(이십)대의 구매율은 감소했다.
根据图书购买率，曾占比重最多的20岁人群的购买率下降了。

0963 **비타민**
기출
维他命
비타민이 가득! 하루 필요한 야채가 이 한 병에 있습니다.
充满维他命!一天需要的蔬菜都在这一瓶中。

0964 **비판** ①
기출
批判
이 디자인은 사용자들의 불편에 대한 비판과 반성에서 출발했다.
该设计源于用户对于使用不便的批判与自身的反省。

0965 **비행** ③
飞行
이제 고작 첫 비행인 걸 훨훨 날아갈 수 있다면
现在不过初次飞行，如果能够永远翱翔
노래-방탄-Interlude:Wings

0966 **비행장**
机场
비행장에 도착하는 순간 나는 환호성을 질렀다. "드디어 도착이다!"
到达机场的那一刻，我欢呼道"终于到了!"

0967 **빈자리**
空位，空缺
혼자 살다 보니 엄마의 빈자리가 느껴진다.
一个人过日子就感受到了妈妈的空位。

0968 **빗** ①
梳子
빗으로 머리를 빗으면 머리카락이 한 움큼씩 빠진다.
用梳子梳头的话会掉一大把头发。

0969 **빗길**
雨路，下雨的路
빗길에 운전 조심하세요.
雨路请小心开车。

0970 **빗물**
雨水
빗물을 받아쓰면서도 김 씨는 독도를 고집했습니다.
就算接雨水使用，金某也坚持守在独岛。
뉴스 3

0971 **빗방울**
雨点，雨滴，雨珠
빗방울이 떨어진다. 우산을 갖고 나가야겠다.
掉雨点了，要带伞出门了。

0972 **빛**
债
우린 꿈을 남한테서 꿔 빚처럼, 위대해져야 한다고 배워 빛처럼.
我们像借债一样从别人那里做着梦，学习必须像光芒一样变伟大。
노래-방탄-낙원

0973	**빛** 光，光线	하늘이 파래서 햇살이 **빛**(이) 나서 내 눈물이 더 잘 보이나 봐. 天空如此蔚蓝，阳光如此耀眼，才让我的眼泪更加明显。 노래-방탄-INTRO :I NEED U
0974	**빛깔** 色彩，颜色	가을 **빛깔** 중 최고는 단풍의 빨간색이다. 秋天的色彩中最棒的就是枫叶的红色了。
0975	**빨강** 红色，红的	립스틱이 너무 진한 **빨강**이네요. 조금만 더 연하면 좋겠는데… 口红太红了。稍微淡一点就好了...
0976	**뺨** 耳光，面颊，脸颊	"종로에서 **뺨** 맞고 한강에서 화풀이한다."는 화를 나게 한 당사자가 아닌 다른 사람에게 화를 낸다는 말이다. "在钟路挨耳光，到汉江解气"是指不对让你生气的人发火，而向其他人发火。 속담
0977	**뼈** 骨骼，骨，骨头	**뼈**가 굵다고 꼭 건강한 것은 아닐 것이다. 不是骨骼粗大就一定健康。
0978	**뽀뽀** 亲亲，亲吻	아이는 엄마의 이마에 **뽀뽀**를 했다. 孩子亲吻了妈妈的额头。
0979 기출	**뿌리** 根，根基，根源	명절에 **뿌리**채소를 먹는데, 뿌리는 조상을 뜻하기 때문이다. 节日的时候吃有根的蔬菜，是因为根代表着祖先。

0980	**사건** ① 事件，案件	사건 발생 48(사십팔)시간이 지났는데도 경찰은 아무런 조치를 취하지 않았다. 尽管距离案件发生已经48小时了，警察还是没有采取任何措施。
0981	**사고방식** 思考方式，思维方式	사고방식의 차이로 말다툼이 일어나곤 한다. 经常因思维方式的差异而发生争吵。
0982 기출	**사과** ⑧ 道歉	사과를 할 때 진심 없이 건성으로 하는 사람들이 있다. 有些人在道歉的时候没有真心，敷衍了事。
0983	**사기** ㉕ 诈骗，欺诈，欺骗	그는 사기죄로 기소되었다. 他以诈骗罪被起诉。
0984	**사나이** 男子汉	군대에 다녀와야 '진짜 사나이'가 된다는 말에는 동의하기 어렵다. 难以认同去了军队才是"真正男子汉"这句话。
0985	**사내** ① 男人，男子汉	"사내는 울면 안돼."라는 말도 성차별적인 발언이라고 생각한다. 我认为"男子汉不能哭"这句话也是性别歧视。
0986	**사냥** 打猎，狩猎	사냥용 총기를 소지하려면 경찰에 신고를 해야 한다. 想要携带狩猎枪支需要向警察申报。
0987 기출	**사례** ⑤ 事例	이 글은 구체적인 사례에서 결론을 유도하고 있다. 这篇文章用具体的事例来诱导出结论。
0988	**사립** ④ 私立	사립 고등학교의 학비는 웬만한 대학교 학비 그 이상이다. 私立高中的学费比一般大学的学费贵。
0989	**사막** ④ 沙漠	꿈은 사막의 푸른 신기루 내 안 깊은 곳에… 梦想是沙漠中碧色的海市蜃楼，在我心中… 노래-방탄-Euphoria
0990	**사망** ④ 死亡	안타까운 김해 원룸 화재, 사망 · 중상자 모두 어린 아이 金海单间公寓火灾令人惋惜，死亡/重伤者皆为小孩。 신문 8
0991	**사무** ⑤ 事务，业务，办公	변호사 사무실에서 사무를 보다가 법에 대해 알게 되었다. 在律师事务所办业务的时候对法律有了了解。

0992 **사무소**
事务所，办事处

그는 회계 사무소를 열었다.
他开了一家会计事务所。

0993 **사무직**
事务职

사무직에 종사하는 분들은 앉아 있는 시간이 많기 때문에 만성적 질환에 시달리기 쉽다.
从事事务职的人因为坐着的时间比较多，所以容易得慢性疾病。

0994 **사물** ⑩
事物

시인들은 사물을 보는 시선이 일반인들과는 다르다.
诗人看事物的眼光与一般人不同。

0995 **사방** ③
四面，到处，四处，四方

사방을 둘러봐도 빌딩밖에 없는 도시에 가서 살 거야.
我要到四处都是高楼大厦的城市去生活。
소설-최은영-쇼코의 미소

0996 **사상** ①
史上，历史上

사상 최초의 여성 비행사는 누구입니까?
历史上第一位的女飞行员是谁?

0997 **사생활**
私生活

"남자 친구랑 여행가서 뭐 했어?"라는 질문은 사생활 침해에 해당됩니다.
"和男朋友去旅行都做了什么"这个问题也属于侵犯私生活。

0998 **사설** ④
社论

매일 신문 사설을 읽으면 시사에 능통해질 수 있다.
每天都看报纸社论可以精通时事。

0999 **사업가**
事业家，企业家

그는 사업가로 성공했으나 온갖 불법행위를 일삼았기에 이내 추락했다.
他虽然成功当上了企业家，但因从事各种非法行为，很快就坠落了。

1000 **사업자**
营业人

이곳은 엄연히 사업자 등록증을 받고 영업을 하는 곳입니다.
这里俨然是得到营业执照而营业的地方。

1001 **사연** ④
原委，内容，事情

항상 표정이 없는 은아를 보면 그녀에게 복잡한 사연이 있는 것은 아닐까, 생각하게 된다.
每当看到一直都没有表情的恩雅就会想她是不是有什么复杂的事情呢。

1002 **사용료**
使用费用

휴대폰 사용료는 한 달에 얼마 나와요?
一个月会用多少电话费?

1003 **사용법**
使用方法

이 공기청정기의 사용법은 설명서를 봐도 알 수가 없다.
就算看了空气净化器的说明说也不懂。

1004 **사용자**
使用者，用户

언어 사용자는 목적성이 있는 행위를 위해 언어를 창조, 사용, 차용한다고 한다.
据说语言使用者为了有目的的行为而创造，使用，借用语言。
논문

1005 **사우나**
桑拿，桑拿浴

사우나를 너무 자주 하면 피부가 건조해집니다.
太经常去蒸桑拿皮肤会变得干燥

1006 **사위** ①
女婿

내 나이가 오십을 갓 넘었는데 벌써 사위를 보게 생겼다.
我的年纪才刚过五十就有了女婿。

1007 **사이버**
网络

A 사이버 대학의 교과과정은 어떻습니까?
A网络大学的教学过程怎么样?

1008 **사이트**
网站

캐나다 이민 사이트에 접속한 사람들이 많아 사이트가 다운(down)되었다.
太多人进入加拿大移民网站以致于网站崩溃了。

1009 **사자** ⑪
狮子

사자는 동물의 왕으로 불린다.
狮子被认为是动物之王。

1010 **사전** ⑫
字典，辞典

요즘 사전을 들고 다니는 사람은 별로 없다.
最近很少有人会带字典。

1011 **사전** ⑬
事前，提前

사전 준비가 철저해야 실수가 없다.
要彻底地做好事前准备，以免有闪失。

1012 **사정** ⑦
情况，处境

요즘 경제 사정이 좋지 않아 자영업자들의 한숨이 잦아들 날이 없다.
近来经济情况不好，所以自营业者长吁短叹。

1013 **사진관**
照相馆

증명사진은 사진관에서 찍는 것이 좋다.
证件照还是在照相馆拍的比较好。

1014 **사진첩**
相册，影集

요즘은 사진첩에 사진을 보관하는 사람보다 휴대폰에 사진을 저장하는 사람들이 더 만다.
比起将照片放在相册中保管，现在更多人会把照片存放在手机里。

1015 **사촌**
堂(兄弟姐妹)，表(兄弟姐妹)

“사촌이 땅을 사면 배 아프다”는 가까운 사람에게 좋은 일이 생기면 질투가 난다는 말이다.
“堂兄弟买地就眼红”这句话是说嫉妒亲近的人有好事发生。
속담

1016 **사춘기**
青春期

(저는) 중·고교 시절 사춘기를 호되게 보냈어요.
我在初高中时，青春期过得很非常艰苦。
신문 5

1017 **사태** ⑥
事态，事件

부정 입학 사태를 해결하지 못한 A 대학은 내년도 신입생 모집에 제한을 받게 되었다.
因为无法解决非法入学事件，以致于A大学明年的招生受到限制。

1018 **사투리**
方言

대구 사투리 살아있네, 윤기형 살아있네
大邱方言，还挺溜，玧其哥，方言挺溜啊。
노래-방탄-Outro: Circle Room Cypher

1019 **사표** ⑦
辞呈，辞职信

직장인들은 하루에도 몇 번씩 사표를 내고 싶어한다.
据说上班族一天都想要递好几次的辞职信。

1020 **사항** ②
事项，事宜

수강생들의 한국어 학습 및 문화 이해 측면에서는 여전히 보완해야 할 사항이 드러났다.
学生的韩语学习及文化理解方面仍然有一些需要完善的地方。
논문

1021 **사회** ⑦
社会

향후 사회 진출 시 한국 관련 업무에 종사하고자 하는 학습자들이 많다.
有很多学习者想要在以后进入社会时从事与韩国相关的工作。
논문

1022 **사회생활**
社会生活

탈북 청소년들은 한국 사회생활에 적응하기 힘들어할 때가 있다.
脱北青少年们有时很难适应韩国的社会生活。
신문 2

1023 **사회자**
主持人，司仪

강다니엘은 음악 프로그램 사회자로 제격이다.
姜丹尼尔适合做音乐节目主持人。

1024 **삭제** ①
删除，清除

경찰은 그의 휴대폰의 삭제가 된 자료에서 증거를 찾아냈다.
警察从他手机里删除的资料中找到了证据。

1025 **산길** ②
山路，山道

겨울철에 산길을 오를 때에는 특별히 주의해야 한다.
冬天上山路需要格外小心。

1026 **산꼭대기**
山顶

산꼭대기에 오르면 사람들은 양손바닥을 입에 대고 이렇게 외친다. "야호"
爬上山顶，人们将两手放在嘴边，这样喊道："哦吼"。

1027	**산불** ② 山火	건조한 날씨에는 산불에 유의해야 한다. 天气干燥要注意山火。
1028	**산속** 山中，山里	산속을 헤매다가 늑대를 보았다. 在山中徘徊时看到了狼。
1029 기출	**산업** 产业	산업 구조의 변화에 따라 당연히 일자리의 변동성도 커질 것이다. 根据产业结构的变化，工作岗位的变化性当然会随着增大。
1030	**살림** ① 生活，生计，家务，过日子	두 사람은 결혼식 전에 살림을 차렸다. 两个人自婚礼前就开始过日子了。
1031	**살인** 杀人	음주운전은 살인 행위이다. 酒驾是杀人行为。
1032 기출	**삶** 人生，生活	비약적인 기계 발전의 시대가 인간의 삶을 더 윤택하게 할지 단정 지을 수는 없다. 机械飞跃发展的时代，人类的生活是否变得更加滋润尚无定论。
1033	**상** ② 奖	물론 대만에도 권위 있는 문학상은 존재한다. 当然在台湾也有权威的文学奖。 문학 잡지
1034	**상** ④ 饭桌，餐桌	얼른 밥상을 차릴게요. 赶紧收拾饭桌。
1035	**상가** ⑦ 商店，商场，商户，商家	집 앞 상가에는 없는 게 없다. 물건을 사기에 정말 편하다. 我家前面的商店什么都有，买东西真的很方便。
1036	**상관** ③ 相关，关系	그건 나랑 상관이 없는 일인데요. 那是和我没有关系的事。
1037	**상금** ④ 奖金	올해의 작가상 수상으로 그 소설가는 상금 2(이)천만원을 받았다. 那位小说家得了年度作家奖，拿到了两千万的奖金。
1038	**상담** ① 咨询	올해 10(시)월까지 이루어진 상담 내용별 상담 건수를 보면 '대인 관계'가 879(팔백칠십구)건으로 가장 많았다. 到今年10月份为止，从各咨询内容的咨询件数来看，"人际关系"占最多，达879件。 신문 2

1039	**상담실** 咨询室	고객 상담실에서 일하는 직원들은 무례한 고객들 때문에 심적 고통을 받고 있다. 顾客咨询室的职员们因为无礼的顾客而感到苦恼。
1040	**상담원** 咨询员，接待员	언니는 통신회사 상담원으로 일하고 있습니다. 姐姐在通信公司做咨询员。
1041	**상대** ④ 对方，对手	그녀는 상대를 편하게 하기 위해서 그런 포즈를 취하는 것 같았다. 她似乎是为了方便对方才做出那样的姿势。
1042 기출	**상대방** ② 对方	그는 상대방의 의견을 긍정적으로 평가하고 있다. 他积极地评价了对方的意见。
1043	**상대편** 对方	상대편을 이해하려 노력한다면 이 세상에 싸움은 많이 없을 것 같다. 如果都为理解对方而努力的话，这个世上就不会有那么多争吵。
1044	**상류** 上游	강의 상류에서 꺾인 나무들이 떠내려 왔다. 江上游被砍断的树木被冲了下来。
1045	**상반기** 上半年，上半期	올 상반기 흥행 영화로는 “미스터 백"이 있다. 今年上半年的票房电影有“Mr.Back”。
1046	**상사** ⑤ 上司	왜 상사들과 함께 사우나에 가지 않는가. 为什么不与上司一起去桑拿浴呢? 소설-김금희-경애의 마음
1047	**상상** ⑦ 想象	이 소설은 상상을 뛰어넘는 이야기로 독자를 사로잡았다. 这部小说以超越想象的故事吸引了读者。
1048 기출	**상상력** ① 想象力	이 작가는 실존 인물의 실화에 자신의 상상력을 보태어 새로운 이야기를 만들어 냈다. 这位作家在真人真事中加入自己的想象力，创造出了新的故事。
1049 기출	**상승** ① 上升	그는 매장의 임대료가 매년 상승을 하고 있다는 점을 문제로 지적했다. 他指出了卖场租金每年上升的问题。
1050	**상식** ⑥ 常识	글쓰기는 이미 정해진 상식, 이미 드러난 세계의 받아쓰기가 아니다. 写作并不是已经定下的常识，也不是出现在世界上的听写。 수필-은유-글쓰기의 최전선

1051	**상업** ② 商业	큰오빠는 부모님의 반대를 무릅쓰고 상업에 종사하고 있다. 哥哥顶着父母的反对从事商业。
1052	**상영** ① 上映，放映	잠시 후 영화 상영이 시작됩니다. 稍后电影即将放映。
1053 기출	**상점** 商店，店	제 부모님은 작은 상점을 하나 운영하고 계십니다. 我父母开了一间小店。
1054 기출	**상징** 象征	이 세 가지 나물은 조상과 후손의 연결이라는 상징(적) 의미를 담고 있다. 这三种野菜蕴含着祖先与子孙间的联系的象征意义。
1055	**상태** ① 状态，状况	냉장고에서 물이 새고 있다. 직원을 불러서 냉장고 상태를 점검해야겠다. 冰箱在漏水，要让职员来检查冰箱的状况了。
1056	**상하** ① 上下	한국은 상하관계가 엄격한 사회이다. 韩国是上下关系非常严格的社会。
1057 기출	**상황** ② 情况，状况	그는 현재의 경제 상황을 비판하고 있다. 他在批判现在的经济情况。
1058	**새** ① 之间，以来	힘든 하루를 보냈더니 하루 새 폭삭 늙은 기분이야. 劳累了一天，感觉一天之间老了好多。
1059 기출	**새끼** ② 幼崽	북극곰은 새끼가 먹는 젖의 지방도 27%(이십칠 퍼센트)에 이른다. 北极熊幼崽吃的奶水中脂肪含量达到27%。
1060	**새엄마** 继母，新妈妈	새엄마를 과연 그 아이가 받아들일 수 있을까요? 继母当真可以接受那个孩子吗?
1061	**새우** ② 虾	다니엘은 견갑류 알러지가 있어서 새우를 못 먹는다. 丹尼尔因为有硬壳类过敏，所以不能吃虾。
1062	**새집** ① 新家，新居	나는 새집으로 이사했다. 我搬到了新家。
1063	**샌들** 凉鞋	교사는 샌들을 신으면 안 된다는 규정이라도 있습니까? 有教师不能穿凉鞋的规定吗?

1064 **생기** ①
朝气，生气，
活力

생기가 넘치는 그녀를 보면 나도 기분이 좋아진다.
看到活力十足的她，我的心情也变好了。

1065 **생김새**
长相，样貌，
模样

사람을 생김새로 판단하지 말아 주세요.
请不要以貌取人。

1066 **생년월일**
出生年月日

생년월일도 기록하셔야 되는데요.
出生年月日也要记录才行。

1067 **생략**
省略

인사는 생략을 하도록 하겠습니다.
打招呼就省了。

1068 **생머리** ②
(未经烫染的)
直发，头发

너한테는 긴 생머리가 더 잘 어울려.
对你来说长直发更适合你。

1069 **생명**
生命，性命

둘째 아들과 조카도 치료를 받고 있지만 여전히 생명이 위독한 상황이다.
二儿子与侄儿虽然在接受治疗，但仍有生命危险。
신문 8

1070 **생방송**
直播

드림 콘서트는 현재 생방송으로 방영되고 있습니다.
梦想演唱会正在进行直播。

1071 **생산**
生产

작품 생산과 유통이 빨라 짧은 시간에 즐길 수 있다는 점이 웹소설의 장점이다.
网络小说的优点是作品生产与流通速度快，能够在短时间内享受。
문학 잡지

1072 **생존**
生存

공기 오염은 우리의 생존을 위협하고 있다.
空气污染正在威胁我们的生存。

1073 **생활비**
生活费

도시로 이사오니 생활비가 많이 든다.
搬到城市之后需要更多的生活费。

1074 **생활용품**
生活用品，
日用品

마트에 가서 생활용품을 사 왔다.
我去超市买了生活用品。

1075 **샴푸**
洗发水，洗发精

탈모 방지 샴푸로 머리를 감아 보세요.
请试试用防脱发洗发水洗头。

1076 **서** ⑥
西，西面
점쟁이 말에 의하면 올해는 서쪽으로 가면 운수가 대통할 거란다.
算命的说我今年往西面去会运气亨通。

1077 **서명** ③
签名，签字
미성년자는 이 신청서에 부모님의 서명을 받아와야 합니다.
未成年人要在申请书上得到父母的签名。

1078 **서부** ①
西部
미 서부지역을 여행해 보고 싶다.
想去美国西部地区旅行。

1079 **서양인**
西方人
캐나다 밴쿠버에는 서양인보다 동양인이 많은 것 같다.
加拿大温哥华的东方人好像比西方人还要多。

1080 **서적** ②
书籍，图书
예전에는 정치 서적을 마음대로 읽을 수 없었다고 한다.
据说在以前不能够随意地阅读政治书籍。

1081 **석유** ①
石油
석유 산업으로 부자가 된 만수르를 한 번쯤 만나보고 싶다.
想见一见以石油产业成为有钱人的曼苏尔。

1082 **선** ⑭
线，界限
상수는 형과 자기 사이에 영원히 그치지 않을 것 같은 선 긋기를 해가며 겨우 버텼는데 모두 소용없어지는 느낌이었다.
尚洙好不容易撑住了哥哥和自己之间永无停止的划界限，但觉得都无济于事。
소설-김금희-경애의 마음

1083 기출 **선거** ④
选举
이번 선거에도 저를 선택해 주신 시민 여러분들께 감사의 인사를 드립니다.
这次选举中选了我的市民们，在这里向您们表达感谢。

1084 **선글라스**
墨镜，太阳镜
나는 선글라스를 낀 채 하늘을 올려다 보았다.
我戴着墨镜，抬头望向天空。
소설-윤성희-유턴

1085 **선약** ②
有约在先
저는 선약이 있어서 먼저 가 보겠습니다.
我因为有约在先就先走了。

1086 **선전** ③
宣传
그는 길가에 서서 선전을 보고 있다.
他正站在路边看宣传。

1087 기출 **선정** ⑦
选定，评选
그는 시민 영웅상 수상자로 선정이 되었다.
他被评选为市民英雄奖的获奖人。

1088 **선진** ③
先进，发达
우리나라는 이미 선진 국가로 발돋움했습니다.
我们国家已经跻身进发达国家了。

1089	**선진국** 发达国家	선진국의 기준에는 무엇이 있습니까? 发达国家的标准是什么呢?
1090	**선호** ③ 偏爱，偏好，喜好，喜爱	다 같이 소리를 내서 읽는 방식 대신 혼자 읽는 방식을 선호(를) 하게 되었다. 比起大家一起大声的朗读，我更偏好一个人看书。
1091	**설** ① 春节	음력설을 보내러 고향에 내려갑니다. 我为了过农历春节回了老家。
1092	**설득** 说服	가만히 있어도 눈길이 가고, 정신 나간 주장을 해도 설득력 있게 들리는 사람. 那是静静地待着都引人视线，说着不着边的意见也让人觉得有说服力的人。 소설-장강명-표백
1093	**설립** ② 设立，创办，成立	창립기념일은 회사를 설립을 기념하는 날이다. 创办纪念日是纪念公司成立的日子。
1094	**설명서** 说明书	먼저 설명서를 읽고 기계를 조립하세요. 请先阅读说明书再组装机器。
1095	**설문** ① 问卷	이에 설문 조사 분석과 쓰기 자료 분석을 하였다. 所以进行了问卷调查分析与写作资料分析。 논문
1096	**설문지** 问卷(纸)	설문지 작성을 끝내신 분들께서는 제출해 주십시오. 填写完问卷的人请提交。
1097	**설사** ① 腹泻，拉肚子	설사가 멈추지 않고 계속 나서 지사제를 한 알 먹었다. 因为拉肚子，所以吃了一个止泻药。
1098 기출	**설정** ② 设置，设定	비밀번호 설정 시 숫자와 문자 중 하나를 선택해야 한다. 设置密码时，必须从数字和文字中选择一个。
1099 기출	**설치** ② 设置	다양한 공공장소에 태양광 시설 설치를 하고 있다. 各种公共场所正在设置太阳能设备。
1100	**섭씨** 摄氏	현재 기온은 섭씨 영상 5(오)도입니다. 现在温度为零上5摄氏度。

1101 **성과** ① 기출
成果，成绩，成就
많은 사람의 노력으로 이 활동은 가시적인 성과가 나타나고 있다.
经过了很多人的努力，这项活动有了可是的成果。

1102 **성당** ③
教堂
나는 매주 성당에 다니고 성당 봉사 활동에도 적극적으로 참여하고 있다.
我每周都会去教堂，还积极参加教堂的义工服务。

1103 **성명** ③
姓名
출석을 부를 때에는 학생들의 성명을 정확히 불러 주세요.
请在点名时正确地叫出学生的姓名。

1104 **성별** ① 기출
性别
이 제품은 성별, 연령에 관계없이 누구나 편리하게 이용할 수 있다.
这个产品不分性别，年龄，所有人都可以方便地使用。

1105 **성숙**
成熟
이 아이는 신체적 성숙이 다른 아이들에 비해 늦다.
这孩子身体成熟地比其他孩子晚。

1106 **성실** ②
诚实，诚恳，老实
성실, 정직은 인간의 기본 덕목이다.
诚实，正直是人类的基本品德。

1107 **성인** ①
成人，成年人
대만의 성인 한 달 평균 독서량은 1.7(일점 칠)권이라고 한다.
据说台湾的成年人一个月平均读书量是1.7本。
문학 잡지

1108 **성장** ① 기출
成长，生长
4(사)차 산업은 새로운 성장 동력으로 국가 경쟁력 강화의 주요한 기반이 될 것이다.
四次产业将会以新的成长动力作为国家竞争力强化的主要基础。

1109 **성적표**
成绩单
대학수학능력시험 성적표가 오늘 나옵니다.
大学入学考试的成绩单今天出炉。

1110 **성질**
脾气，性子，性格
너, 참 성질도 못돼먹었다.
你，脾气真的是太坏了。

1111 **세계화**
全球化
세계화 시대에 외국어 학습은 선택이 아닌 필수이다.
在全球化时代学习外语不是选择而是必须的。

1112 **세금** ① 기출
税金，税款
정부에서 장애인에게 세금 혜택 등 여러 가지 지원을 해 주고 있다.
政府正在给残疾人提供税金优惠等多项支援。

1113 **세기** ③
世纪
우주가 생긴 그 날부터 계속 무한의 세기를 넘어서 계속 (우리는 함께).
自宇宙诞生的那日开始一直，越过无尽的世纪我们一直在一起。
노래-방탄-DNA

1114 **세대** ②
기출
世代，代
세대별 매체 이용 현황에 따르면, 모든 세대가 신문보다 텔레비전을 더 많이 본다.
根据各世代媒体使用现况表明所有世代比起看报纸，看电视的人更多。

1115 **세대** ③
이 아파트 단지에는 무슨 이유에서인지 세대의 수가 줄었다.
这个公寓小区不知道因为什么减少了住户数。

1116 **세력**
기출
势力
서로 입장을 같이 하는 사람들끼리 정치 세력을 형성하곤 한다.
立场相同的人往往会形成一股政治势力。

1117 **세로** ①
竖，纵
이 종이를 세로로 한 번 자르세요.
请把这张这竖着剪一下。

1118 **세모** ①
三角，三角形
연필로 세모를 세 개 그려 보세요.
请用铅笔画出三个三角形。

1119 **세미나**
研讨会，讨论会
다음 달 본교에서 언어 교수법 관련 세미나가 열립니다.
下个月本校将会举行语言教学相关的研讨会。

1120 **세월** ②
岁月
아주 오랜 세월이 흐른 뒤에 힘없는 책갈피는 이 종이를 떨어뜨리리.
过了很长的岁月后，无力的书页上掉下了这张纸。
시-기형도-질투는 나의 힘

1121 **세일**
기출
打折，减价
매장의 관리 비용을 고려하여 세일 가격을 책정해야 한다.
制定打折价格要把卖场的管理费考虑在内。

1122 **세제** ④
清洁剂，洗涤剂
그 식당에서는 식판에 눌러 붙은 밥풀이 녹아버릴 정도로 독한 세제를 썼다.
那家餐厅使用了能将餐盘上粘着的饭粒融化的强力清洁剂。
소설-김애란-그 곳의 밤 여기의 노래

1123 **세차** ①
洗车
나는 세차장에서 아르바이트를 하고 있다.
我在洗车场打工。

1124 **세탁물**
기출
洗涤物，
洗完的衣服
집에 도착해 보니 우리 집 세탁물을 보관하고 있다는 그의 메모가 문 앞에 붙어 있었다.
到家的时候看见门上贴着一张便条，上面写着他保管着我们家洗完的衣物。

1125	**세트** 套装，组合	이 제품은 낱개로 판매가 안 되나요? 꼭 세트로 구입해야 합니까? 这产品不能单个卖吗?一定要买套装吗?
1126	**셔츠** 衬衫，衬衣	초록색 셔츠를 입은 그는 유난히 멋있어 보였다. 穿绿色衬衫的他看起来特别帅。
1127	**소감** ② 感想，感言	다니엘 씨, 최고 가수상 수상 소감을 말씀해 주세요. 丹妮尔先生请说说你获得最佳歌手奖的获奖感言。
1128	**소개팅** 相亲	나는 지금의 남자친구를 열두 번째 소개팅에서 만났다. 我现在的男朋友是在第12次的相亲上认识的。
1129	**소규모** 小规模，小型	수업은 소규모 그룹을 선호합니다. 我上课更喜欢小组。
1130	**소극장** 小剧场	그는 소극장에서 연극배우로 활동했다. 他曾在小剧场当过话剧演员。
1131	**소금물** 盐水	배추를 소금물에 절이세요. 请将白菜用盐水腌渍。
1132	**소나기** ① 雷阵雨，阵雨	이건 소나기인가요, 장마인가요? 비가 그치긴 하는 건가요? 这是阵雨呢? 还是梅雨呢?雨倒是会停吗? 드라마-도깨비
1133	**소나무** 松树	소나무가 무성한 숲에 잠시 머물렀다. 我在茂盛的松树林里停留了一会。
1134	**소녀** ② 少女，女孩	소녀들아 더 크게 소리질러 쩌 쩌렁 女孩们尖叫再大声一点，哐，哐啷。 노래-방탄-쩔어
1135	**소년** ① 少年，男孩	〈프로듀스 101〉 당신의 소년에게 투표하세요! 〈Produce101〉请给你的少年投票吧!
1136	**소독** ④ 消毒	상처가 생각보다 깊어 얼른 소독을 했다. 伤口比想象的要深，赶紧做了消毒。
1137	**소독약** 消毒药	소독약을 바르니 상처 부위가 쓰라렸다. 涂了消毒药，伤口火辣辣的疼。
1138 기출	**소득** 所得，收入	최소한의 소득이 보장되면 생계에 대한 부담을 덜 수 있다. 如果保证了最低收入，就会减少生计的负担。

1139 **소망** ③
愿望，希望，心愿

미래에 대해 소망과 두려움이 내 안에 공존했을 때에…
对未来的希望与恐惧在我心里共存时…
노래-비와이-데이데이

1140 **소매** ①
衣袖，袖子

흰 와이셔츠를 입으면 소매가 금세 더러워진다.
只要穿了白衬衫，袖子很快就会变脏。

1141 **소문** ②
传闻

그 여배우에 관한 안 좋은 소문이 돌고 있다.
外界正在传关于那位女演员不好的传闻。

1142 **소방관**
消防员

경찰과 소방관은 1(일)층 주차장 쪽을 화재 발생 장소로 지목했다.
警察与消防员指出1楼停车场是火灾发生现场。
신문 10

1143 **소방서**
消防署，消防局

불이 나면 소방서에 신고해야 한다.
起火了要向消防局报案。

1144 **소방차**
消防车

소방차가 도로에 출동하면 길을 비켜줘야 한다.
要为在路上出动的消防车让路。

1145 **소변** ①
小便，尿

영화 관람 중에 소변이 마려워서 죽을 뻔했다.
看电影的时候尿急死了。

1146 **소비** ⑤
기출
消费

소비 심리 '봄바람', 백화점 매출 기지개
消费心理"吹来春风"，百货商店销售额伸起懒腰

1147 **소비자**
기출
消费者

소비자들의 구매 욕구가 살아나 백화점 매출이 늘어나고 있다.
消费者的购买欲望复苏，使得百货商店的销售额增加。

1148 **소설가**
小说家

조 선생님은 유명한 소설가로 알려져 있었다.
赵老师是著名的小说家。

1149 **소설책**
小说(指书)

나는 한 달에 두 권 정도는 꼭 소설책을 읽는다.
我一个月一定会看两本小说。

1150 **소수** ⑧
少数

〈나가당党〉을 지지하는 사람은 소수에 불과하다.
支持〈那卡党〉的人不过是少数。

1151 **소스** ①
酱汁，酱，调料汁

돈가스에 소스를 뿌려 먹으면 더 맛있다.
在猪排上撒酱汁更好吃。

1152	**소시지** 香肠，火腿肠	소시지를 너무 많이 먹으면 건강에 좋지 않다. 吃太多的香肠对健康不好。
1153	**소아과** 小儿科，儿科	청소년도 소아과에서 진찰을 받을 수 있으므로 최근에는 소아과를 '소아청소년과'라고 부르기도 한다. 因为青少年也可以在小儿科接受诊察，所以进来也将小儿科成为"小儿青少年科"。
1154	**소요** ② 所需，需要	부산까지 예상 소요 시간은 약 8(여덟)시간입니다. 到釜山预计需要8个小时。
1155	**소용** ⑦ 用处	우리처럼 못 쉬는 사람에게는 임시 공휴일이 별 소용이 없는 것 같다. 对我们这样不能休息的人来说，临时假日好像没有多大用处。
1156	**소원** ④ 心愿，愿望	보름달을 보고 소원을 빌었다. "내년에는 꼭 취직하게 해 주세요." 对着满月许了愿，"希望明年一定能够找到工作。"
1157	**소유** ③ 所有，拥有	이 아파트는 그녀의 여동생 소유였다. 这套公寓是她妹妹所有。 소설-전성태-코리언솔저
1158 기출	**소음** ⑥ 噪音	살아 보니 여기 소음이 심하더라고요. 住了一阵子发现这里噪音很大。
1159 기출	**소재** ⑤ 素材，材料	이러한 소재들은 과학적 지식을 바탕으로 인간의 상상력을 영화에 구체화했다. 这些素材以科学知识为基础，将人类的想象力在电影中具体化。
1160	**소지품** 随身物品， 携带物品	소지품은 카운터에 보관하세요. 请将携带物品交给柜台保管。
1161 기출	**소형** ③ 小型	무인 소형 비행기 '드론'이 최근 대중화되었다. 最近无人小型飞机'遥控飞机'变得大众化了。
1162	**소화** ⑥ 消化	배는 소화를 돕는 과일이다. 梨是帮助消化的水果。
1163	**속눈썹** 睫毛	그녀는 항상 가짜 속눈썹을 붙이고 다닌다. 她一直都有贴假睫毛。

1164 **속담**
俗语，谚语

"호랑이도 제 말하면 온다."는 속담이 있다. 그 사람 말을 하고 있을 때, 갑자기 당사자가 나타날 때 쓰는 말이다.
有一个"说曹操，曹操到"的谚语，是在正在讨论一个人的时候，当事人突然出现的使用的话。
속담

1165 **속마음**
内心，心里，心扉

속마음을 털어놓을 수 있는 친구가 하나라도 있으면 좋겠다.
如果能有一个可以敞开心扉的朋友就好了。

1166 **손가방**
手提包

명품 손가방을 든 여자의 손이 유난히 흔들거린다.
拿着名牌手提包的女人的手特别晃荡。

1167 **손길**
伸手，手，援手

난민들에게 도움의 손길을 주어야 한다.
要向难民们伸出援手。

1168 **손끝**
指尖，手指尖

그의 손이 내 손끝에 닿자 심장이 마구 뛰기 시작했다.
他的手碰到我指尖的那一刹那，我的心脏开始乱跳起来。

1169 **손등** ①
手背

그는 눈물을 손등으로 닦았다.
他用手背擦干了眼泪。

1170 **손목**
手腕

그녀는 손목에 팔찌를 찼다.
她的手腕上带了手镯。

1171 **손목시계**
手表，腕表

고급 손목시계를 찬 중국 고객들이 백화점에 많다.
百货公司有很多带着高级手表的中国顾客。

1172 **손발**
手脚

손발이 자주 저리면 건강에 문제가 있는 것이다.
手脚常常发麻的话说明健康有问题。

1173 **손뼉**
手掌，巴掌

공원에 손뼉을 치며 운동하는 노인들이 많다.
公园里有许多拍着手掌运动的老人。

1174 **손자** ①
기출
孙子

친정아버지가 손자들이 보고 싶다며 오랜만에 우리 집에 오셨다.
娘家父亲说想见孙子们，所以时隔很久来我家了。

1175 **손잡이**
把手，扶手，柄

열차가 출발합니다. 손잡이를 꼭 잡으십시오.
列车出发了，请抓稳扶手。

1176 **손질**
打理，收拾，整理，修理

미용실에 가서 머리 손질을 해야겠다.
要到理发店去打理一下头发了。

1177 기출	**손톱** ① 指甲	한 연구에 따르면 과거에 비해 요즘 사람들의 손톱이 더 빨리 자란다고 한다. 根据一项研究指出，与过去相比，最近人的指甲长得更快了。
1178	**손해** 损失，损害，亏	타인에게 손해를 입힌 사람을 피의자라고 한다. 造成他人损失的人称为嫌疑人。
1179	**솜씨** 手艺，才能，技巧	우리 어머니는 음식 솜씨가 좋으시다. 我妈妈的厨艺很棒。
1180	**송별회** 欢送会，送别会	다음 주에 마크 씨가 미국으로 돌아간다니 우리 내일쯤 송별회를 하자. 下周马克就要回美国了，我们明天办个欢送会吧。
1181	**송아지** 小牛，牛犊	송아지, 얼룩 송아지, 엄마 소도 얼룩 소 엄마 닮았네. 小牛犊，斑牛犊，牛妈妈也是斑牛，原来像妈妈。 노래-송아지
1182	**송이** ① 朵(用于数词后面)	한 송이의 국화꽃을 피우기 위해 봄부터 소쩍새는 그렇게 울었나 보다 为了盛开一朵菊花，杜鹃鸟从春天就开始那样叫。 시-서정주-국화옆에서
1183	**쇠** ① 铁	바닥에 뜨거운 쇠붙이가 있으니 조심하세요. 因为地上有很烫的铁屑，所以请小心。
1184	**쇠고기** 牛肉	숯불에 살짝 구운 쇠고기가 훨씬 맛있다. 在炭火上稍微烤一下的牛肉更好吃。
1185	**쇼** ② 秀，演出	러시아에서 온 서커스단의 쇼를 봤다. 我看了来自俄罗斯马戏团的演出。
1186	**쇼핑몰** 购物中心，商场	언니는 온라인 쇼핑몰을 운영하고 있다. 姐姐正在经营一家网络商场。
1187	**쇼핑센터** 购物中心	요즘은 쇼핑센터보다 온라인에서 상품을 구매하는 소비자가 늘고 있다. 近来比起购物中心，在网络购买商品的消费者越来越多。

1188	**수** ⑦ 水(指星期)	오늘은 화요일이 아니라 수요일이에요. 今天不是星期二(火曜日)而是星期三(水曜日)。
1189	**수년** ② 数年，几年	수년이 흐른 뒤에도 나는 여전히 그를 용서할 수가 없었다. 就算过去数年，我仍旧无法原谅他。
1190	**수다** ① 唠叨，絮叨，聊天的话	간혹, 옆집 여자들과 수다를 떨어보기도 했다. 有时，也与隔壁的女人们聊聊天。 소설-이만교-번지점프
1191	**수단** ① 手段，方法	그는 수단이 좋아서 장사를 잘 한다. 他的手段高明，所以生意做得很好。
1192	**수도** ⑤ 水管，管道，下水道	마당에 수도를 놓으면 편할 것 같은데… 在院子里装水管应该会很方便...
1193	**수도** ⑨ 首都	삼국시대 때 신라는 경주를 수도로 정했다. 在三国时代，新罗将庆州定为首都。
1194	**수도권** 首都圈，首都地区	직장 때문에 수도권에 거주하는 사람들이 많아지고 있다. 因为工作的原因，越来越多人住在首都圈。
1195	**수도꼭지** 水龙头	물을 아껴써야지요. 양치를 할 때에는 수도꼭지를 잠그세요. 要节约用水。在刷牙的时候请关上水龙头。
1196	**수돗물** 自来水	수돗물을 마시지 마세요. 请不要喝自来水。
1197	**수량** ⑤ 数量	스태프들을 위해 준비한 간식의 수량이 모자라네요. 더 사와야겠어요. 为工作人员准备的零食数量不够，要再多买一些。
1198	**수리** ⑭ 修理，维修	수리공에게 수리를 맡기니 고장난 문을 금세 고쳐 주었다. 将坏了的门交给修理工修理，很快就修好了。
1199	**수리비** 修理费	집주인에게 수리비를 청구했다. 我向房东要求修理费。
1200 기출	**수면** ⑦ 睡眠	요즘 수면 산업이 빠른 성장세를 보이고 있습니다. 最近睡眠产业呈现出快速增长的势头。

1201 **수면제**
安眠药

잠이 통 오지 않아 수면제를 먹고 있다.
是在睡不着就吃了安眠药。

1202 **수명**⑤
기출
寿命

기록연구사는 기록물의 수명을 결정하는 아주 중요한 일을 한다.
记录研究师做着决定档案寿命的重要工作。

1203 **수사**⑱
搜查，侦查

경찰이 수사를 시작했다.
警察开始了搜查。

1204 **수상**⑨
首相

미첼 리는 드디어 한 국가의 수상으로 뽑혔다.
米切尔・李终于被选为国家的首相。

1205 **수선**⑬
修缮，修理

세탁소에 교복 수선을 맡겼다.
把校服交给洗衣店修缮。

1206 **수속**①
手续

지난 주부터 이민 수속을 밟기 시작했다.
从上周就开始办理移民手续了。

1207 **수수께끼**
谜，谜语

젊고 재능있는 예술가가 극단적 선택을 한 이유도 끝내 수수께끼로 남았다.
年轻有才的艺术家做出极端选择的理由竟成谜。

신문 6

1208 **수수료**
手续费

이 은행은 환전 수수료가 비싸다.
这家银行降低了货币兑换手续费。

1209 **수요**⑥
需要，需求

(이것은) 수요에 비해 공급이 여전히 부족하다.
(这样东西)比起需求，供给仍旧不足。

신문 1

1210 **수용**⑥
接受，接纳，容纳

이곳은 학생들의 수용 공간이 넉넉하지 않습니다.
这个地方容纳学生的空间并不大。

1211 **수입**①
收入

실제로 결혼 가능 여부를 결정하는 가장 큰 요소는 남성의 수입이었다.
事实上决定是否能够结婚的最大因素就是男方的收入。

신문 1

1212 **수입**②
进口

수입산 농산물이 점점 많아지고 있다.
进口的农产品渐渐增加。

1213	**수입품** ② 进口货	최근 A 국가에서는 수입품보다 국산품을 애용하자는 움직임이 다시 일어나고 있다. 最近A国又出现了比起进口货更喜欢使用国产货的动向。
1214	**수정** ⑨ 修改，修正	작문 내용은 수정을 해서 다시 가지고 오세요. 请修改作文内容后再拿过来。
1215	**수준** 水准，水平	교사는 학습자의 한국어 수준을 먼저 파악해야 한다. 教师应该先了解学习者的韩语水平。
1216	**수집** ② 收集，收藏	고서적 수집을 하는 한 어르신이 조선시대의 귀한 자료를 찾아냈다. 收藏古籍的一位老人找到了朝鲜时代的珍贵资料。
1217	**수출** ③ 输出，出口	김은 한국의 대표 수출 상품이다. 紫菜是韩国代表性的出口商品。
1218	**수표** ① 支票	수표로 계산해도 됩니까? 可以用支票结账吗?
1219	**수학** ⑤ 数学	큰 오빠는 시골 학교에서 수학과 과학을 가르치고 있다. 大哥在乡下的学校教数学与科学。
1220	**수행** ② 执行，履行	그 신입사원의 업무 수행 능력은 뛰어나다. 那个新职员的工作执行能力非常出色。
1221	**숙녀** 淑女	꼬마가 언제 이렇게 어엿한 숙녀로 자랐을까? 小鬼何时长成了如此端庄的淑女了呢?
1222 기출	**숙박** 住宿	남자는 여행하려는 곳에 숙박 예약을 하고 있다. 男人正在预约旅行地的住宿。
1223	**숙박비** 住宿费	손님, 숙박비를 아직 지불하지 않으셨는데요. 您还没有支付住宿费呢。
1224	**숙소** ② 住处	태국 여행중 숙소에 머무는 동안 태국 친구들에게 연락해서 만나자고 했다. 我泰国旅行的住处停留期间，联系了朋友见面。
1225 기출	**순간** ③ 瞬间，刹那，顿时	유창한 한국어로 말하는 외국인을 보고 순간 놀랐다. 看到说着一口流利韩文的外国人，顿时惊呆了。

1226 **순식간**
一瞬间

축구선수들의 몸 싸움은 순식간에 일어나 누가 먼저 누구를 때렸는지도 알 수 없었다.
足球选手的打斗都是在一瞬间爆发，不能判断是谁先动的手。

1227 **순위**
顺位，排名

베스트셀러 순위를 보면 단연 인터넷 작가들의 약진이 두드러진다.
看到最佳销售排名，网络作家们的跃进绝对是非常突出的。

문학 잡지

1228 **술병** ②
酒瓶

큰 술병을 하나 다 비우고서야 그들은 자리를 떴다.
要喝完一大瓶的酒他们才离开。

1229 **술자리**
酒桌

술자리에 모인 사람들은 다들 자기 이야기만하고 상대의 이야기는 듣지 않았다.
聚集在酒桌上的人都只说自己的事，不听别人说话。

1230 **술잔**
酒杯

술잔을 비우니 그리움이 차는구나.
喝完酒杯中的酒，有装满了思念。

노래-방탄-잡아줘

1231 **숨** ①
기출
呼吸

활을 쏘는 그 순간까지 숨을 멈추고 기다리는 인내심이 요구된다.
需要屏住呼吸，耐心等到射箭的那一刻。

1232 **숨소리**
呼吸声

아기가 고른 숨소리를 내며 자고 있다.
孩子睡觉时发出均匀的呼吸声。

1233 **숲** ①
기출
森林，树林

숲의 생태계에서 보면 나방은 없어서는 안 될 존재이다.
从树林的生态来看，飞蛾是必要的存在。

1234 **슈퍼**
超市

슈퍼보다 대형 마트의 물건이 저렴하다.
比起超市，大卖场的东西更便宜。

1235 **스님**
僧人，高僧

선배 중에는 출가해서 스님이 된 사람이 있는데…
前辈中有人出家当僧人…

소설-김금희-경애의 마음

1236 **스위치**
开关

프로젝터를 켜야 하니까 저쪽 전등의 스위치는 좀 꺼 주세요.
因为要开投影机，请关掉那边电灯的开关。

1237 **스커트**
裙子

나는 노란색 체크무늬 스커트를 입었다.
我穿了格子纹的裙子。

1238 **스케줄**
日程，日程表

아이돌들은 살인적인 스케줄을 소화하고 있다.
偶像们消化了杀人般的日程。

1239 **스타일**
风格，形式，款式

준비가 됐다면 부를게 딴 녀석들과는 다르게 내 스타일로
准备好的话马上唱给你听，和其它家伙不同，用我的形式(style)。
노래–방탄–쩔어

1240 **스타킹**
丝袜，长筒袜

날이 더워서 스타킹을 안 신고 왔다.
因为天气太热了，所以不穿丝袜就来了。

1241 **스튜디오**
演播室，摄影棚

스튜디오 내부에는 다양한 크기의 마이크들이 놓여 있었다.
演播室里放着各种各样大小的麦克风。

1242 **슬리퍼**
拖鞋

슬리퍼를 신고 다니면 발목을 다치기 쉽다.
穿着拖鞋容易伤到脚踝。

1243 **습기**②
湿气，潮湿

실내 습기를 제거하는 기계를 제습기라고 한다.
除室内湿气的机器叫除湿器。

1244 **습도**
湿度

베트남은 습도가 높은 지역이다.
越南是湿度很高的地方。

1245 **승객**
乘客

승객을 태우려고 하지 않고 승차를 거부하는 택시 기사들이 있다.
有的出租车司机不想要载客还拒绝载客。

1246 **승낙**
允许，允诺，答应，同意

부모님의 승낙이 없으면 여행을 갈 수 없습니다.
没有父母的允许就无法去旅行。

1247 **승리**
胜利

그는 승부욕이 너무 강해서 승리를 하지 않으면 못 견뎌한다.
他的胜负欲太强，无法接受失败(不取胜)。

1248 **승무원**
乘务员

언니는 비행기 승무원 시험을 준비하고 있다.
姐姐正在准备飞机乘务员考试。

1249 **승용차**
轿车，小汽车

나는 승용차보다 트럭을 운전하고 싶다.
比起轿车，我更想开货车。

1250 **승진**③
晋升，升职

하지만 이후에 오래 병가를 낼 일이 생기고, 경기도 안 좋아지면서 (그는) 승진 대열에 합류하지 못했다.
但是后来他需要请很久的病假，且景气渐渐不好，所以他无法加入升职的大队。
소설–김금희–경애의 마음

1251	**승차** ② 乘车，上车	승객의 승차를 거부하는 운전자들은 고발 대상이 됩니까? 拒绝乘客乘车的司机能成为举报对象吗?
1252	**승차권** 车票	승차권은 매표소에서 미리 끊으세요. 请提前到售票处去车票。
1253	**승패** ② 胜负	성공의 승패는 재력이 아닌 인성에 달려있다. 成功的胜负不在于体力而在于人品。
1254	**시** ⑬ 诗	시 몇 편은 외워두는 것이 좋다. 最好背下几首诗。
1255	**시각** ③ 时刻，时候	첫 차 출발시각은 오전 5(다섯)시 3(삼)분입니다. 首班车的出发时刻是凌晨5点3分。
1256	**시각** ④ 视角，角度	다른 문화를 알게 되고 그 사람들의 시각에서 볼 수 있게 된다는 것이 문화상대주의이다. 文化相对主义就是能够了解其他文化，并能够从他们的视角看事物。 문화인류학
1257	**시금치** 菠菜	시금치 무침을 할 때 시금치는 끓는 물에 살짝 데쳐야 한다. 拌菠菜的时候要把菠菜放在沸水中焯一下。
1258	**시기** ④ 时机，时期，机会	어학 시험의 등록 시기를 놓쳐서 다음 달에 시험을 쳐야 한다. 错过了语检报名时期只好下个月再考。
1259	**시내버스** 市内公交车，市区公共汽车	시내버스 472(사칠이)번을 타고 신촌으로 갔다. 搭472号市内公交车去了新村。
1260 기출	**시대** ② 时代，时期	글쓴이는 조선 시대 정치 형태의 문제점을 분석하고 있다. 作者在分析朝鲜时代政治形态的问题。
1261	**시댁** 婆家(敬语)	시댁이 부산에 있어서 우리는 부산에 자주 가기가 어렵다. 因为婆家在釜山，我们很难经常去。
1262 기출	**시도** ⑦ 试图，尝试	그들은 경제 활성화를 위한 다양한 시도의 긍정적인 측면을 인정하고 있다. 他们承认在为搞活经济做多种积极的尝试。

1263	**시디** ① 光碟，光盘，唱片	요즘 시디(CD)로 음악을 듣는 사람은 별로 없다. 现在没什么人用光盘听歌。
1264	**시력** ① 视力	라식 수술을 한 뒤, 시력이 좋아졌다. 做了激光手术后，视力变好了。
1265	**시리즈** 系列	한국 드라마 〈응답하라〉 시리즈는 시청자들의 사랑을 받았다. 韩国电视剧〈请回答〉系列受到了观众的喜爱。
1266	**시멘트** 水泥	여기 시멘트가 굳기 전에는 지나가지 마십시오. 这里在水泥凝固之前请不要通行。
1267	**시부모** 公婆	시부모님은 얼마 전 금혼식을 하셨다. 公婆在不久前举行了金婚仪式。
1268 기출	**시선** ③ 视线	남의 시선에 얽매이지 않고 외로움과 마주서야 한다. 不要束缚于他人的视线，要面对孤独。
1269 기출	**시설** ③ 设施，设备	장애인을 위한 시설을 늘려야 한다. 要增加残疾人的设施。
1270 기출	**시스템** 系统	4(사)차 산업혁명은 유통 시스템의 자동화를 말한다. 4次产业革命是指流通系统的自动化。
1271	**시아버지** 公公(丈夫的父亲)	오십 년 가까이 의사생활을 하신 시아버지는 연세가 여든이 다 되어 가시는데도 소아과 무료 진료를 다니십니다. 尽管从事医生工作五十年的公公已经80岁了，但还是接受小儿科的免费诊疗。
1272	**시야** ③ 视野，视线，眼界	우뚝 솟은 건물들이 우리의 시야를 가리고 있다. 高耸的建筑挡住了我们的视线。
1273	**시외** ① 市外，郊区，郊外	시외로 나가면 공기가 다르다. 去郊外的话空气不一样。
1274	**시외버스** 长途汽车	'청진운수'라고 쓰인 시외버스를 타고 광주로 내려갔다. 搭上写着"清津运输"的长途汽车去了光州。
1275	**시인** ⑩ 诗人	나는 시인 천상병을 좋아한다. 我喜欢诗人千祥炳。

1276	**시일** ④ 时日，时间	인터넷 설치에 뭐 그렇게 오랜 시일이 걸리나요? 한국 같으면 하루만에 다 했을 텐데요. 装什么网路需要花那么长的时间?在韩国一天就可以了。
1277	**시장** ③ 市长	그는 대통령이 되지 말았어야 했다. 서울 시장에서 그쳤어야 했다. 他不应该成为总统，他应该只做到首尔市长。
1278	**시절** ① 时期，时节，时代	영화 "그 시절 우리가 좋아했던 소녀"는 누구나 간직하고 있는 첫사랑과 학창시절의 추억이라는 키워드로 관람객들의 공감을 불러일으켰다. 电影"那些年，我们一起追过的女孩"以学生时代的初恋为关键词唤起了观众的同感。 문학 잡지
1279 기출	**시점** ② 时间，时候	소비자는 필요한 시점에 싼 가격으로 상품을 구매할 수 있다. 消费者在必要的时候可以以低廉的价格购买商品。
1280	**시중** ③ 市场	이곳의 제품은 시중 가격보다 저렴하게 판매됩니다. 这里的产品价格比市场价格便宜。
1281	**시집** ① 婆家	언니는 마흔 세 살에 시집을 갔다. 姐姐在四十三岁时去了婆家(嫁了人)。
1282	**시집** ③ 诗集	나는 요즘 기형도(한국의 유명 시인)의 시집을 읽기 시작했다. 我最近开始读奇亨度(韩国著名诗人)的诗集了。
1283 기출	**시청** ③ 观看，收看	시청자에게 익숙한 음악을 활용해 드라마의 시청률을 높이려고 했다. 试图利用观众熟悉的音乐来提高电视剧的收视率。
1284 기출	**시청률** 收视率	드라마 음악을 시청자와 함께 만들어 시청률에 긍정적인 영향을 주었다. 与观众以制作的电视剧音乐给收视率带来了积极影响。
1285	**시청자** 观众	그 막장드라마의 결말에 시청자들은 분노를 느꼈다. 那俗套的电视剧结局让观众感到愤怒。
1286	**시합** ① 比赛	시합에서 이기고 지는 일은 우리 감독에게 제일 중요하다. 对我们教练来说比赛的输赢最重要。
1287 기출	**시행** ① 实施，施行	이 글은 새로운 정책의 시행 결과를 분석하고 있다. 这篇文章在分析新政策的实施结果。

1288 **시험지**
试卷，考卷

작년 시험지는 어떻게 폐기해야 합니까?
要如何处理去年的试卷?

1289 **식기** ①
餐具，碗碟

설거지로 고생했는데 식기세척기를 산 뒤 편해졌다.
以前洗碗很累，在买了洗碗机后舒服多了。

1290 **식당가**
美食街

이곳은 맛집이 즐비한 식당가입니다.
这条美食街上的美食店很多。

1291 **식량** ③
粮食，口粮

전투 식량은 준비하셨겠죠?
准备好了战斗粮食了吧?

1292 **식료품** 기출
食品

그래프에 의하면 면세점 내 식료품 구입이 작년보다 늘었다.
根据图表，免税店里的食品购买量比去年增加了。

1293 **식물** ② 기출
植物

그는 식물을 활용해 사람들의 병을 치료한다.
他利用植物治疗人们的病。

1294 **식비** ②
餐费，伙食费

우리 집은 생활비 중에서 식비가 제일 많이 든다.
我们家的生活费中伙食费占最多。

1295 **식사량** 기출
食量，饭量

다이어트를 위해서는 열량 소모도 중요하지만 식사량을 줄여야 한다.
为了减肥，消耗热量虽然重要，但是也要减少食量。

1296 **식욕**
食欲，胃口

요즘 너무 식욕이 좋아져서 걱정이다.
最近食欲太好，我很担心。

1297 **식용유**
食用油

식용유를 버릴 때에는 환경을 생각해야 합니다.
丢食用油的时候要考虑环境。

1298 **식중독**
食物中毒

학교 급식을 먹고 학생들이 단체로 식중독에 걸렸다.
吃了学校的快餐后，学生们集体食物中毒。

1299 **식품점**
食品店

집 근처에는 식품점이 없다. 지하철역까지 걸어 나가야 작은 마트가 하나 있을 뿐이다.
我家附近没有食品店，要走到地铁站才有一家小超市。

1300 **식후** ②
饭后

이 약은 식후 30(삼십)분에 복용하십시오.
这药请在饭后30分钟服用。

1301 **신** ①
鞋子

신을 신고 집 안에 들어가면 안 됩니다.
不可以穿着鞋进入家中。

1302 **신** ②
兴致，劲头

나들이 소식에 신이 난 아이는 엄마에게 이렇게 물었다. “오늘 어디 갈 거예요?”
听说要去郊游的孩子兴致勃勃地问妈妈: “今天要去哪里?”

1303 **신경** ④
기출
神经，心思

혼자 영화를 보면 함께 간 사람에게 신경을 쓰지 않고 공연에만 집중할 수 있어서 좋다.
一个人看了电影发现不用花心思在同行的人身上，可以集中于表演，这样很好。

1304 **신고** ①
申报，登记，报案

처음 화재 신고를 한 인근 관리인은 “밖에서 ‘펑’ 소리가 나 119에 신고(를) 했다”고 전했다.
第一个向火警报案的附近管理员表示“听到外面‘砰’地一声响后就向119报案”。
신문 10

1305 **신념** ①
信念

문화는 흔히 ‘하나의 인간 집단이 공유하는 가치나 신념’이라 정의된다.
文化常常被定义为‘一个人群共享的价值或信念’。
문화인류학

1306 **신뢰** ②
기출
信赖，信任

서로 마음을 표현하는 과정을 통해 부모와 자식 간의 신뢰가 깊어질 수 있다.
通过相互吐露心声的过程能够使得父母与孩子之间的信赖加深。

1307 **신맛**
酸味

매실에서는 신맛이 난다.
梅子有酸味。

1308 **신문사**
报社

제 어머니는 신문사 사회부 기자이십니다.
我妈妈是报社社会部的记者。

1309 **신문지**
报纸

파를 신문지에 싸서 냉장고에 두면 파가 잘 시들지 않아 오래 보관할 수 있다.
如果把葱用报纸包起来放在冰箱，这样葱不会蔫，可以保存更久。

1310 **신부** ④
神父

신부님, 오늘 미사 전에 고해성사 시간이 있지요?
神父，今天弥撒之前有告解的时间吧?

1311 **신분** ②
身份

조선시대 신분 제도는 일찌감치 폐지가 되었어야 했다.
朝鲜时代的身份制度早就该被废除了。

1312 기출	**신비** ② 神秘，奥秘	과학을 배우면서 우주의 신비도 경험했다. 在学习科学的过程中也经历了宇宙的奥秘。
1313	**신사** ⑯ 绅士	신사 숙녀 여러분, 안녕하십니까? 绅士淑女们，你们好！
1314	**신상품** 新产品	저희 브랜드의 올겨울 신상품을 소개해 드리겠습니다. 接下来介绍我们品牌今年秋季的新产品。
1315	**신세** ② 命运	여자는 남자를, 남자를 여자를 잘못 만나면 신세를 망친다고 부모님은 항상 말씀하셨다. 父母常说男生女生交往错的对象会身败名裂。
1316	**신세대** 新一代，新生代	한때 신세대라 불렸던 사람들도 중년이 되면 별 수 없는 어른이 되기도 한다. 曾被称为新生代的人也会步入中年，也会成为大人。
1317	**신앙** 信仰	나는 교회를 다니기는 하지만 신앙이 깊지는 않다. 我虽然有去教会，但是我的信仰之心并不深。
1318	**신용** ① 信用，信誉	나는 카드 값을 제때 내지 않아 신용 불량자가 되었다. 因为没有按时还清信用卡，所以成为了信用不良的人。
1319 기출	**신입** ③ 新进，新人，新	신입 직원 교육을 받을 때 너무 긴장한 나머지 등에서 땀이 줄줄 났다. 接受新员工教育的时候太紧张了，汗流浃背。
1320	**신입생** 新生	A 대학교 신입생 모집 공고가 신문에도 났다. A大学的招生公告也登上了报纸。
1321 기출	**신제품** 新产品	새로 출시된 신제품을 사지 못할 경우에 불안해하는 사람도 있다. 有些人因为没有买到新出市的新产品而感到不安。
1322	**신중** ④ 慎重	사업을 할 때에는 신중을 기해야 할 것이다. 做生意的时候要力求慎重。
1323	**신청서** 申请书	저쪽 창구에서 신청서를 먼저 접수하세요. 请先到那边的窗口受理申请书。
1324	**신체** ② 身体	올바른 정신은 건강한 신체에서 나온다. 正确的精神来自健康的身体。

1325	**신혼** ④ 新婚	신혼 생활이 어때요? 깨가 쏟아지나요? 新婚生活怎么样?和和美美?
1326	**신혼부부** 新婚夫妇	신혼부부의 주거유형이 과거와 달라졌다. 新婚夫妇的居住类型与过去不同。 신문 1
1327	**신화** ④ 神话	한국의 건국 신화인 단군 신화 이야기를 아시나요? 知道韩国的建国神话人物檀君的神话故事吗?
1328	**실** ① 线	여기를 실로 단단하게 묶어 보세요. 这里用线绑紧。
1329	**실감** 真实感	내가 독일로 이민을 왔다는 것이 아직도 실감이 나지를 않는다. 我对移民到德国这件事到现在都还没有真实感。
1330 기출	**실내** 室内	식물은 키우기도 쉽고 실내 공기도 깨끗하게 해 준다. 植物不但好养，还可以净化空气。
1331	**실력** ② 实力	그 병원 정형외과 원장님은 실력이 뛰어난 명의로 소문이 났다. 那家医院整形外科的院长出了名的有实力。
1332	**실례** ② 例子，实例	이해가 잘 안 되는데요, 실례를 들어서 설명해 주시겠어요? 我不太理解，能不能举个例子说明?
1333 기출	**실망** ② 失望	보물을 찾기 위해 밭을 파 봤지만 아무것도 나오지 않아 그는 아주 실망(을) 했다. 为了寻宝挖了田却什么都没有，他非常失望。
1334 기출	**실습** 实习	여러분은 이곳에서 학업과 기업 현장 실습을 병행할 겁니다. 各位将在这里兼顾学业和企业现场实习。
1335 기출	**실시** ③ 实施，实行，推行	회의 결과, 쓰레기 주소 실명제 실시로 의견을 모았다. 会议结果，收集了实行垃圾地址实名制的意见。
1336	**실업** ① 失业	20(이십)대 후반의 청년실업률이 높아지는 추세인 데다가 전세 가격도 전년 대비 상승했다. 20岁后半的青年失业率呈上升趋势，全租价格与往年相比上涨。 신문 1

1337 **실장**
室长

그는 다음 달부터 실장으로 승진하게 된다.
他下个月开始升职为室长。

1338 **실종**
失踪

〈개구리 소년〉은 오래 전 개구리를 잡으러 갔다가 실종이 된 아이들의 이야기를 바탕으로 한 영화이다.
〈青蛙少年〉是以很久以前去抓青蛙而失踪的孩子们的故事为基础拍摄的电影。

1339 **실천** ①
기출
实践，行动

시민들은 지난 임기 동안 공약을 잘 실천(을) 한 이 시장을 높이 평가했다.
市民们对这位在上一个任期实践公约的市长评价很高。

1340 **실체** ②
本质，实体

이로써 자본주의의 실체를 알게 되었다.
以此了解了资本主义的本质。

1341 **실험**
기출
实验，实验

이 실험이 새로운 복지 모델을 찾는 계기가 되길 바랍니다.
希望这次实验能够成为找到新的福利模式的契机。

1342 **실현**
实现

오랜 준비 끝에 경호원이 되었다. 드디어 나의 꿈이 실현이 된 것이다.
经过长时间的准备我成为了警卫员，我的梦想终于实现了。

1343 **싫증**
厌烦，厌倦

중국어 공부에 싫증이 나면 라디오를 틀었다.
如果厌倦了学中文，就会打开广播。

소설-김애란-그곳에 밤 여기의 노래

1344 **심리** ①
기출
心理

수면 장애는 인간의 심리에 영향을 미친다.
睡眠障碍会影响人类的心理。

1345 **심부름**
跑腿，差事

나는 상사의 커피 심부름이나 하려고 경찰이 된 것이 아니다.
我不是为了帮上司跑腿买咖啡才成为警察的。

1346 **심사** ⑧
기출
审核

이것은 특허 심사 절차를 설명하기 위해 쓴 글이다.
这是为了说明专利申请审核程序而写的文章。

1347 **심장** ②
心脏

차가운 내 심장은 널 부르는 법을 잊었지만 외롭지 않은 걸.
虽然我冰冷的心脏忘记了呼唤你的方法，但是我不孤独。

노래-방탄-I'm Fine

1348 **심정** ①
기출
心情

지금 나의 심정은 참 답답하다.
现在我的心情真的很郁闷。

1349 **심판**②
审判

당신의 죄는 법의 심판을 받을 것입니다.
你的罪会受到法律审判的。

1350 **싸구려**
便宜货

싸구려 커피를 마신다.
喝便宜的咖啡。

노래-장기하-싸구려 커피

1351 **싸움**
打架，吵架

층간 소음 때문에 이웃끼리 싸움이 자주 일어난다.
邻里之间经常因为层间噪音而吵架。

1352 **싼값**
低价，廉价

비싸게 주고 산 자동차를 싼값에 팔 생각을 하니 화가 난다.
想到高价买进的汽车要廉价卖出就生气。

1353 **쌍**②
双，对

고추장과 된장을 쌍으로 묶어 판매합니다.
辣椒酱和大酱捆绑贩卖。

1354 **쌍둥이**
双胞胎

쌍둥이를 키우는 내 친구를, 나는 삼 년 동안 만나지 못했다.
我三年没有见过生了双胞胎的朋友了。

1355 **쓰기**
写作

이번 (나의) 쓰기 평가 점수는 별로 높지 않았다.
这次我的写作分数并不高。

1356 **쓴맛**
苦味

이 유자에서는 쓴맛이 난다.
这柚子有点苦。

1357 **씨**①
种子，根源

말이 씨가 된다는 속담이 있다. "잘된다."라고 말하면 일이 잘되고, "망했다."라고 말하면 정말 망하는 것이다.
有一句俗语叫"祸从口出"。如果说"顺利"的话事情就会顺利，说"完蛋了"就真的会完蛋。

속담

1358 **씨름**
摔跤

추석이 되면 방송에서 씨름 경기를 해 준다.
到了中秋，电视上就会播放摔跤比赛。

1359 **씨앗**
种子

씨앗에서 싹이 트기 시작했다.
种子发芽了。

1360	**아가** ① 孩子	아가가 울면 엄마가 달려간다. 孩子一哭妈妈就跑过去。
1361	**아동** ② 儿童	가정은 아동의 성장과정에 아주 중요한 역할을 맡고 있다. 家庭在儿童的成长过程中担任非常重要的角色。
1362	**아드님** 令郎	아드님이 참 잘 컸네요. 令郎长的真好。
1363	**아래층** 楼下，下层	층간소음을 견디지 못한 아래층 사람은 위층 집으로 올라가 항의했다. 因为受不了层间噪音，楼下的人到楼上抗议。
1364	**아랫사람** 晚辈，下属	부모님께서 인사는 아랫사람이 먼저 해야 한다고 하셨다. 父母亲说应该要由晚辈先打招呼。
1365	**아랫집** 楼下邻居	아랫집 아들이 나하고 어릴 때부터 친구였다. 楼下邻居家的儿子和我从小就是朋友。
1366	**아쉬움** 遗憾，缺憾	이번 한국 여행은 여러모로 아쉬움이 많이 남는다. 这次的韩国旅行各方面都留下了很多遗憾。
1367	**아시아** 亚洲	요즘 한국에는 동남아시아에서 온 관광객이 많아져 현지 출신의 가이드의 수요도 늘고 있다. 最近韩国因为有很多来自东南亚的观光客，所以对韩国当地导游的需求也增加了。
1368	**아이디어** 点子，主意，想法	마땅한 아이디어가 떠오르지 않는다. 想不到适当的想法。
1369	**아침밥** 早饭	엄마는 건강을 위해서라도 아침밥을 꼭 먹어야 한다고 말씀하셨다. 妈妈说就算是为了健康，也一定要吃早饭。
1370	**아침저녁** 早晚	그 커플은 사귄 지 일주일밖에 안 돼서 아침저녁으로 매일 붙어 다닌다. 因为那对情侣刚交往不到一个礼拜，一天都晚都要见面。
1371	**아프리카** 非洲	아프리카는 세계에서 두 번째로 큰 대륙이다. 非洲是世界上第二大的陆地。
1372	**아픔** 痛苦，疼痛	이별의 아픔이 채 가시기 전에 새로운 인연을 만났다. 在离别的痛苦消失前遇到了新的缘分。

1373 **악몽** 噩梦

되풀이될 이 악몽에 주문을 걸어.
在这反复的噩梦中念起咒语。
노래-방탄-I'm fine

1374 **악수** ⑥ 握手

손바닥에 땀을 닦고 그녀에게 악수를 건넸다.
擦了擦手心的汗，和她握了握手。
소설-김애란-그곳에 밤 여기의 노래

1375 **악취** ① 恶臭，臭味
기출

이 기술은 심한 악취 환경에서 작업하는 사람들의 어려움을 줄여 줄 수 있을 것이다.
这技术能够减少工作者在恶臭环境中工作的困难。

1376 **악화** ① 恶化

단식을 하게 된다면 기가 더 허해져서 건강은 악화가 됩니다.
如果绝食的话会更气虚，导致健康恶化。
뉴스 4

1377 **안과** ② 眼科

오빠는 눈이 아프다고 하더니 안과에서 치료를 받고 있다.
哥哥因为眼睛痛，所以在眼科接受治疗。

1378 **안내서** 指南，介绍书

안내서란 시설 등의 이용방법을 안내하는 내용의 문서를 말한다. 예를 들면, 병원 주차 이용 안내문 등이 있다.
指南是指介绍设备使用方法的文书，比如说有医院停车指南。
예스폼서식사전 참고 http://www.yesform.com/forms/upjong_bizf_13417.php

1379 **안내소** 询问处

안내소에 들러서 화장실이 어디에 있는지 물어 봅시다.
一起去询问处问一下洗手间在哪里吧。

1380 **안내원** 接待员，讲解员

S 백화점에는 총 12(십이층)이 있는데, 층마다 안내원이 있다.
S百货商场总共有12层，每一层都有接待员。

1381 **안내판** 告示牌

"수영금지"라는 안내판이 강가에 세워져 있다.
江边立着"禁止游泳"的告示牌。

1382 **안방** ② 卧室，里屋，内室

어제 손님이 우리집에 와서 부모님이 안방을 손님들에게 내주셨다.
昨天家里来客人，父母把卧室让给了客人。

1383 **안부** ① 问候，近况

그동안 잘 지냈어요? (너의) 부모님께도 안부 전해 주세요.
这段时间过得好吗?请替我问候你的父母。

1384 **안색** 脸色，气色

명수는 어제 한숨도 못 잤다고 하더니 정말 안색이 안 좋아 보였다.
明洙说他昨天一晚上都没有睡，他的气色看起来真的很差。

1385 **안심** ④
安心，放心
혼자 가는 여행이라 여러모로 걱정이 많았는데 싱가포르는 치안이 잘 되어 있는 나라라니 안심이 되었다.
独自去旅行各个方面都很担心，但是听说新加坡的治安很好，所以放心了。

1386 **안약**
眼药水
눈이 아프다고 했더니 엄마가 내 눈에 안약을 넣어주셨다.
我的眼睛痛 所以妈妈帮我滴了眼药水。

1387 **안전띠**
安全带
교통안전을 위해서 운전할 때는 안전띠를 매야 된다.
为了交通安全，开车时必须系好安全带。

1388 **안정** ①
기출
安定，稳定
꽃차는 마음의 안정에 효과가 있다.
花茶有稳定心绪的效果。

1389 **안주** ④
下酒菜
한국인들은 안주로 오징어와 땅콩을 즐겨 먹는다.
韩国人的下酒菜喜欢吃鱿鱼和花生。

1390 **안팎**
内外，里外
이번 시장 선거가 나라 안팎으로 상당한 주목을 받았습니다.
这次的市长选举受到国内外相当大的关注。

1391 **알** ①
蛋，卵
베트남인들이 즐겨 먹는 말룻은 알에서 부화하지 않은 병아리로 한 요리이다.
越南人喜欢吃的鸭仔蛋是用还未孵化的鸡蛋做成的。

1392 **알레르기**
过敏
알레르기 때문에 눈이 아주 간지럽다.
因为过敏的关系，我的眼睛很痒。

1393 **암** ⑧
癌症，癌
김 선생님은 이십 년 간 담배를 피우더니 결국 폐암에 걸렸다.
金先生抽了三十年的烟，结果得了肺癌。

1394 **암기** ②
背诵
이번 중간고사에 암기 과목이 몇 개나 있어요?
这次期中考有几门课需要背诵?

1395 **압력**
压力
압력을 조금이라도 가하면 이 유리는 쉽게 깨진다.
只要施加一点点压力，这玻璃很容易会碎掉。

1396 **앞길** ①
前途，前路
서울대학교에 합격한 언니에게 모두들 언니의 앞길이 창창하다고 말했다.
姐姐考上首尔大学后，大家都说姐姐前途一片光明。

1397 **앞날**
未来，将来
나는 결혼한 부부의 앞날을 축복해 주었다.
我给结婚的夫妇送上了对未来的祝福。

1398	**앞뒤** 前后	길을 건널 때에는 앞뒤에 차가 오는지 보면서 건너야 한다. 过马路时要注意前后来车。
1399	**앞머리** 刘海	앞머리를 한번 길러 볼까? 要不要留刘海?
1400	**앞바다** 近海, 前海	예전에는 어부들이 보통 앞바다에서만 고기를 잡았다. 以前渔夫们普通都只在近海抓鱼。
1401	**앞집** 前边的人家, 对门	앞집에 사는 아저씨가 항상 새벽까지 큰 소리로 노래를 부르는 탓에 나는 어쩔 수 없이 이사를 결정했다. 因为住在前面的那个大叔总是放声歌唱直到凌晨，我没有办法只好决定搬家了。
1402	**애** ① 心	동생이 실종된 지 일주일이 지났다. 온 가족은 애를 태우며 동생을 찾는 일에 매달리고 있다. 弟弟已经失踪超过一周了，我们全家人都心急死了。
1403	**애기** ① 婴儿, 孩子	애기를 낳는 꿈은 보통 길몽이라고 한다. 做了生孩子的梦通常被认为是一件好事。
1404	**애완동물** 宠物	강아지와 고양이, 물고기는 가장 일반적인 애완동물이다. 猫，狗和鱼是一般的宠物。
1405	**애정** ② 情感, 爱情	T 밴드의 리더 A 씨는 데뷔 전부터 프로듀서에게 폭행을 당했다고 언론에 폭로했다. 이에 소속사는 "김 프로듀서는 부모의 마음으로 애정을 갖고 멤버들을 가르치거나 훈계한 적은 있으나 폭행을 사주한 적은 없다"고 밝혔다. 从出道前就受到制作人暴力对待的T乐团所属公司主张：金制作人虽有对成员们以父母的心进行过爱的教导或训诫，但并没有施行过暴力行为。
1406	**액세서리** 饰品	영화제 시상식에 참여한 배우들이 다 명품 액세서리를 달았다. 参加电影节颁奖典礼的演员们都戴著名牌饰品。
1407 기출	**액수** ③ 数额	참된 기부란 돈의 액수가 아니라 다른 사람을 향한 사랑의 마음이다. 真正的捐献不是金钱的数额，而是对别人的爱心。
1408	**액자** ① 相框, 镜框	이 작품은 액자에 넣어 보관하세요. 请把这幅作品放到相框里保管。

1409 **야간**
夜间，晚上

대부분의 야간 대학은 매주 최소 1~2(일이)회씩 2(이)년 간 주중 야간 수업과 주말 야간 수업을 듣도록 규정하고 있다.
大部分的夜间大学规定一周最少要听一到两回的周中夜课与周末夜课。
신문 9

1410 **야경** ②
夜景

커플들이 야경을 감상하려고 남산 타워에 자주 간다.
情侣们为了欣赏夜景，常常去到南山塔。

1411 **야근**
夜班，加班

직장 상사가 "야근을 못하면 곤란하다."며 불편한 기색을 보였다.
职场上司露出不舒服的气色并说"如果不能加班会很困难"。
신문 9

1412 **야단** ①
喧嚷，喧闹

폭설로 인해 비행기가 이륙할 수 없다는 안내방송을 들은 승객들은 야단을 떨기 시작했다.
乘客听到由于暴雪飞机无法起飞的广播开始喧闹起来。

1413 **야외**
野外，郊外

오늘은 날씨가 참 좋네요, 우리 야외로 나가 볼까요?
今天天气真是好啊，我们要不要去郊外玩?

1414 **약도**
略图，路线示意图

여기서부터 지하철역까지 어떻게 가나요? 약도를 그려주실 수 있나요?
从这里到地铁站要怎么走?可以画个路线示意图给我吗?

1415 **약점** ①
弱点

내 약점들은 다 숨겨지길.
希望能藏起我的弱点。
노래-방탄-Fake Love

1416 **약품**
기출
药品

고무를 넣은 약품은 플라스틱에 들어가면 달라붙게 된다.
加入橡胶的药品一碰到塑料就黏上了。

1417 **약혼**
订婚

요즘 약혼식을 하는 사람들은 별로 없다.
现在很少人会举行订婚仪式。

1418 **약혼녀**
未婚妻

오빠는 약혼녀와 상의한 뒤, 결국 차를 샀다.
哥哥和未婚妻商议了之后买了车。

1419 **약혼자** ①
未婚夫，未婚妻

회식 자리에서 박 사무장이 자기 약혼자를 우리에게 소개했다.
在聚餐的时候，朴事务长给我们介绍了她的未婚夫。

1420 **얌전** 斯文，规矩，文静

은아는 자기가 좋아하는 남자 앞에만 가면 평소와 달리 얌전을 떤다.

恩雅只要在自己喜欢的男生面前就装文静。

1421 **양**⑤ 羊

나는 양고기를 먹지 않는다.

我不吃羊肉。

1422 **양**⑳ 量

이 음식점의 대표 메뉴 '왕돈가스 정식'의 양은 정말 많다.

这家餐馆的招牌菜'大王猪排定食'的量真的很多。

1423 **양국**① 两国

한국과 중국 양국은 활발한 무역교류 국가이다.

韩国和中国两国是活跃的进行贸易交流的国家。

1424 **양념** 调味，调料

나는 양념치킨보다 후라이드 치킨을 더 좋아한다.

比起调味炸鸡我更喜欢原味炸鸡。

1425 **양력**② 阳历，公历

제 생일은 양력 1(일)월 1(일)일입니다.

我的生日是公历1月1日。

1426 **양배추** 卷心菜

양배추는 위에 좋은 채소라고 한다.

据说卷心菜是对胃有好处的蔬菜。

1427 **양보**③ 让步，谦让，让出

임산부가 타면 자리 양보를 해 줍시다. 그리고 임산부 배려석에는 제발 앉지 맙시다.

如果有孕妇搭乘请给孕妇让座，还有请不要做孕妇关爱座。

1428 **양산**⑤ 遮阳伞

양산을 쓰면 햇빛을 차단할 수 있다.

用遮阳伞的话可以挡住阳光。

1429 **양식**④ 样式，格式

보고서는 정해진 양식에 맞춰 작성하십시오.

请按照既定格式写报告书。

1430 **양심**② 良心

당신이 이런 나쁜 짓을 해도 양심에 안 찔리나요?

你做了这种坏事，良心都不会不安吗?

1431 **양옆** 两边，两侧，两旁

여러분, 이쪽에서 이렇게 길을 가로막고 있으면 다른 사람들 통행에 지장을 주니까 양옆으로 가 주세요.

各位都聚在这里的话会使后面不便通行，所以麻烦各位往两侧移动。

1432 **양쪽** 两边，两旁，双方，两个方向

양쪽에 있는 화장실은 모두 이용할 수 있습니다.

两边的洗手间皆可以使用。

1433 **양파**
洋葱

양파 껍질과 뿌리를 넣고 국을 끓이면 국물이 더 맛있습니다.
用洋葱的皮和根一起煮汤的话，汤会更好喝。

1434 **어둠**
黑，黑暗

어둠이 깔리면 골목에서 이상한 소리가 난다.
黑暗笼罩的话，巷子里就会发出奇怪的声音。

1435 **어려움**
困难，苦难

할아버지가 일찍 돌아가신 후, 할머니는 홀로 아이 셋을 데리고 온갖 어려움을 다 겪으며 사셨다.
爷爷早逝后，奶奶独自带着三个孩子经历了各种困难活了下来。

1436 **어르신**
老人家

어르신을 뵐 때에는 옷을 단정히 입고 가야 한다고 엄마가 말씀하셨다.
妈妈说拜见老人家的时候衣服要穿得端正。

1437 **어린애**
小孩子

엄마는 아직도 나를 어린애 취급을 한다.
妈妈现在还把我当成小孩子。

1438 **어휘** ②
词汇，单词

나는 하루에 중국어 어휘를 열 개씩 외운다.
我一天背十个中文单词。

1439 **억양**
语调，口音

중국인인 그가 한국어를 말할 때 경상도 억양이 나온다.
来自中国的他说韩语时有庆尚道的口音。

1440 **언급**
提及，谈到

나는 정치에 대한 언급은 피하고 싶다.
我不想提及关于政治的话题。

1441 **언덕**
山坡，山丘

언덕을 넘어 숲길을 헤치고 걸어가네.
越过山丘，穿过树林，走过去。

노래-김동률-출발

1442 **언론**
기출
言论，媒体

언론은 숨어 있는 시민 영웅을 찾는 일에도 힘써야 한다.
媒体也要致力于寻找隐藏的市民英雄。

1443 **얼룩**
污点，污渍

얼룩을 지우는 데에는 식초가 효과가 있다고 한다.
听说食醋能有效地去除污渍。

1444 **얼마간**
多少，一些

얼마간 해외에 나가 있을 예정입니다.
打算在国外待一些时间。

1445 **엄격** ②
严格

정부는 흡연으로 인한 피해를 줄이기 위해 금연 규정을 엄격 적용했다.
政府严格执行禁菸规章是为了减少吸菸带来的危害。

가 나 다 라 마 바 사 명사 아 자 차 카 타 파 하

1446 **업계** ①
기출
业界，行业

황금연휴, 여행 업계 오랜만에 웃어
黄金连假，旅游行业久违的笑容。

1447 **업무** ②
기출
业务，工作

직장에서는 좋은 업무 분위기를 위해 회식을 한다고 한다.
据说在职场上是为了良好的工作氛围而聚餐。

1448 **업적**
业绩，成就

세종대왕은 많은 업적을 남겼는데, 한글 창제가 그의 대표적인 업적이다.
世宗大王留下了很多成就，创造韩文就是他代表性的成就。

1449 **업체**
企业

A 업체와 거래 중이었으나 납기일을 잘 지키지 않아 업체를 바꿀까 생각 중이다.
虽然与A企业在做交易，但是因为该企业不遵守交货期，所以考虑换一家企业。

1450 **엉망**
乱套，乱七八糟，一塌糊涂

손님한테 이래도 돼? 서비스 완전 엉망이네.
这样对客人也行？服务真是一塌糊涂。
드라마-상속자들

1451 **엉터리**
胡说，荒唐

이 외국 영화의 자막을 보니 번역이 엉터리로 되어 있었다.
看了这部外国电影的字幕，翻译得太荒唐了。

1452 **에너지**
能源，精力，活力

태양열 에너지 사용으로 환경을 보호합시다.
请使用太阳能以保护环境。

1453 **에스컬레이터**
手扶梯，自动扶梯

에스컬레이터를 타는 것보다 계단으로 가는 게 좋겠습니다.
比起搭手扶梯，走楼梯更好。

1454 **여** ⑦
女

그 여배우는 오랜 기간 동안 K 감독의 성희롱에 시달렸다고 고백했다.
那位女演员坦言自己受到了K导演长时间的性骚扰。

1455 **여가** ③
기출
闲暇，空闲

정보 전달, 여가 활동에 이르기까지 모두 이 기술을 활용할 수 있다.
从信息传递到休闲活动，都可以运用这种技术。

1456 **여건** ①
기출
条件

향후 여러 도시에서도 각자의 여건에 맞추어 창의적인 기업 활동 지원책을 마련해야 한다.
今后在多个城市也要根据各自的条件制定支持创意性企业活动的对策。

1457	**여고** ① 女子高中，女高	나는 여고 시절로 다시 돌아가고 싶지 않다. 我不想要回到女高时期。
1458	**여관** ③ 旅店，旅馆	여관에서 자던 모녀는 화재로 참변을 당했다. 住在旅馆的母女遭遇了火灾这种惨祸。
1459	**여드름** 青春痘	십대 때에는 이마에 여드름이 많이 났다. 十几岁的时候额头上长了很多青春痘。
1460	**여럿** 许多，好多，不少	오디션 프로그램 〈프로듀스 101〉은 여럿 연습생들 중에서 실력이 출중한 이들을 시청자들이 직접 뽑아 가수로 데뷔시킨 프로그램이다. 选秀节目〈Produce101〉是在许多练习生中由观众直接选出实力出众的练习生并让他们出道的节目。
1461 기출	**여름철** 夏季	오미자차는 여름철에 마시면 특히 좋다. 在夏季喝五味子茶特别好。
1462	**여름휴가** 暑假	올 여름휴가는 부산으로 갈까 합니다. 我想今年暑假去釜山。
1463 기출	**여부** ① 与否	기록연구사는 기록의 보존 여부를 결정한다. 记录研究师决定记录保存与否。
1464	**여유** 充裕，宽裕，从容，悠闲，闲暇	(등산객들은 길을) 걸으며 휴일의 여유를 즐겼다. (登山客们)走在山路上享受休假的闲暇。 신문 7
1465	**여인** ① 女人，妇女	이제 그 소녀에게서 여인의 분위기가 난다. 现在那少女散发着女人的气息。
1466	**여행가** 旅行家	여행가가 글을 쓴다고 해서 모두 여행 작가가 될 수 있나요? 旅行家说要写作，那么他们都能成为旅行作家吗?
1467	**역사가** 历史学家	언니는 역사가로서 청대 문물을 연구하고 있다. 姐姐是历史学家，正在研究清代的文物。
1468	**역사상** ② 历史上	1444(천사백사십사)년 한국 역사상 최초로 훈민정음이 창제되었다. 在1444年创制了韩国历史上第一个训民正音。

1469 **역할** 角色，本职，作用
기출
이러한 올바른 태도는 서로가 가질 수 있는 편견을 해결할 수 있는 역할을 한다.
这种正确的态度起到了解决彼此带有偏见的作用。

1470 **연** ② 年
연 강수량이 낮아져 가뭄이 걱정됩니다.
因为年降水量减少，所以担心会干旱。

1471 **연간** ② 年度，年间
프로 야구 선수의 연간 수입은 일반 직장인과 비교했을 때 상당히 높다.
职业棒球选手与一般上班族相比时，职棒选手的收入相当高。

1472 **연고** ④ 软膏，药膏
모기에 물려 연고를 발랐다.
因为被蚊子咬了，所以涂了药膏。

1473 **연관** ⑥ 关联，联系，相关
이 살인사건은 원한 관계와 연관이 있다.
这起杀人事件与仇恨有关联。

1474 **연구** ③ 研究
기출
연구에 따르면 사랑을 못 받은 사람이 물건에 지나치게 집착한다고 한다.
研究表明得不到爱的人对事物有着过分的执著。

1475 **연구소** 研究所
본교 정문 옆에는 약학 연구소를 세울 예정입니다.
本校正门旁将设立一个药学研究所。

1476 **연구실** 研究室
우리 교수님은 매일 연구실에 나오셔서 연구에 힘쓰고 계신다.
我们教授每天都到研究室致力于研究。

1477 **연구원** ① 研究员
경찰과 국립과학수사 연구원은 현장 감식을 통해 화인과 발화지점 등을 파악한다.
警察与国立科学搜查研究员通过现场检验，掌握了火灾原因与起火地点。
신문 10

1478 **연구원** ② 研究院
그는 국립과학수사 연구원에서 일한다.
他在国立科学搜查研究院工作。

1479 **연구자** 研究者，研究人员
나는 교육진흥원에서 계약직 연구자로 일한 적이 있다.
我曾在教育振兴院当过合同制研究人员。

1480 **연기** ⑤ 延期
이 뮤지컬 공연은 주인공의 개인적인 사정으로 인해 무기한 연기가 될 예정입니다.
这部音乐剧的演出因主演的个人原因将无期限延期。

1481	**연기** ⑨ 烟	"아니 땐 굴뚝에 연기가 나겠는가?"라는 말은 어떤 일에는 다 이유가 있다는 말이다. "不是时候烟囱会冒烟吗？"是说任何事情都是有原因的。 속담
1482 기출	**연기** ⑩ 演技	이 배우는 마치 상대의 말이 들리지 않는 것처럼 연기했다. 这位演员演得像没有听见对方的话一样。
1483	**연기자** 演员	저는 한국에 가서 연기자가 되고 싶습니다. 我想去韩国当演员。
1484	**연도** ① 年度	저는 1988(천구백팔십팔)년도에 중학교를 졸업했습니다. 我在1988年时从中学毕业。
1485	**연두색** 浅绿色	나에게는 연두색이 잘 안 어울린다. 浅绿色不太适合我。
1486	**연령** ① 年龄	나는 연령 제한 때문에 홍대 클럽에도 못 간다. 我因为年龄限制无法去弘大的夜店。
1487	**연못** 莲池，荷塘	나무꾼은 도끼를 연못에 빠뜨렸습니다. 樵夫的斧头丢进了莲池。
1488	**연봉** ② 年薪	작년 실적이 좋았으므로 내년부터 김 부장의 연봉은 오를 것이다. 由于去年的业绩很好，所以从明年开始金部长的年薪会上涨。
1489	**연설** ② 演说，演讲	연설에 나선 리더 RM은 청년들에게 자신을 더 사랑하자고 호소했습니다. 进行演讲的队长RM呼吁青年们要更加地爱自己。 뉴스 1
1490	**연속** ② 连续	다니엘은 삼 일 연속 잠을 못 자고 일만 했다고 한다. 听说丹尼尔连续熬夜工业三天了。
1491	**연애** ⑤ 恋爱	그와는 십 년이나 만났는데도 연애 감정이 생기지 않는다. 我和他认识了十年还是没有发生恋情。
1492 기출	**연인** ⑥ 恋人	친구나 연인이 함께 뮤지컬이나 연극을 보러 가기도 한다. 不论是朋友还是恋人都会去看音乐剧或话剧。

1493	**연장** ⑤ 延长	음력설 귀성객들을 위해 지하철 측은 연장 근무에 들어갔다. 为了农历新年回家的人，地铁开始延长时间。
1494	**연주** ⑥ 演奏	피아니스트 조성진의 연주를 직접 듣게 돼 행복했다. 能够现场听到钢琴家赵成珍的演奏真的很幸福。
1495	**연주회** 演奏会	피아니스트 조성진의 연주회 표를 어렵게 구했다. 好不容易买到了钢琴家赵成珍的演奏会门票。
1496	**연체** ① 逾期，滞纳，拖欠	연체 도서 반납을 알립니다. 通知归还逾期图书。
1497	**연체료** 拖欠费，滞纳金	도서를 제때 반납하지 않아 연체료를 많이 내게 생겼다. 因为没有及时归还图书，所以交了很多滞纳金。
1498	**연출** ② 导演，总指挥	이 영화의 연출은 영화 〈곡성〉의 감독이 맡았다. 这部电影的导演是影片《哭声》的导演。
1499	**연탄** ③ 煤球，蜂窝煤	요즘 연탄을 때는 사람들이 줄고 있다. 最近烧煤的人越来越少了。
1500	**연합** ③ 联合，联盟	유럽 연합은 유럽의 28(이십팔)개 나라가 회원국으로 속해 있다. 欧洲联盟(欧盟)是由28个欧洲国家组成。
1501	**열기** ⑦ 热气，热情	지금 콘서트 현장의 뜨거운 열기를 보실 수 있습니다. 现在可以看到演唱会现场火热的气氛。
1502 기출	**열매** ① 果实，成果	시간이 흘러 나무에 열매가 많이 맺혔다. 随着时间流逝，树上结了很多果实。
1503	**열쇠고리** 钥匙扣	그와 함께 찍은 사진을 열쇠고리에 끼웠다. 我把和他一起拍的照片放进了钥匙扣。
1504	**열정** ② 热情	신입 기자의 직장 생활을 담은 〈열정, 같은 소리 하고 있네〉는 소설을 영화화한 작품이다. 描述新人记者职场生活的〈假装热情〉这部电影/剧是由小说改编的作品。
1505	**열중** 热衷，专心	일에 열중을 하는 사람의 모습은 참 아름답다. 专心工作的人真美。
1506	**염색** ① 染发，染发	나는 빨간색으로 염색을 했다. 我染成了红色的头发。

1507	**영상** ① 影像，视频	아이들의 축하 인사를 모두 이 영상에 담았습니다. 孩子们的祝福都在这视频中了。
1508	**영상** ③ 零上	오늘 낮 최고 기온은 영상 5(오)도입니다. 今天白天的最高温度是零上5度。
1509	**영양** ⑤ 营养	연어에는 오메가 3(three, 쓰리)라는 영양이 풍부하다. 三文鱼的脂肪酸(Omega-3)营养丰富。
1510	**영양제** 营养剂，营养药	나는 매일 두 번씩 영양제를 먹는다. 我每天吃两次营养剂。
1511	**영업** 营业	영업팀장에서 시설관리팀 직원으로 밀려나는 순간에 왜 맥도날드 생각이 났는가. 为什么从营业组组长降到设备管理组职员的那一瞬间会想到麦当劳呢? 소설-김금희-한낮의 연애
1512	**영역** ③ 领域	가수 Y는 최근 활동 영역을 넓혀 음악 감독으로도 활동한다. 歌手Y某最近拓宽活动领域，当起了音乐导演。
1513 기출	**영웅** 英雄	최근에 만드신 '시민 영웅상'은 무엇입니까? 最近制作的"市民英雄奖"是什么?
1514	**영원** ② 永远	우리는 결혼으로 두 사람의 영원을 약속했다. 我们在结婚时许诺了两个人的永远。
1515 기출	**영향** ④ 影响	꿀이 건강에 미치는 영향은 아직 과학적으로 증명되지 않았다. 蜂蜜对健康的影响还没有得到科学证明。
1516	**영향력** 影响力	'선한 영향력'이란 앞선 이의 작은 신념이 다른 이들에게도 영향을 끼치는 행위를 말한다. 良好的影响力是指先进人的小小信念对其他人也产生影响的行为。
1517	**영혼** ② 灵魂	머리가 아닌 영혼이 가는 대로 가. 不要跟着头脑走，而是跟着灵魂走。 노래-비와이-데이데이
1518	**영화감독** 电影导演	나의 꿈은 영화감독으로 데뷔하는 것이다. 我的梦想是成为电影导演出道。

1519 **예** ①
过去，古时候

예로부터 우리 민족은 예의를 중시했다.
自古以来我们都重视我们民族的礼仪。

1520 **예** ⑧
例子

예를 들어 김치는 한국 문화의 여러 요소 가운데 가장 한국적인 것 중의 하나이다.
举个例子来说，泡菜是韩国文化各种要素中最韩式的一种。
문화인류학

1521 **예** ⑮
礼仪

한국인들은 예로부터 예를 중시했다.
韩国人自古就重视礼仪。

1522 **예감** ③
预感

예감이 아주 괜찮은 날씨의 하늘과 태양은 밝다 못해 아름다워.
预感着不错的天气和太阳明亮的美丽。
노래-비와이-데이데이

1523 **예고** ①
预告

예고편을 봤는데 김 감독의 이번 영화는 별로일 것 같다.
看了预告，觉得金导演这次的电影并不怎么样。

1524 **예금** ①
存款，储蓄

은행에 가서 예금을 한 돈을 찾아왔다.
我去银行取回了存款。

1525 기출 **예방** ②
预防

카카오에 있는 단백질, 지방, 칼슘과 같은 영양 성분이 감기 예방에 효과가 있다.
可可中含有的蛋白质，脂肪，钙等营养成分对预防感冒有效果。

1526 **예보**
预报

일기 예보에 의하면 내일도 무더워가 계속 된다고 한다.
据天气预报，明天也将持续炎热。

1527 **예비** ②
预备，备用

그녀는 민수의 예비 신부이다.
她是民洙的准新娘。

1528 기출 **예산** ②
预算

투자 예산 확대나 세금 감면 혜택 등을 통해 창의적 기업 활동의 길을 활짝 열어 주었다.
通过扩大投资预算和减免税金等，为创意性企业开辟了道路。

1529 기출 **예상** ②
预想，预料

4(사)차 산업혁명 시대는 전문가들의 예상대로 진행될 것이다.
4次产业革命将按照专家们的预料进行。

1530 **예선** ②
预赛，预选

말하기 대회 예선을 통과한 학생은 총 다섯 명입니다.
共有5名学生通过演讲比赛预赛。

1531 **예술가**
艺术家

다빈치는 세계적으로 유명한 예술가이다.
达文西是世界知名的艺术家。

1532 **예식장**
礼堂，婚宴厅

결혼 비용에서 비중이 가장 큰 것은 주거비와 예식장 비용이었다.
住房与礼堂费用在婚礼花费中占比最大。
신문 1

1533 **예외**
例外

예외가 없는 이론은 없다는 말을 들은 적이 있다.
我有听说过没有例外理论是不存在的。

1534 **예의** ⑥
礼仪，礼貌

명수는 예의가 바른 학생입니다.
明洙是很有礼貌的学生。

1535 **예절**
礼节，礼仪

공공예절을 잘 지킵시다.
请遵守公共礼仪。

1536 **예정** ②
기출
计划，预计

드론의 대중화 시기가 예정보다 앞당겨질 것으로 기대된다.
无人机的大众化时期有望比计划提前。

1537 **예측**
기출
预测

회전되어 날아오는 공은 타자가 예측(을) 하기 쉽다.
击球手容易预测旋转飞来的球。

1538 **옛날이야기**
古老的故事，
故事，过去的事

옛날이야기에는 호랑이가 나쁜 캐릭터로 나온다.
古老的故事中老虎是个坏角色。

1539 **오늘날**
当今，如今，时下

오늘날에도 기상 시간과 취침 시간이 되면 종지기가 직접 탑으로 올라가 종을 친다.
守钟人今天也在起床和就寝时间登上塔顶敲了钟。
소설-박지리-악의 기원

1540 **오락** ①
娱乐

한국 젊은이들에게 인기가 많은 오락 문화는 노래방, 클럽 등이 있다.
在韩国年轻人中人气最高的娱乐文化有练歌房(KTV)，夜店等。

1541 **오락실**
游戏厅

요즘에는 과거의 오락실 자리에 PC방이 들어섰다.
过去是游戏厅的地方最近变成了网咖。

1542 **오른발**
右脚

김 씨는 수영 선수였습니다. 하지만 작년에 오른발을 다쳐서 수영을 못하게 되었습니다.
金先生曾是游泳选手。但是去年右脚受伤了，所以无法游泳。

가 나 다 라 마 바 사 명사 아 자 차 카 타 파 하

1543	**오른편** 右边	교실에 자리가 많은데도 그 이상한 남자는 매번 내 오른편에 앉는다. 教室位置明明很多，但这奇怪的男生每次都坐在我右边。
1544	**오리** ③ 鸭子	연못에 있는 오리가 귀엽다. 池塘里的鸭子非常漂亮。
1545 기출	**오염** 污染	나팔꽃은 대기 오염의 지표가 된다. 牵牛花成为了大气污染的指标。
1546	**오징어** 鱿鱼	아빠가 제일 좋아하는 간식은 마른 오징어이다. 爸爸最喜欢吃的食物是鱿鱼。
1547	**오토바이** 摩托车	대만에서는 대부분의 사람들이 오토바이를 주요한 교통수단으로 이용한다. 大部分的台湾人都把摩托车当成主要的交通工具。
1548	**오페라** 歌剧	나의 꿈은 바로 시드니 오페라하우스에서 오페라를 보는 것이다. 我的梦想就是在悉尼歌剧院里看歌剧。
1549	**오피스텔** 商住两用房	언니는 지금 오피스텔에 살고 있다. 姐姐现在住在商住两用大楼里。
1550	**오해** ② 误会，误解	두 사람은 깊은 대화를 나누며 지난 일의 오해를 풀었다. 两人进行深入对话，解除了对往事的误会。
1551	**옥수수** 玉米	한국인들은 옥수수 차를 즐겨 마신다. 韩国人喜欢喝玉米茶。
1552	**온라인** 在线，网络，联机	온라인 게임에 빠져 하루 20(이십) 시간 이상 게임을 하는 사람들도 있다고 한다. 据说有人因为沉迷于线上游戏，而一天玩游戏20小时以上。
1553	**온몸** 全身，浑身	어제 운동을 너무 과하게 했더니 온몸이 다 쑤신다. 因为我昨天做了过量的运动，现在浑身酸痛。
1554	**온천** ② 温泉	지금은 로마에 가도 온천을 발견하기가 힘듭니다. 现在去罗马也很难发现温泉。 수필-한동일-라틴어 수업
1555	**올** ② 今年	미국으로 유학길에 올랐던 오빠는 올 삼월에 완전히 귀국한다. 去美国留学的哥哥在今年三月回国了。

1556	**올여름** 今年夏天	올여름 더위는 백 년만의 더위였다. 今年夏天的炎热是百年一遇。
1557	**옷차림** 穿着，衣着	옷차림이 깔끔하고 단정한 사람에게 눈길이 가게 되어 있다. 我的目光投向了衣着整洁端庄的人。
1558	**와인** 红酒，葡萄酒	그는 무알콜 와인을 마시고 있다. 他在喝无酒精的红酒。
1559	**완벽** ① 完美	대부분의 사람들이 공부에 대해서는 시작부터 완벽을 기하려는 (완벽하게 하려는) 경향이 있다. 大部分人对学习有一开始想要做得完美的倾向。 수필-한동일-라틴어 수업
1560	**완성** ① 完成	토픽(TOPIK) 고급 시험 준비를 한 달 만에 완성을 한다는 것이 실질적으로 가능한지 모르겠다. 不知道能不能在一个月内完成TOPIK高级考试的准备。
1561	**완전** ① 完全，完整，完美	완전에 가까운 고화질 텔레비전을 공개합니다. 公开近乎完美的高清电视。
1562	**왕복** 往返	Q를 만난 것은 서울과 부산 왕복(을) 한 지 일곱 번째 되었을 때였다. 我在第七次往返首尔与釜山的时候遇见了Q。 소설-윤성희-유턴
1563	**외가** 外婆家	내 외가는 제주도에 있다. 我外婆家在济州岛。
1564	**외갓집** 外婆家	제주도 외갓집에서 돌아오는 길에 부산에 들렀다. 从济州岛的外婆家回来的路上顺便去了趟釜山。
1565	**외과** ① 外科	맹장수술은 외과에서 담당합니다. 盲肠手术是由外科负责。
1566 기출	**외교** ① 外交	외교 문서처럼 보존되어야 하는 옛 기록들이 많다. 有很多以前的记录要想外交文书一样保存。
1567	**외교관** 外交官	어릴 적 나의 꿈은 외교관이었다. 小时候我的梦想是成为外交官。

가 나 다 라 마 바 사 명사 아 자 차 카 타 파 하

1568 **외로움**
孤独，孤单

살아간다는 것은 외로움을 견디는 일.
活下去就是忍受孤独。
시-정호승-수선화에게

1569 **외면**③
不理睬，排斥

학내 학술동아리와 종교동아리도 학생들의 외면에 고전하고 있습니다.
校内学术社团与宗教社团也在学生的排斥下苦战。
뉴스 2

1570 **외모**②
外貌，外形

한국은 외모지상주의가 팽배한 사회라는 의견도 있다.
有人认为韩国社会是外貌至上主义澎湃的社会。

1571 **외박**①
外宿，在外过夜

아버지는 요즘 새로운 업무로 바쁘셔서 외박이 잦다.
爸爸最近因为新业务很忙，所以常常在外过夜。

1572 **외부**②
外部，外界，外边

회의 내용은 외부로 유출되지 않게 해 주십시오.
请不要向外界泄露会议内容。

1573 **외삼촌**
舅舅

외삼촌은 일본에서 일하고 계신다.
舅舅在日本工作。

1574 **외숙모**
舅妈

외숙모는 자주 한국 요리를 만들어 주신다.
舅妈经常做韩国料理给我吃。

1575 **외식**②
外出就餐

동생의 대학 입학을 축하할 겸 오랜만에 가족들이 함께 외식을 했다.
为庆祝弟弟上大学， 一家人久违地外出就餐。

1576 **외아들**
独生子

그는 외아들이라서 형제자매가 있는 친구들을 부러워했다.
他因为是独生子，所以很羡慕有兄弟姐妹的朋友。

1577 **외출복**
外出服

언니가 외출복을 입고 내 침대 위에 누워서 나는 화를 냈다.
姐姐穿着外出服躺在了我的床上，我很生气

1578 **외투**①
外套

밖이 쌀쌀하니 외투를 들고 나가는 게 좋겠다.
外面有点凉，最好带件外套出门。

1579 **외할머니**
外婆，姥姥

올해 70(일흔)살이 되신 외할머니께서는 자주 혼자서 여행하신다.
今年70岁的外婆常常一个人去旅游。

1580 **외할아버지**
外公，姥爷

외할아버지께서 시내보다 시골이 더 좋다고 하셨다.
外公说比起市内，更喜欢乡下。

1581	**왼발** 左脚	메시는 왼발잡이 축구선수인데 오른발도 잘 쓴다. 梅西虽然是惯用左脚的足球员，他也可以灵活运用右脚。
1582	**왼편** 左边	지하철을 탔을 때 왼편에 앉은 남자가 시끄러운 음악을 듣고 있어서 나는 잠도 못 잤다. 搭地铁时，坐在左边的男生正听着吵闹的音乐，使我无法入睡。
1583	**요** ① 垫被	동생이 학교 기숙사로 들어가게 돼서 엄마는 요와 이불을 새로 사셨다. 因为弟弟要搬进大学宿舍了，妈妈买了垫被及棉被。
1584	**요가** ② 瑜伽	W가 일을 하는 동안, 나와 Q는 요가를 배우고 재즈 댄스를 배웠다. 在W工作的时候，我和Q学了瑜伽，还学了爵士舞。 소설-윤성희-유턴
1585	**요구** ③ 请求，要求	정부 관료들은 시민들의 요구에 귀를 기울여야 한다. 政府官员们应该要接受市民的请求。
1586	**요구르트** 酸奶，酸乳酪	건강을 위해서 매일 아침 요구르트를 마신다. 为了健康每天早晨都喝酸奶。
1587	**요리법** 烹饪方法	나는 토란을 활용한 요리법을 개발했다. 我开发了利用芋头的烹饪方法。
1588	**요새** ① 最近	요새 언니가 운동도 안 하고 먹기만 하더니 살이 쪘다. 姐姐最近只吃不动，所以变胖了。
1589 기출	**요소** ④ 要素，因素	사회 문화적 요소가 포함된 갈등에서부터 일상생활과 관련된 갈등까지 끊임없이 발생하고 있다. 从包含社会，文化要素的矛盾到与日常生活有关的矛盾不断在发生。
1590	**요약** ② 概括，摘要	이 글을 한 줄로 요약을 하자면 이렇다. 如果要用一句话概括这篇文章的话就是这样。
1591 기출	**요인** ③ 原因，重要原因	경제적 요인이 포함된 갈등도 사회적 갈등에 포함된다. 社会矛盾也包括了经济原因的矛盾。
1592	**요즈음** 最近	요즈음 날씨가 쌀쌀해진 탓에 많은 어르신들이 감기에 걸리셨다. 最近天气变凉了，所以很多老人都感冒了。
1593 기출	**요청** 邀请	인기 한류 배우는 해외에서 광고 출연 요청을 받고 있다. 人气韩流演员接到了海外广告拍摄的邀请。

1594	**욕**② 脏话，骂	나를 욕(을)하는 너의 그 이유가 뭐든 간에… 辱骂我的你，不管是什么理由。 노래-방탄-IDOL
1595	**욕망** 欲望	소유하고자 하는 욕망은 인간의 본능이다. 想要拥有的欲望是人类的本能。 소설-박지리-악의 기원
1596 기출	**욕실** 浴室	편의를 위해 욕실을 새롭게 고쳐 쓰기로 했다. 为了使用更方便，决定将浴室翻新。
1597	**욕심** 贪心	"있는 사람이 더 하다."는 말은 무언가가 있는 사람들이 없는 사람들보다 더 욕심이 많다는 말이다. "有钱人想要更多"是说比起贫困的人，有钱人更贪心。
1598	**용**⑨ 龙	용이 승천하는 꿈을 꾸었다. 좋은 일이 있을 것만 같다. 我做了龙升天的梦，好像有好事要发生。
1599	**용건**① (要办的)事情	용건만 간단히 말해 주세요. 请简单地说一下要办的事情。
1600 기출	**용기**② 勇气	늦은 나이에 새로운 일을 시작하려면 용기가 필요하다. 在晚年想要开始新的工作，需要勇气。
1601 기출	**용도**② 用途	보자기는 물건을 싸는 실용적인 용도로 사용되기도 한다. 包布也用在包裹东西这样的实用性用途。
1602	**용돈** 零花钱，零用钱	한 달에 용돈을 얼마나 받아요? 一个月零花钱有多少?
1603	**용서**① 原谅	과속으로 대형 교통사고를 낸 버스 기사는 피해자들에게 용서를 구하고 있습니다. 因超速而导致大型交通事故的司机正在向被害者请求原谅。
1604	**용어**② 用语，术语	이 글에는 법률 용어가 너무 많아서 이해하기가 힘들다. 这篇文章中有太多法律术语，所以很难理解。
1605 기출	**용품**① 用品	홍보 용품으로 수첩을 제작할 예정이다. 将制作手册作为宣传用品。

1606 기출	**우려** ① 担心，忧虑	이 글은 특허 출원 감소를 심각하게 우려(를) 하고 있다. 这篇文章在担心专利申请的减少。
1607	**우물** ① 井，水井	"우물에서 숭늉 찾기"라는 말은 모든 일에는 순서가 있는데 성급하게 일을 하려고 할 때 쓴다. "井中找锅巴水"是用在尽管所有的事情都有顺序但想要着急做某事的时候。 속담
1608 기출	**우선** ⑦ 首先，优先	진보주의자들은 평등을 우선시한다. 腐朽主义者以平等为优先。
1609 기출	**우수** ⑪ 优秀	이 제품 기술의 우수성을 밝히려는 노력이 필요하다. 需要表明该产品技术的优越性。
1610	**우승** ⑤ 冠军	월드컵 우승 후보였던 독일팀을 한국이 꺾었다. 韩国队打败了曾是世界杯冠军候补的德国队。
1611	**우연** ② 偶然，巧合	그와 나는 생년월일에 태어난 시까지 같다. 우연의 일치일까? 他和我从生日到出生时辰都一样，这是巧合吗?
1612 기출	**우울** 忧郁，阴郁，郁闷	무료함이 심해져 우울증으로까지 발전하는 경우도 있다. 如果感到太无聊，可能会患上抑郁症。
1613	**우정** ② 友情，友谊	남녀 사이에 과연 우정이 존재할 수 있을까요? 대부분의 남자들은 남녀 사이에 우정은 존재하지 않는다고 생각합니다. 男女之间存在友情吗?大部分男性认为男女之间没有友情。
1614	**우주** ② 宇宙	우주 만물은 무엇으로 구성되어 있는지 아직 쉽게 결론을 낼 수 없다. 宇宙万物到底是由什么组成的，现在还不能轻易下结论。
1615	**우체통** 邮筒，邮箱，信箱	우체통에 부모님께 보낼 편지를 넣었다. 부모님께서 이 편지를 일찍 받으셨으면 좋겠다. 往信箱里放了寄给父母的信。希望父母能够早点收到这封信。
1616	**우측** 右侧	한국은 우측 통행을 실시한 나라 중에 하나이다. 韩国是实施右侧(右向)通行的国家之一。
1617	**우편** ④ 邮件，邮递，邮寄	우편 접수만 받습니다(접수는 우편으로만 받습니다). 只受理邮件(受理仅接受邮寄件)。

1618 **우편물** 기출
邮件

일층에서 우편물을 가져와야 한다.
要在一楼拿来邮件。

1619 **우편함**
信箱

우체부는 내 앞으로 온 편지를 우편함 안에 넣어 주었다.
邮递员把给我的信投到了信箱里。

1620 **우회전**
右转，右拐，右转弯

우회전을 알리려면 방향 지시등을 켜야 한다.
想要告知右转的话，要打开方向指示灯。

1621 **운** ⑥
运气

언니 운이 아주 좋다. 지난주에 산 복권이 일등에 당첨되었다.
姐姐的运气非常好，上周买的彩票得了一等奖。

1622 **운동량**
运动量

이번 주에는 운동량이 많은 편이었다.
我这周的运动量很大。

1623 **운동선수**

이 운동선수는 너무 멋있어서 여성 팬들에게 인기가 많다.
这位运动选手因为长得很帅所以人气很高。

1624 **운명** ①
命运

운명이란 없다고 말했었던 나인데 하지만 난 너를 보며 사랑에 빠져.
曾说没有命运的人是我，但是看到你之后就坠入了爱河。

노래-바비킴-고래의 꿈

1625 **운반** ②
搬运，运送

이삿짐센터에 이삿짐 운반을 맡겼다.
我把搬家交给了搬家公司。

1626 **운영** ③ 기출
运营，经营

저는 현재 장애인 고용 기업 운영(을) 하고 있습니다.
我现在正在运营残疾人雇用公司。

1627 **운전기사**

운전기사가 우리에게 서울의 관광지를 안내해 주었다.
这位司机跟我们介绍首尔的观光景点。

1628 **운전면허**
驾照，驾驶证

나는 작년에 운전면허를 땄다.
我去年拿到了驾照。

1629 **운행** ② 기출
运行，运作，运营

우리 열차는 지금 공사 구간을 지나고 있어 천천히 운행(을) 하고 있습니다.
由于我们的列车现在正在慢慢地运行经过施工路段。

1630 **울음소리**
哭声

앞집 어린 아이 울음소리 때문에 잠을 잘 수가 없다.
因为隔壁家小孩的哭声无法入睡。

1631 **움직임** 기출
活动

이모티콘에 움직임을 더해 웃음을 유발하기도 한다.
在表情符号上加上动作会引起笑容。

1632 **웃어른**
长辈

웃어른을 공경하라는 말은 더 이상 듣고 싶지 않다. 어른답지 않은 어른이 너무 많기 때문이다.
再也不想听到尊敬长辈的话，是因为有很多不像长辈的长辈。

1633 **웃음소리**
笑声

네 웃음소리가 문밖까지 들린다.
门外都听得到你的笑声。

1634 **원** ⑫
圆

콤파스로 원을 그립니다.
用圆规画圆。

1635 **원룸**
单间，单间公寓

이들 5(다섯)식구는 불이 난 건물의 2(이)층 방 2(두)개짜리 원룸에 살았다.
他们一家五口住在着火的建筑物2楼的两个单间。
신문 8

1636 **원리** ②
原理

이 커피메이커의 원리를 알아냈다.
我知道了这咖啡机的原理。

1637 **원서** ⑤
志愿书，申请书

고졸 직원들은 초과근무 때문에 (대학입학) 응시 원서조차 쓰기 힘들다.
高中毕业的职员因为加班，很难写应试志愿书调查。
신문 9

1638 **원숭이**
猴子，猿猴

"원숭이도 나무에서 떨어진다."는 무언가에 능숙한 사람도 실수를 할 때가 있다는 말이다.
"猴子也有从树上掉下来的时候(人有失足，马有失蹄)"是说再熟练的人也会有失误。
속담

1639 **원인** ②
原因

이 도로에서 자주 교통사고가 일어나는 원인을 즉각 밝혀 보십시오.
请立即调查这条路经常发生交通事故的原因。

1640 **원칙**
原则

원칙상 3(삼)년 이상 산업체에서 근무하면 대학수학능력시험 성적 없이도 대학에 진학할 수 있다.
原则上，在企业工作三年以上，没有大学入学考试成绩也可以上大学。
신문 9

1641 **월** ③
月

월요일에는 일이 손에 잘 안 잡힌다. 이를 '월요병'이라고 한다.
在星期一(月曜日)工作不上手，这叫做"星期一病"。

1642 **월드컵** 世界杯

다음 월드컵은 어느 나라에서 열립니까?
下一届世界杯在哪个国家举行?

1643 **월말** 月尾，月末

월말이 기다려진다. 월급이 들어오기 때문이다.
期待月末是因为发工资。

1644 **월세** 月租

매달 말일에 월세를 내야 한다.
每个月的最后一天要交月租。

1645 **웬일** 怎么(回事)

네가 웬일로 이렇게 일찍 퇴근했어?
你怎么这么早就下班了?

1646 기출 **위기**① 危机

어떤 위기 상황이 발생하더라도 신속하게 대처할 수 있는 판단 능력도 필요하다.
无论发生什么危机状况，都需要能够迅速应对的判断能力。

1647 기출 **위로**② 安慰，慰藉

힙합은 개인의 아픔도 서로 격려하고 위로하는 다양한 모습으로 나타난다.
Hiphop以相互鼓励，安慰伤痛的多种面貌出现。

1648 **위반**③ 违反

남편은 신호 위반으로 벌금을 냈다.
老公因为违反红绿灯(闯红灯)缴了罚款。

1649 **위아래** 上下

너는 위아래도 몰라? 어른이 먼저 수저를 드신 다음 수저를 들어야지.
你连上下都不知道吗?长辈先动筷子之后你才能拿筷子。

1650 **위원회** 委员会

본교에서는 성평등 위원회가 열릴 예정입니다.
本校将会设立性平等委员会。

1651 **위층** 楼上，上层

가방을 갖고 오는 것을 잊어버려서 다시 위층에 갔다와야 돼.
我忘记带包包，又要到楼上去拿。

1652 **위험성** 危险性

습한 지역에서는 곰팡이와 세균이 증식할 위험성이 높다.
在潮湿地区，细菌和霉菌增殖的危险性很高。

1653 기출 **위협** 威胁

이 해충은 개체 수가 많아서 숲의 생태계를 위협(을) 한다.
这种害虫的数量太多，威胁着森林的生态。

1654 **윗글** 上文

윗글에 대한 설명으로 가장 적절한 대답을 고르십시오.
请根据上文选出最适合的回答。

1655	**윗사람** 长辈	윗사람에게 편지를 쓸 때 가장 중요한 것은 예의입니다. 写信给长辈时最重要的东西就是礼仪。
1656	**유교** ② 儒教	한국의 유교 문화는 많은 단점이 있다. 韩国的儒教文化有许多缺点。
1657	**유능** ① 有能力，有才能	유능한 사람은 그의 능력이 타고난 것이 아니라 자신의 실력을 매일 갈고 닦았기 때문에 무능을 유능으로 바꾸게 된 것이다. 有才能的人他并不是天生就有能力，而是因为每天磨炼自己的实力，才将无能变成了有才能。
1658	**유도** ⑧ 诱导，引导	초등학교는 점심시간에 휴대전화를 쓸 수 있게 해 학생들이 운동장에 나가지 않도록 유도(를) 하고 있다. 小学利用午餐时间可以使用手机来引导学生不去操场。 신문 11
1659	**유람선** 游览船，游轮	한강 유람선에는 나이가 드신 분들이 많이 탄다. 许多上了年纪的人搭乘汉江的游览船。
1660	**유럽** ② 欧洲	이번 여름에 친구와 같이 유럽을 여행했다. 这次暑假我和朋友一起去了欧洲旅行。
1661	**유료** ① 收费	유럽의 대부분의 기차역에는 유료 화장실만 있다. 在欧洲大部分火车站都只有收费的洗手间。
1662 기출	**유리** ⑤ 有利	즉, 현대 사회가 하루가 다르게 변화하고 있어 '빨리빨리' 적응하는 것이 성공에 유리하다. 即，现代社会每天都在变化，尽快适应这样的变化对成功是有利的。
1663	**유리창** ① 玻璃窗	영업시간 전에 점원은 유리창을 닦았다. 店员在营业前擦了玻璃窗。
1664	**유머** 幽默，诙谐	나는 유머 감각이 있는 사람과 대화하고 싶다. 我想和有幽默感的人对话。
1665	**유물** ④ 文物，遗物	선사 시대의 유물들이 지금 국립 박물관에서 전시되어 있다. 史前时代的文物现在正在国立博物馆展示。
1666	**유산** ⑦ 遗产	그 부자가 죽은 후에 그의 자녀들이 십 억 원씩 유산을 물려받았다. 那个有钱人死后他的子女们继承了十亿元的遗产。
1667	**유일** ⑥ 唯一	한국은 남북이 분단된 세계 유일 국가라고 한다. 据说韩国是世界上唯一一个南北分裂的国家。

1668	**유적** ⑧ 遗址，遗迹	마야 문명의 유적은 라틴 아메리카에서 발견한 지 이미 오래됐다. 马雅文明的遗址在拉丁美洲被发现已经有很长一段时间了。
1669	**유적지** 遗址	우리 오빠는 유적지를 조사하는 역사학자이다. 我哥哥是调查遗址的历史学家。
1670 기출	**유지** ⑨ 维持	특별한 냉동 장치가 없었는데도 석빙고의 온도는 0(영)도 이하로 유지가 되었다. 就算没有特别的冷冻装置，石冰库的温度也能维持在零度以下。
1671	**유쾌** 愉快	대한민국의 영부인 김정숙 여사의 웃음은 유쾌의 대명사가 되었다. 그리하여 국민들은 그녀를 '유쾌한 정숙씨'라고 부른다. 韩国的第一夫人金正淑女士的笑容成为了愉快的代名词，国民都称她为"愉快的正淑女士"。
1672	**유통** ④ 流通	경제 성장을 위해서는 자본의 원활한 유통이 중요하다. 为了经济能变好，资本的流通是很重要的。
1673 기출	**유형** ⑦ 类型	조직문화의 개선을 위하여 다양한 유형의 시도를 계속할 것이다. 为了改善组织文化，多种类型的试图将会持续进行。
1674 기출	**유혹** ② 诱惑	일반적으로 공짜로 끼워 주는 경품이 있을 경우 소비자들은 구매의 유혹을 더 받는다. 一般来说，有免费赠品时，消费者受到的购买诱惑更大。
1675	**육군** ② 陆军	저는 육군에서 만기 제대를 했습니다. 我在陆军期满退伍了。
1676 기출	**육지** ② 陆地	땅끝마을은 한국의 육지 중 가장 남쪽 끝에 있는 마을이다. 地边村是位于韩国陆地最南边的一个村子。
1677	**육체** ③ 身体，肉体	육체가 정신을 지배하게 할 수는 없다. 身体无法支配精神。
1678	**은** ④ 银	김 선수는 올림픽 양궁에서 은메달을 땄다. 金选手在奥运会的射箭项目获得了银牌。
1679	**은혜** 恩惠，恩德，恩泽	은혜를 원수로 갚는 몹쓸 인간들도 있다. 有一些人恩将仇报。
1680	**음력** ② 阴历，农历	제 생일은 음력 7(칠)월 2(이)일입니다. 我的生日是农历7月2日。

1681 **음반**
唱片，专辑
그룹 워너원은 네 번째 음반을 냈다.
组合Wannaone发行了第四张专辑。

1682 **음성** ②
语音
음성 메시지 사서함을 오랜만에 열어 보았다. 나에게 보낸 음성 메시지가 열 개나 있었다.
我好久没有打开语音信箱了，竟然有十个发给我的语音消息。

1683 **음식물**
食物，食品
음식물 쓰레기는 봉투에 따로 담아서 버려야 합니다.
食物垃圾要单独装在袋子里丢掉。

1684 **음악회**
音乐会
나는 유명 바이올리니스트의 음악회에 갔다.
我去了著名小提琴家的音乐会。

1685 **음주**
饮酒
음주 행위는 살인 행위나 마찬가지이다.
饮酒行为与杀人行为差不多。

1686 **응급실**
기출
急诊室
나는 그가 다쳤다는 말을 듣고 너무 놀라 허둥지둥 응급실로 달려갔다.
我听到他受伤的消息后，慌慌张张地赶去了急诊室。

1687 **응답**
기출
回答，回应
'아이를 꼭 낳아야 하는가'에 대한 조사에서 성인 남녀 3,000(삼천)명 중 '아니다'라고 응답을 한 여자는 33%(삼십삼퍼센트)였다.
在"一定要生小孩吗？"的调查，3000位男女中回答"不要"的女性有33%

1688 **응시** ③
应试
다음 주 금요일 전까지 응시 원서를 제출하십시오.
请在下星期五之前提交应试志愿书。

1689 **응원**
应援
견딜 수 없을 만큼 힘들었지만 마음을 전해준 동료들도 있었고 밖에서 응원을 해준 사람도 있었어요.
虽然真的累到坚持不下去，但是还有传达心意的同僚，以及在外面为我应援的人。
신문 5

1690 **의견** ①
意见
댓글은 종종 개인의 의견을 개진할 수 있는 공간으로 사용되곤 한다.
评论渐渐成为了可以改进个人意见的空间。

1691 **의논**
议论，讨论，商量
유학 문제에 대해 부모님과 의논은 해 봤어요?
与父母商量过留学的问题吗？

1692 **의도** ②
기출
意图
의도가 선한 것이었든 악한 것이었든 자신의 행위가 상대에게 고통을 주었다면 책임을 져야 한다.
不论意图是好是坏，如果给对方造成了痛苦，就应该承担责任。

1693 기출	**의류** 服装，衣服	면세점에서는 의류가 많이 팔린다. 免税店里服装很畅销。
1694	**의무** ① 义务	권한이 의무가 아니라 권력이 될 때, 그 권력을 견제할 기구가 없을 때 예외없이 부패해요. 权限不再是义务而成为了权力，没有能够牵制那权力的组织时，都会无一例外地腐败。 신문 5
1695	**의문** ② 疑问，问题	왜?라는 의문을 쉽게 품는 자유로운 영혼이었던 것 같아요. 象是有着容易产生'为什么'这样的疑问的自由灵魂。 신문 5
1696	**의복** ① 衣服	주택과 의복 그리고 음식은 인간 생활을 영위하는 데 중요한 요소이다. 住宅，衣服和饮食是维持人类生活的重要因素。
1697 기출	**의사** ② 想法	이는 의사 결정 단계를 단순화하려는 의도에서 비롯된 것이다. 他是以想法决定阶段简单化的意图出发的。
1698	**의상** ① 服装	아이돌의 무대 의상이 늘 화려하다. 偶像的舞台服装都很华丽。
1699	**의식** ③ 意识	이틀 동안 굶은 그녀는 의식을 잃고 쓰러졌다. 饿了两天的她失去意识，晕倒了。
1700	**의식** ④ 仪式	오구굿은 망자의 넋을 달래기 위해 치르는 의식의 하나이다. 五求祭是安抚亡灵的意识之一。
1701 기출	**의심** ③ 怀疑	고객들은 이 제품 가격의 합리성에 의심을 했다. 顾客们怀疑该产品价格的合理性。
1702	**의외** 意外	아침 일찍 일어난 나를 보며 어머니는 의외라는 표정을 지었다. 看着早起的我，妈妈露出意外的表情
1703 기출	**의욕** 热情	이 제도가 노동 의욕을 촉진할 거라고 보십니까? 你认为这个制度会促进劳动的热情吗?
1704	**의존** 依赖	(이들은) 목표문화를 대중매체에 의존을 해서 학습하는 경우가 있었다. (他们)有着依赖大众媒体学习目标文化的情况。 논문

1705	**의지** ④ 依靠，依赖	그는 돈도 없고 의지를 할 사람도 없다. 那个人既没钱也没有可以依靠的人。
1706	**의지** ⑥ 意志	병을 이기려는 본인의 의지가 워낙 강하니 이 환자는 곧 회복할 것이다. 这位患者本人战胜病魔的意志非常强，所以很快就会恢复的。
1707	**이곳저곳** 到处	동생은 주말에 숙제도 안 하고 그냥 이곳저곳 돌아다니고 있었다. 弟弟周末不做作业，一直到处晃。
1708	**이내** ⑤ 以内	한 시간 이내로 얼른 다녀오겠습니다. 我会在一个小时以内去去就回。
1709 기출	**이념** 理念	글쓴이는 정치 이념의 부재로 인한 혼란을 경계하고 있다. 作者在警惕政治理念欠缺所引起的混乱。
1710	**이달** ① 这个月，本月	이달 말에 집 계약이 끝난다. 这个月底房子的合约就结束了。
1711	**이동** ③ 移动	비가 곧 올 것 같은데 우리 실내로 이동을 할까? 好像快下雨了，我们要不要移动到室内?
1712 기출	**이력서** 简历	요즘 사진 없는 이력서를 도입하는 기업들이 늘고 있다. 最近越来越多的企业引进没有照片的简历
1713	**이론** ① 理论	C 박사는 외국어-문화학습에 관한 새 이론을 정립했다. C博士确立了与外语-文化学习相关的新理论。
1714	**이름표** 名牌，胸卡，名签	학생들은 매 수업 시간마다 한글 이름표를 준비해야 한다. 学生在每次上课时需要准备韩文名牌。
1715	**이메일** 电子邮件	오늘 저녁 여섯 시까지 저에게 이메일을 보내 주세요. 请在今晚6点前发电子邮件给我。
1716	**이미지** 形象，印象	외국어 수업 시간에 시각 이미지를 활용하면 학습자들이 효과적으로 외국어를 학습할 수 있다. 外语课上，学习者可以利用视觉形象有效地学习外语。
1717	**이민** ③ 移民	탈북청소년의 학업중단 사유를 살펴보면, 이민 등 출국이 109(백구)건으로 가장 많았다. 从脱北青少年辍学的原因来看，移民等出国件数最多，达109件。 신문 3

1718 **이발**③
理发
아버지는 한 달에 두 번은 꼭 이발을 하신다.
爸爸一个月理发两次。

1719 **이벤트**
活动
우리 마트에서는 이번 주 토요일 오후에 개업 20(이십)주년 이벤트가 열릴 예정입니다.
本超市将在周六下午举行开业20周年活动。

1720 **이별**
离别
왜 혼자 사랑하고 왜 혼자서만 이별(을) 해.
为何独自爱着，又独自离别。
노래-방탄-I Need U

1721 **이비인후과**
耳鼻喉科
나는 비염으로 고생해서 오랫동안 이비인후과에서 치료를 받았다.
我因为鼻炎接受了耳鼻喉科长期的治疗。

1722 **이성**⑧
理性
그는 이성으로 인간 욕망을 지배하거나 억압해야 한다고 생각하지는 않았습니다.
他并不认为要用理性控制或压抑人类的欲望。
수필-한동일-라틴어 수업

1723 **이성**⑩
异性
이성 간에 진실한 친구가 될 수 있을까?
异性之间可以成为真正的朋友吗?

1724 **이외**①
以外
이곳은 관계자 이외에는 출입을 금합니다.
这里除相关人员以外禁止出入。

1725 **이용자**
使用者，用户
"점심시간에 아이들을 뛰어놀 수 있게 해달라."는 학부모 항의가 이어져 (학교 측은 운동장) **이용자** 수를 줄이기로 했다.
随着学生家长"中午时间让孩子能够玩耍"的抗议，校方决定减少操场使用者的人数。
신문 11

1726 **이웃집**
邻居
이웃집에 놀러가서 함께 저녁을 해 먹었다.
我去了邻居家玩，就一起吃了晚餐。

1727 **이익**②
기출
利益
사회로부터 받은 이익을 사회로 돌려 주는 것이 기업의 책임이라고 생각합니다.
从社会得到的利益要回馈给社会，我认为这是企业的责任。

1728 **이자**⑤
利息
집을 사고 싶은데 대출 이자가 너무 비싸다.
想买房子但是贷款的利息太高了。

1729 **이전**⑧
转移，移交
집을 샀지만 소유권 이전의 문제가 있었다.
虽然买了房子，但有一些所有权移转的问题。

1730 **이튿날**
第二天，次日

밤새 아팠던 동생이 다행히 이튿날 아침에 회복했다.
整夜不舒服的弟弟幸好在第二天早上康复了。

1731 **이하** ②
以下

일주일에 5-6(다섯에서 여섯)시간 걸은 여성은 30(삼십)분 이하로 걸은 여성에 비해 대장암 위험이 23%(이십삼 퍼센트) 낮은 것으로 나타났다.
研究表明，一周走路五到六个小时的女性比走路30分钟以下的女性患大肠癌的可能性低23%。

신문 15

1732 **이해관계**
기출
利害关系

이해관계에 대한 문제를 정확히 따져 봐야 한다.
必须要弄清楚利害关系的问题。

1733 **이해력**
理解力

이 아이의 이해력은 상당히 빠르다.
这小孩的理解力相当快。

1734 **이혼** ③
离婚

이혼을 하지 않고 한 남성과 가정을 꾸리는 사람이 대다수라고 가정할 때 한 가정에서 평균 1(한)명 정도 아이를 낳는 상황이다.
假设大多数人和一名男性组建家庭而且不离婚，那么一个家庭平均生育一个小孩。

신문 1

1735 **인간** ①
人类，人

이들이 힘들다고 느낀 문화차이는 대부분이 한국인과 대만인의 인간관계였다.
他们感到很累的文化差异大部分都是韩国人与台湾人的人际关系。

논문

1736 **인간관계**
人际关系，人缘

타문화 발견 및 양문화 비교의 단계는 주로 인간관계 측면에서 다룬 경우가 많았다.
在发现其他文化与两个文化的比较阶段，主要涉及人际关系层面的情况比较多。

논문

1737 **인간성**
人性，人品

나는 네가 실력보다 인간성이 좋은 사람과 어울렸으면 한다.
我希望你能够与人品比实力好的人交往。

1738 **인격**
기출
人格

교사는 학생들에게 인격 함양의 중요성을 당부하고 있다.
教师在叮嘱学生人格修养的重要性。

1739 **인공** ①
人工，人造

이 공원에는 인공 호수를 만들었다.
这个公园做了个人工湖。

1740 **인구** ①
기출
人口

유동 인구가 많은 곳에 매장을 만들어야 한다.
要在流动人口多的地方开设卖场。

1741 **인도** ②
기출
人行道

서울시에서 차도를 줄이고 인도를 넓혔다.
首尔市车道变窄，人行道拓宽了。

1742 **인력** ①
기출
人力

쓸 만한 물건을 골라내는 데 많은 인력과 비용이 소모된다.
在挑选有用的东西方面耗费了大量的人力与费用。

1743 **인류** ①
기출
人类

인류는 지구의 표면에 있는 판의 충돌로 인한 위험을 극복해 왔다.
人类克服了地球板块碰撞带来的危险。

1744 **인물**
人物

이 작품은 인물 중심의 표현이 잘 되어 있다.
这个作品以人物为中心表现得很好。

1745 **인삼차**
人参茶，参茶

인삼차를 너무 많이 마시면 몸에 열이 많아진다고 하던데 사실일까요?
听说人参茶喝多了身上会发热，是真的吗?

1746 **인상** ①
面相，相貌

어제 남자친구와 함께 관상을 봤다. 점쟁이가 우리는 인상도 좋고 사주도 좋으니 천생연분이라고 말했다.
昨天和男朋友一起去观相。算命师说我们的面相很好，八字也很好，是天生的好缘份。

1747 **인상** ③
提高，上调

버스 요금 인상으로 인해, 2015(이천십오)년에 1,100(천백)원이었던 서울 시내버스 요금은 2016(이천십육)년에는 150(백오십)원 상승해 1,250(천이백오십)원이었다.
由于公交车票价上调，首尔市内公交车票价由2015年的1100元增加150元，提高到2016年的1250元。

1748 **인상** ⑥
印象

그 지원자는 여러모로 너무 평범해서 면접자들에게 특별한 인상을 주지 못했다. 결국 그는 면접에서 탈락했다.
那个人各个方面都平凡到令人完全没有办法留下任何印象。结果在这次的面试中又落选了。

1749 **인생** ①
人生

인생에는 인생이 깨지는 순간도 있는 것
人生在世，也有跌落谷底(绝望)的瞬间。
시-이영광-밤이 깊으면

1750 **인쇄** 印刷
인쇄 매체의 발달은 지식의 대중화를 이끌었다.
印刷媒体的普及使知识大众化成为可能.

1751 **인쇄물** 印刷品
그 후보자는 이번 선거에서 많은 비용을 들여 인쇄물을 찍었다.
那位候选人在这次的选举中花了很多钱在印制印刷品上。

1752 **인스턴트** 即刻，快速，速溶，快餐
삭막한 인스턴트의 세계의 한줄기 위로 같은 샐러드소스 냄새…
凄凉的快餐世界中，一股安慰般的色拉酱气味…
소설-김금희-경애의 마음

1753 기출 **인식** 认识，认知
글쓴이는 전문가들의 상황 인식에 우려를 표하고 있다.
作者对专家们的状况认知表示担忧。

1754 **인심** ① 人心
강산은 변해도 인심은 변하지 않는다.
江山易改本性难移。

1755 **인연** ③ 姻缘，缘分
나는 남자친구와 아르바이트를 하면서 인연을 맺게 되었다.
我和男朋友是打工时结下姻缘的。

1756 **인용** ② 引用
이 문구는 책에서 인용을 한 거예요?
这句子是从书上引用的吗?

1757 기출 **인원** 人员，人数
동아리 인원이 두세 명인 경우에도 지원금을 신청할 수 있다.
社团人数只有两三名的情况也可以申请支援款。

1758 기출 **인재** ② 人才
여러분은 전문성을 키워 사회적 역할을 다하는 인재로 성장할 겁니다.
各位培养了专业性，一定会成为对社会有用的人才。

1759 **인정** ④ 人情味
대만 사람들은 인정이 넘친다.
台湾人的人情味十足。

1760 기출 **인정** ⑧ 认定，认可
그는 업무 능력 인정을 받아 과장으로 승진했다.
他的业务能力得到认可，升职为科长了。

1761 **인체** 人体
인체의 70%(칠십 퍼센트)는 수분으로 되어 있다.
人体是由70%的水分构成的。

1762 **인터뷰** 采访
그녀와의 인터뷰는 좀처럼 가능하지 않았다.
采访她很不容易。
신문 5

1763 **인하** ①
下调，下降

오늘부터 겨울 상품의 가격 인하를 한다고 한다.
据说从今天开始下调冬季商品的价格。

1764 **일** ⑥
日

나는 일요일마다 등산을 한다.
我每周日(日曜日)都爬山。

1765 **일교차**
昼夜温差

일교차가 크니 감기에 주의하십시오.
昼夜温差大，请小心感冒。

1766 **일대** ③
一带，地区

전남 일대에서는 시원한 바람에 춤을 추듯 흔들리는 갈대 풍경이 찾는 이들의 감탄을 자아냈다.
全罗南道一带，芦苇因凉爽的风而舞动的景色令人赞叹。

신문 7

1767 **일등**
一等，第一名

저는 이번 한국어 말하기 대회에서 일등을 했습니다.
我在这次的韩语演讲比赛上拿了第一名。

1768 **일반** ②
一般

영화관에서 냄새가 강한 음식을 먹으면 안 되는 것은 일반 상식이 아닙니까?
电影院里不能吃味道强烈的食物不是一般常识吗?

1769 **일반인**
一般人，普通人

복지회관에서는 일반인을 대상으로 한 교양 강좌가 열립니다.
福利会馆举办了以普通人为对象的讲座。

1770 **일본어**
日语

일본어로 말하는 할아버지의 목소리에는 자신감이 붙어 있었다.
爷爷讲日语的声音中充满了自信。

소설-최은영-쇼코의 미소

1771 **일본인**
日本人

누가 들어도 일본인의 억양을 알아차릴 수 있었지만 발음이 정확했고 세련된 연음을 구사했다.
虽然听得出来有日本人的口音，但是(쇼코)发音准确，还使用了简洁的软音。(和上面的一句相似)

소설-최은영-쇼코의 미소

1772 **일부분**
一部分

우리에게 알려진 그 정치인의 비리는 극히 일부분에 지나지 않는다.
那位政客的腐败，我们所知道的不过是一小部分而已。

1773 기출 **일상** ④
日常

그들의 일상을 들여다보고 있으면 포기하고 좌절했던 나의 모습들이 부끄러워진다.
我看到他们的日常生活，就对曾经放弃和挫折的自己感到羞愧。

1774 **일상생활** 日常生活
핸드폰은 우리 일상생활 속에서 필수품이 된 지 오래이다.
手机已经变成我们日常生活中的必须品了。

1775 **일생** 一生，终生，一辈子
일생을 눈 감고 살아온 사람이 내 앞을 지나간다.
闭着眼睛过了一辈子的人从我面前走过。
시-신용목-지하철의 노인

1776 **일석이조** 一石二鸟
일석이조란 하나의 돌로 새 두 마리를 잡는다는 말로 한 가지 일로 두 가지 이익을 얻는 것을 일컫는다.
一石二鸟是说用一个石头打中两只鸟，也指通过一件事获得两个利益。

1777 **일손** 人手
지금 일손이 부족해서 그런데, 도와줄 수 있어요?
现在人手有点不足，你可以来帮忙吗?

1778 **일시** ③ 日期
회의 일시: 2019(이천십구)년 1(일)월 3(삼)일
会议日期: 2019年 1月 3日。

1779 **일시불** 一次付清
카드 결제는 일시불로 해 주세요.
请用信用卡一次性付清。

1780 **일어** 日语
대학에서 일어를 배운 뒤 한번도 일어를 쓸 일이 없었다.
在大学的时候学了日语，之后再也没有用过。

1781 기출 **일자리** 工作，工作岗位
장애인의 자립을 위한 일자리가 필요하다.
需要一个能帮助残疾人自立的工作岗位。

1782 기출 **일정** ① 一定
집단 간의 충돌을 조정할 일정 기준이 필요하다.
需要一定的标准来调整集团之间的冲突。

1783 **일정** ③ 日程
여행 일정을 드디어 다 짰다.
终于安排好旅行的日程了。

1784 **일정표** 日程表
일정표가 바뀌었으니 착오 없으시길 바랍니다.
改了日程表，希望不要出差错。

1785 **일종** ③ 一种
공주병은 일종의 자기애 혹은 착각이라고 볼 수 있다.
公主病可以看做是一种自我爱或者一种错觉。

1786 **일출** ① 日出
아버지는 일출을 보고 싶어하셔서 등산을 하신다.
爸爸说想看日出，所以去爬山。

1787 **일치** ① 기출
一致
들은 내용과 일치하는 것을 고르십시오.
请选出与听到内容一致的选项。

1788 **일행** ①
一行，同行
등산을 같이 하던 일행이 사라졌다.
一起登山的一行人不见了。

1789 **일회용**
一次性
일회용 젓가락은 한 번 쓰고 버리는 제품이다.
一次性筷子是只使用一次就丢的东西。

1790 **일회용품**
一次性用品
환경보호를 위해서 일회용품을 사용하지 않는 것이 더 좋다.
为了保护环境，最好不要使用一次性商品。

1791 **읽기**
阅读
유치원을 다니는 동생이 읽기를 배우고 나서 혼자 동화책을 읽을 수 있게 되었다.
正在上幼儿园的弟弟学了阅读之后能够自己阅读童话书了。

1792 **임금** ③
工资
민수는 프로젝트를 성공적으로 마무리했다. 그래서 사장님이 임금을 올려주신 것이다.
因为民秀成功地完成这次的企划案，所以老板给他涨了工资。

1793 **임무** ①
任务
이번 임무는 저에게 맡겨주세요. 열심히 하겠습니다.
请把这次的任务交给我。我会努力做的。

1794 **임시** ② 기출
临时
정부에서 다음 달 6(육)일을 임시 공휴일로 지정했다던데.
政府将下个月的6号指定为临时公休日。

1795 **임신** ② 기출
怀孕
지하철의 임산부 배려석은 임신 초기 산모를 위한 자리이기도 합니다.
地铁的孕妇关怀座位也是为了怀孕初期的孕妇准备的。

1796 **입국** ②
入境
A군 부모는 모두 취업비자를 얻어 입국(을) 한 합법적인 체류자들이다.
A的父母是拿到工作签证入境的合法滞留者。
신문 8

1797 **입금**
汇款，入账
계좌에 돈은 입금이 되지 않았다.
钱没有存入账户。
소설-김언수-설계자들

1798 **입대** ①
入伍
아빠는 남동생이 입대를 하는 날, 남자라면 군대에 가야 남자다워진다고 말씀하셨다.
爸爸在弟弟入伍的那天说，男人就要去了军队才像个男人。

1799	**입력** 输入	이 많은 데이터를 다 직접 입력을 해야 한다. 这么多数据都要直接输入。
1800	**입맛** 胃口	요즘 입맛이 너무 돌아 걱정이다. 먹어도 너무 많이 먹는다. 最近口味很重，我很担心。吃也吃得太多了。
1801	**입사**③ 入职	대기업 입사에 성공했더라도 결혼 비용이 거액이라 엄두가 나지 않는다. 就算成功入职大企业，因为结婚的费用是一笔巨款，所以连念头都没有。 신문 1
1802	**입시**④ 入学考试	입시철이 되면 엿과 초콜릿 등 합격을 기원하는 제품들이 많이 팔린다. 到了入学考试的时候，饴糖和巧克力等祝福合格的商品就卖得很好。
1803	**입장**② 入场	스무살 미만의 학생은 무료 입장을 할 수 있다. 未满20岁的学生免费入场。
1804	**입장**④ 立场	그는 글로써 동성 결혼에 대한 자신의 입장을 밝혔다. 那个人透过文章表明自己对同性婚姻的立场。
1805	**입장료** 入场费	이 박물관의 입장료는 연령에 따라 차등을 둔다. 博物馆的入场费根据年龄有所差异。
1806	**입학식** 入学仪式， 开学典礼	그는 검정고시로 일 년 만에 고등과정을 마치더니 그 다음 해에는 대학 입학식에 참석했다. 他通过鉴定考试，一年之内就完成了高中课程，参加了第二年的入学仪式。

1807	**자** ① 尺子	자로 재 보니 허리가 29(이십구) 인치더라고요. 저는 살을 좀 빼야겠어요. 用尺子量了我的腰，竟然有29英尺。我要减肥了。
1808	**자** ⑭ 字	'기차'의 '차'자와 '기자'의 '자'자는 엄연히 다른 글자라고요. 火车的"车"字和记者的"者"字是完全不一样的字。
1809	**자가용** 私家车，自家车	자가용으로 출근하는 사람이 많아지면서 교통 체증이 늘어나고 있다. 因为越来越多人开车上班，交通堵塞变严重了。
1810	**자격** ④ 资格	이런 내가 당신의 사랑을 받을 자격(이) 있을까. 这样的我有资格得到你的爱吗? 노래-방탄-Outor: Her
1811	**자격증** 资格证	삼 년 노력 끝에 겨우 초등교사 자격증을 땄다. 努力了三年，只考到了小学教师资格证。
1812 기출	**자극** ① 刺激	자주 사용하지 않는 손을 움직일 때 뇌가 더 효과적으로 자극(이) 된다. 不常用的手活动的时候更能够有效地刺激大脑。
1813	**자녀** ① 子女	자녀를 기르는 것과 애완동물을 기르는 것은 천차만별이다. 养育子女和养宠物是天差地别的事。
1814	**자동** ① 自动	이 문은 자동으로 움직입니다. 这个门会自动开启。
1815	**자료** ③ 资料	인터넷에서 자료를 검색해 찾아보았다. 搜索了网络，找到了资料。
1816	**자리** ② 席子，垫子	여기 그늘이 있으니 이곳에 자리를 펴고 앉자. 这里背阴，就铺开垫子坐这里吧。
1817	**자막** 字幕	중국어 자막 없이 한국 드라마를 보는 게 내 소원이다. 我的愿望是没有中文字幕看韩剧。
1818	**자매** ③ 姐妹	쇼코가 다니던 학교는 일본 A시의 작은 여학교로, 우리 고등학교와 자매 학교라고 했다. Shoko的学校是日本A市的一间女高，与我们学校是姐妹校。 소설-최은영-쇼코의 미소

1819 **자본** ② 资本，资金
북한은 기술과 자본 부족으로 심각한 경제 위기에 있다.
北韩因为技术与资金不足正面临着严重的经济危机。

1820 **자부심** 自信心，自豪感
기출
자신만의 물건을 갖게 된 아이들은 스스로에 대한 자부심이 높아지게 된대.
拥有自己东西的孩子会提高对自己的自豪感。

1821 **자살** ① 自杀
(한국의) 청소년 자살률은 2011(이천십일)년부터 조금씩 줄다가 2016(이천십육)년 7.8(칠점 팔)명으로 다시 늘고 있다.
(韩国的)青年自杀率从2011年开始逐渐下降，2016年又以7.8名重新开始上升。
신문 12

1822 **자세** ② 姿势
요가에서는 자세를 잡기가 쉽지 않다.
在瑜伽中抓好姿势很难。

1823 **자신** ② 自信
이번 시험에는 꼭 합격할 자신이 있다.
我有这次考试一定合格的自信。

1824 **자신감** 自信感
미라는 매사에 자신감이 넘치는 태도로 임한다.
米拉凡事都以充满自信(感)的态度面对。

1825 **자연환경** 自然环境
일회용품의 사용을 줄여서 자연환경을 보호합시다.
请减少一次性用品的使用，一起保护自然环境吧。

1826 **자원** ④ 资源
기출
지구의 지각이 바뀔 때 지구 깊숙한 곳에 있던 금, 석유 등의 자원이 지표면으로 올라온다.
当地壳改变时，地球深处的金，石油等资源会上浮。

1827 **자존심** 自尊心
이 문제에는 내 자존심이 걸려 있다고요. 그러니까 나도 양보할 수 없어요.
这个问题关系到我的自尊心，所以我也不可能让步。

1828 **자주색** 紫色
자주색 원피스를 입은 저 분이 우리 담임선생님이십니다.
穿着紫色连衣裙的那位是我们的班主任。

1829 **자취** ③ 独自生活，自炊
자취 생활을 오래 하다 보니 요리 실력이 늘었다.
因为长时间的独自生活，我的做饭能力提高了。

1830 **작가** ① 作家
올해로 내가 작가가 된 지 10(십)년이 되었다.
今年是我当作家的第十年。

1831 **작곡** ① 作曲
나는 대학에서 작곡을 전공했다.
我在大学的专业是作曲。

1832 기출	**작곡가** 作曲家	악보를 외우면 작곡가를 좀 더 이해하게 되어 결국 작품에 대한 표현력이 풍성해진다. 背诵乐谱就能进一步了解作曲家，最后对作品的表现力也就更加丰富
1833	**작동** ① 运转	갑자기 기계가 작동을 멈췄습니다. 机器突然停止运转。
1834	**작문** ① 作文	뛰어난 작문 실력으로 이번 독후감 대회에서 언니는 또 일등을 차지했다. 姐姐作文写特别好，在这次的比赛中又获得了第一名。
1835	**작성** ① 写，制定，起草	설명을 들으신 분들은 잠시 후 설문지 작성을 해 주시길 바랍니다. 请各位在听完说明后填写问卷调查。
1836	**작업** ① 工作	이 활동 준비로 해야 할 작업이 상당히 많다. 이 일은 보기보다 어렵다. 这活动的事前准备工作非常多，绝对不像看到的一样简单。
1837	**작용** ① 作用	그의 발언은 회의에서 불리한 작용을 했다. 그는 차라리 말을 안 하는 편이 나았다. 他的发言在会议上起了不好的作用，他索性不说话比较好。
1838	**작은아버지** 叔叔	제 작은아버지는 미국에 사십니다. 我叔叔住在美国。
1839	**작은어머니** 婶婶	제 작은어머니는 제 어머니의 후배였다고 합니다. 我婶婶是我妈妈的后辈。
1840	**작은집** 叔叔家	명절에는 큰집인 우리집에서 제사를 지낸 뒤 작은집에 들러 저녁 식사를 한다. 过节的时候在我们家祭祀之后再到叔叔家吃晚餐。
1841	**작전** ① 策略，战略	박 감독은 선수들에게 경기 작전을 지시했다. 朴教练向选手们指示比赛策略。
1842	**작품** ① 作品	다니엘의 사진 작품이 유명 갤러리에 전시되었다. 丹尼尔的摄影作品在有名的画廊展出。
1843	**잔돈** ② 零钱	요즘은 카드 결제를 하니까 잔돈을 쓸 일이 없다. 最近都用信用卡付款，用不到零钱。
1844	**잔디밭** 草地	잔디밭에 들어가지 마십시오. 请不要践踏草地。

1845 **잔소리**
唠叨，啰嗦

한달만에 고향 집에 돌아갔더니 나를 본 어머니는 내내 잔소리를 늘어놓았다.
时隔一个月回到了老家，妈妈看到我就一直在唠叨。

1846 **잔액**
余额

카드의 잔액이 부족합니다.
卡片的余额不足。

1847 **잠옷**
睡衣

집에 돌아오자마자 잠옷으로 갈아입었다.
一回到家就换上了睡衣。

1848 **잠자리** ②
蜻蜓

어린 시절, 여름이 되면 잠자리를 잡으려고 잠자리채를 들고 다니는 아이들이 많았다.
小时候一到夏天就有很多小孩拿着捕蜻蜓的网去抓蜻蜓。

1849 **장가** ①
娶妻，娶媳妇

드디어 다음 달에 우리 삼촌이 장가를 간다.
叔叔终于要在下个月娶媳妇儿了。

1850 **장관** ②
长官

김미소 씨는 환경부 장관에 임명되었습니다.
金微笑被任命为环境部长官。

1851 **장기간**
长时间

장기간 해외에 머물다 보면 먹고 싶은 음식을 자기가 직접 해 보게 된다. 나에게는 김치를 담그는 일이 그러했다.
长时间待在国外就会自己做想要吃的食物。对于我来说做泡菜就是这样。

1852 **장난**
玩笑

학생, 어, 장난 좀 친 거야.
同学，开个玩笑而已。

드라마-상속자들

1853 **장남** ③
长子

나는 이 집안의 장남이다.
我是这个家的长子。

1854 **장단점**
优缺点

자신의 장단점을 기술하시오.
请叙述自己的优缺点。

1855 **장래**
将来，未来，前途

이낙연 국무총리는 "많은 젊은이의 장래 희망이 건물주라고 회자되는 현실은 한국의 불평등 구조에 대한 통렬한 항의"라고 말하기도 했다.
李洛渊国务总理表示："许多年轻人将成为建筑物主人作为将来希望的现实是对韩国不平等结构的强力抗议"。

신문 13

1856 **장례식**
葬礼

장례식이 끝나자, 아버지는 언니를 업고 나를 안은 채 고향으로 향했다.
葬礼一结束，父亲就背着姐姐，抱着我，踏上了回乡的路。
소설-윤성희-유턴

1857 **장르**
기출
体裁，种类

사람들은 연극과 뮤지컬을 누구와 함께 보는 장르라고 생각한다.
人们认为话剧和音乐剧是与谁都能一起看的体裁。

1858 **장마철**
梅雨季

장마철이 되면 습기에 유의해야 한다.
到了梅雨季要注意潮湿。

1859 **장면** ④
场面，画面，场景

이곳에서 교통사고 장면을 목격하신 분은 연락 바랍니다.
请目击了这场交通事故的人联系我。

1860 **장모** ①
丈母娘

장모님은 사위가 오면 꼭 닭요리를 주신다.
只要女婿一来，丈母娘就给他做肌肉料理。

1861 **장미꽃**
玫瑰花

성인의 날에 친구들로부터 장미꽃을 받았다.
成人礼那天收到了朋友送的玫瑰花。

1862 **장사** ①
生意，买卖

요즘 장사가 잘 안 돼서 큰일이야.
最近生意不好真是糟糕。

1863 **장수** ⑧
长寿

우리 집은 장수 집안이다. 할머니는 101(백일)세까지 사셨다.
我们家是长寿家庭。奶奶活到了101岁。

1864 **장식** ⑤
기출
装饰，装扮

지붕에 구멍을 만들어 아름답게 장식(을) 했다.
屋顶打了一个洞，装饰得很漂亮。

1865 **장애** ②
기출
障碍

일상생활이 어려울 정도로 증세가 심각하면 이는 행동 장애로 본다.
如果症状达到日常生活困难的程度，就可视为行动障碍。

1866 **장애인**
残疾人

여사님, 앞으로도 장애인 복지에 힘써 주십시오.
女士，请您以后也请致力于残疾人福利。

1867 **장인** ②
丈人

우리 장인 어르신은 너무 보수적이라 대화할 때 불편하다.
我的老丈人太保守，对话的时候不自在。

1868 **장점** ②
기출
优点，长处

꿀에 대한 믿고 있는 장점이 사실이 아닐 수도 있다.
蜂蜜可信的长处可能不是事实。

1869	**장학** ① 奖学	H씨는 P대학의 장학 사업을 위해 자신의 전 재산을 기부했다. H先生为了P大学的奖学事业捐赠了自己的全部财产。
1870 기출	**장학금** 奖学金	오늘까지 장학금을 신청해야 합니다. 到今天为止要申请奖学金。
1871	**재능** 才能，才干	부족한 사람은 있어도 부족한 재능은 없다고 했다. 有不完美的人，也没有不完美的才能。 수필-정민-미쳐야 미친다
1872	**재떨이** 烟灰缸	이 교수는 업무가 서툴다는 이유로 자기 조교에게 재떨이를 던졌다. 李教授以业务不熟悉为由向自己的助教丢了烟灰缸。
1873	**재산** 财产	김인창씨는 시장에서 과일 가게를 크게 해서 재산을 모았다. 金仁昌先生在市场上开了很大的水果店，攒了很多财产。
1874	**재생** ① 再生	소규모 재생 사업은 지역 주민이 사업 계획을 직접 세워 제안하고, 도시 재생 과정에도 참여하는 프로젝트다. 小规模的再生事业是地区居民亲自设计并提出提案，参与都市再生过程的计划。 신문 14
1875	**재수** ③ 运气	"재수가 나쁜 사람은 뒤로 넘어져도 코가 깨진다."라는 속담이 있다. 有一个俗语说"运气差的人喝水也塞牙(就算向后摔倒鼻子也会受伤)"。 속담
1876	**재작년** 前年	재작년에 여의도로 이사를 왔다. 大前年我搬到了汝矣岛。
1877	**재주** ① 才能，本事	그녀는 뜨개질, 요리, 검도, 유도, 서예, 공예 등 다방면에 재주가 있다. 她有多方面的才能，像针线活儿，料理，剑道，柔道，书法，工艺等。
1878	**재킷** 夹克	상수가 아무렇게나 벗어놓은 재킷에서 나는 땀 냄새… 相洙随意脱去的夹克散发着汗味… 소설-김금희-경애의 마음
1879	**재판** ⑥ 审判，判决	(상속 문제로) 삼촌들 중 몇 명은 아직까지도 재판 중이었다. (因为继承问题)几位叔叔到现在还在审判中。 소설-윤성희-유턴

1880 기출	**재학** ② 在学，在校	이 학교의 학생들은 재학 중에 현장에서 실습할 기회가 있다. 这所学校的学生在校期间有现场实习的机会。
1881	**재학생** 在校生	신입생 모집뿐만 아니라 재학생 유지에도 어려움을 겪고 있습니다. 不仅是招募新生，连维持在校生都面临困难。 뉴스 2
1882	**재활용** 再利用，重新利用	비닐도 재활용 쓰레기에 포함됩니까? 塑料也属于再利用垃圾吗?
1883	**재활용품** 再利用品	매주 월요일 이곳에 재활용품을 버리면 된다. 每周星期一在这里丢再利用品就可以了。
1884	**잼** ① 果酱	빵에 딸기 잼을 발라 먹었다. 我吃了抹上草莓酱的面包。
1885	**저급** ① 低级	고급 문화와 저급 문화의 정확한 기준이 무엇입니까? 高级文化与低级文化的正确标准是什么?
1886	**저녁때** 晚上，傍晚	저녁때 많이 먹으면 살찐다. 晚上吃太多会发胖。
1887	**저울** ① 秤	저울에 오른 뒤 놀랐다. 내 몸무게가 이렇게 많이 나가다니! 上了秤感到很惊讶，我竟然这么重。
1888	**저자** ⑤ 作者	〈외국어 완전정복〉의 저자 조영미 님을 모시겠습니다. 让我们有请《外语完全征服》的作者赵英美女士。
1889	**저장** ④ 保存	파일 저장은 잘 했겠지? 文件保存好了吧?
1890	**저축** ③ 储蓄，存款	연예인 김 모 씨는 올해의 저축상을 수상했다. 艺人金某获得了年度储蓄奖。
1891	**적** ⑬ 敌人	적이 나타났다! 공격하라! 敌人出现了! 发起攻击!
1892 기출	**적극** 积极	이러한 운동이 지속되기 위해서는 시민 여러분께서 적극 동참해 주셔야 합니다. 为了让这样的运动能够持续，需要市民们的积极参加。

1893 기출	**적성** ⑤ 适合与否，能力倾向	구청에서 무료로 적성 검사도 해 준다고 합니다. 区厅免费提供检查能力倾向的服务。
1894	**적용** 适用，应用	법의 적용을 받지 않는 기관은 없다. 没有法律不适用的机关。
1895 기출	**적응** ② 适应	한국 기업들은 급변하는 시대에 잘 적응(을) 하고 있다. 韩国企业很好的适应着剧变的时代。
1896	**적자** ② 赤字，亏损	적자가 나는데도 이 사업을 접지 않는 이유는 도대체 무엇입니까? 出现亏损也不结束这事业的理由到底是什么?
1897	**전개** ② 展开，开展	극의 전개가 갑작스럽게 진행되자 내용은 점점 산으로 가고 있다(배가 산으로 간다: 원하지 않은 방향으로 일이 진행된다). 剧情突然展开，内容渐渐走向山上。(船往山上走：事情往不想的方向发展)
1898	**전국** ③ 全国	김미소 씨는 전국을 돌며 에이즈(AIDS)의 위험성을 알렸다. 金微笑小姐周游全国告诉大家艾滋的危险性。
1899	**전날** 前一天	시험 전날 미역국을 먹으면 시험을 망친다는 미신이 있다. 有这样的迷信：考试前一天喝海带汤的话，考试就会考砸。
1900	**전달** ③ 转达，传达	이 택배를 105(백오)호에 전달을 해 주십시오. 请把这个快递转交给105室。
1901 기출	**전망** ③ 展望，前景	이 전문가는 산업의 미래에 대해 긍정적으로 전망(을) 하고 있다. 这位专家积极地展望产业的未来。
1902	**전문** ⑧ 专门，专业	교사는 학생들에게 전문 지식 습득을 강조하고 있다. 老师在向学生强调专业知识的学习。
1903	**전문가** 专家	오늘은 세계적인 커피 전문가 미스터 스타벅스 씨를 모시고 이야기를 나눠 보겠습니다. 今天有请世界咖啡专家星巴克先生来做分享。
1904	**전문점** 专卖店	요즘 시내에는 커피 전문점이 포화 상태이다. 近来市内的咖啡专卖店呈饱和状态。
1905	**전문직** 专职，专业性工作	전문직 종사자의 13%(십삼퍼센트)만이 자신의 직업에 만족한다고 답했다. 只有13%从事专业性工作的人满足自己的职业。

1906 **전설** ④
传说
이 바위에 오래 앉아 있으면 몸이 굳어버린다는 전설이 대대로 내려오고 있다.
久坐在这个石头上身体会僵硬的传说一代代地传了下来。

1907 **전세** ⑦
包租，传贳(韩国的房屋租赁形式)
언니는 집에서 나와 부산의 한 아파트에 전세로 살고 있다.
姐姐从家里搬出来后租住在釜山的一座公寓里。

1908 **전시** ④
展示
A작가의 귀한 예술품이 국립미술관에 전시가 되어 있다.
A作家的珍贵艺术品在国立美术馆展示。

1909 **전시장**
展示场，展厅
대부분의 미술 전시장에서 사진 촬영이 금지되어 있다.
大部分的美术展场里都禁止拍照。

1910 **전시회**
기출
展示会
전시회 상품은 제가 정리할게요.
我来整理展示会的商品。

1911 **전용** ④
专用
장애인 전용 주차 공간에 주차하지 마세요.
请不要在身心障碍者专用停车位停车。

1912 **전원** ③
全员
학교 행사로 학생 전원이 동원되었다.
为了学校活动动员了全体学生。

1913 **전원**
컴퓨터 전원이 갑자기 꺼져서 작업 중이던 자료를 다 날렸다.
电脑的电源突然关掉(当机/突然关机)，正在做的工作全不见了。

1914 **전자** ⑥
电子
요즘은 전자 피아노를 더 선호하는 추세이다.
最近大众更喜欢电子钢琴。(意译)

1915 **전자레인지**
微波炉
전자레인지에 음식을 데워 드세요.
将食物放入微波炉中加热后再食用。

1916 **전자사전**
电子词典
요즘은 전자사전을 따로 들고 다니는 사람은 별로 없다.
现在没什么人会带着电子词典。

1917 **전쟁**
战争
한국 전쟁이 발발했을 때 이산가족이 많이 생겼다.
韩国战争爆发的时候有了很多离散家庭。

1918 **전제** ⑧
前提
이 수업에서 높은 점수를 받는 전제 조건은 결석이 없고 숙제를 제한 시간 안에 완성하는 것이다.
在这门课上取得高分的前提条件是没有缺席，并在限定时间内完成所有作业。

1919 **전통** ⑤ 传统 (기출)

인간문화재들이 제자를 일대일로 교육해 전통 공예를 이어 나가고 있다.
人类文化遗产对学生进行一对一的教育，延续着传统工艺。

1920 **전후** ① 前后

학교 폭력의 전후 사정을 다 듣고 나서 선생님은 폭행 피의자를 경찰에 신고했습니다.
听完学校暴力的前后情况，老师把暴力嫌疑人报给了警方。

1921 **절** ① 庙

할머니께서는 신실한 불교신자라 매일 절에 다니신다.
因为奶奶是虔诚的佛教徒，她每天都会去庙里。

1922 **절** ② 大礼

설날에 아이들이 어른들에게 절을 올려야 한다.
新年的时候，小孩子们应该要向大人们行大礼。

1923 **절** ⑧ 章节，节

기독교인들이라면 모두 창세기 1(일)장 1(일)절을 읽어봤겠죠?
基督徒们都读过创世纪的第一章第一节吧？

1924 **절망** ② 绝望

실연을 당한 친구는 절망에 빠졌다.
失恋的朋友陷入了绝望。

1925 **절반** 一半

본교 재학생의 절반 이상이 아르바이트를 한다고 밝혔다.
本校学生一半以上都说自己打工过。

1926 **절약** 节约，节省 (기출)

큰돈을 모으려면 아끼고 절약을 하는 습관을 길러야 한다.
想要攒大钱，要养成节约的习惯。

1927 **절차** ② 程序，手续，步骤

(이는) 인터뷰 내용과 상관없이 무조건 절차 위반의 징계 위험을 감수하는 것입니다.
与采访内容无关，无条件接受违反程序的惩戒。
신문 5

1928 **젊은이** 年轻人

젊은이의 꿈을 짓밟은 나쁜 어른들은 죄값을 받아야 한다.
践踏年轻人梦想的坏人需要付出罪责。

1929 **젊음** 年轻

젊음을 유지하는 비결은 낙천적인 성격이라고 한다.
听说维持年轻的秘诀就是乐观的性格。

1930 **점검** 检查，检验

가스 정기 점검을 받아야 한다.
要接受燃气的定期检查。

1931 **점원** ① 店员

나는 화장품 점원으로 일한 지 오 년이 되었다.
我做化妆品店员已经五年了。

1932 **점퍼** 夹克

날이 추우니 두꺼운 점퍼를 입고 나가라.
天气很冷，穿上厚夹克出门。

1933 **접근** 接近，靠近

법원은 가정폭력범에게 접근 근지 명령을 내렸다.
法院对家庭暴力犯下了禁止靠近的命令。

1934 **접속** 连接

어느 날, 나는 인터넷에 빠져 있는 자신이 한심해 보인 나머지 집안의 인터넷 접속을 끊어버렸다.
某天，我对深陷网络的自己感到寒心，所以切断了家里的网络连接。

1935 **접수**③ 接收，受理

인터뷰 요청 공문이 검찰에 정식으로 접수(가) 된 걸 계기로 지휘부에 맞서 싸웠어요.
检方以正式受理采访邀请公文为契机，向指挥部发起了斗争。

신문 5

1936 **접촉** 接触，触碰

메르스 환자와의 접촉을 피해야 한다.
要避免与MERS(中东呼吸综合症)患者的接触。

1937 **정**⑳ 感情

그 애를 바라보는 아내의 눈은 그야말로 언제나 애틋한 정에 젖어 있었다.
望着那孩子的妻子，眼睛里满是依依不舍之情。

소설-반디-고발

1938 **정기**⑦ 定期

매주 수요일은 정기 휴일입니다.
每周三是例假(定期的休息日)。

1939 **정답** 正确答案

사지선다형에서 정답을 하나 골라 보세요.
请在四个答案中选出一个正确答案。

1940 **정당**⑦ 政党

내가 존경하는 정치인이 있는 정당에 당원으로 가입했다.
我以党员身份加入了我所尊敬的政客所在的政党。

1941 **정면**① 正面

그 아이가 넘어졌을 때 땅에 정면으로 얼굴을 부딪쳐 얼굴을 많이 다쳤다.
那个孩子摔倒的时候正面朝地，所以脸部受伤很严重。

1942 **정반대** 正相反，截然相反

이 쌍둥이들의 성격은 정반대이다.
这对双胞胎的性格截然相反。

1943 기출 **정보**⑥ 信息，情报

인터넷을 사용하다 보면 자신의 정보를 제공하겠다는 글에 동의해야 하는 경우가 종종 있다.
上网时，偶有需要我们同意提供个人信息。

1944 **정보화**
信息化

정보화 시대라 모든 자료를 인터넷에서 찾을 수 있다.
现在是讯息化社会。所有信息都能在网络上找到。

1945 **정부** ⑧
기출
政府

진보주의자들은 시장을 자율에 맡기기보다는 정부가 개입해야 한다고 생각한다.
腐朽主义者认为市场比起自律，需要由政府介入。

1946 **정상** ②
正常，照常

오늘부터 정상 수업을 시작합니다.
今天开始正常上课。

1947 **정성** ⑪
기출
热诚，用心，赤诚

이 예술 작품에는 복을 기원하는 마음을, 정성을 다해 담았다.
这幅艺术作品饱含着祈福之心和热诚。

1948 **정수기**
净水器，饮水机

우리 학교는 각 층의 복도마다 정수기를 설치했다.
我们学校各层的走廊上都有饮水机。

1949 **정식** ①
기출
正式

이 제도의 장점과 단점을 분석하고 보완한 후, 이를 정식 제도로 도입할 예정이다.
在分析和完善该制度的优缺点后，将会正式引进该制度。

1950 **정신** ⑫
精神

환경 보호를 위해서 에너지 절약 정신이 필요하다.
为了保护环境，我们要有节约能源的精神。

1951 **정오** ①
正午，中午

매주 월요일의 정오 뉴스는 항상 남성 아나운서가 진행한다.
每周星期一的午间新闻都是由男主播播报新闻。

1952 **정원** ③
名额，人数

그 지역의 대학 중 71(일흔한)곳 중 39(서른아홉)곳이 모집 정원에 미달했다.
那个区域的71个地方中有39个地方未达招募人数。

신문 9

1953 **정육점**
精肉店

집에서 불고기를 구워 먹으려고 나는 정육점에 가서 고기를 샀다.
为了在家烤肉，我去了精肉店买了肉。

1954 **정의** ⑤
定义

문화의 정의는 관점에 따라 달리 내릴 수 있다.
文化的定义会因观点的不同而不同。

1955 **정장** ④
正装，西装

면접시험이 있어서 정장을 입었다.
因为有面试，所以我穿了正装。

1956 **정지** ⑥
停止

열차 탈선 사고로 인해 동부의 열차 운행은 정지가 된 상태이다.
由于发生列车脱轨事故，东部的列车处于停止运行状态。

1957	**정직** ① 正直，耿直	저희 기업은 정직을 추구합니다. 我们企业追求的是正直。
1958	**정착** 定居，落户	김성도 씨는 1991년 독도에 정착(을) 한 독도 주민입니다. 金圣道先生是1991年定居独岛的独岛居民。 뉴스 3
1959 기출	**정책** ② 政策	조선시대에는 탕평책이라는 정책이 있었다. 在朝鲜时代有一个叫“荡平策”的政策。
1960 기출	**정치** ③ 政治	인재를 고르게 등용함으로써 정치 세력의 균형을 이루고자 했던 것입니다. 试图通过均匀录用人才来实现政治势力的均衡。
1961	**정치인** 政治家，政客	아이의 꿈은 정치인이라고 합니다. 孩子的梦想是成为政治家。
1962	**젖** 奶，乳汁	아이에게 젖을 먹이는 엄마의 뒷모습을 보았다. 我看到了给孩子喂奶的母亲的背影。
1963	**제거** ③ 清除，除去	고기 냄새 제거에 좋은 제품을 하나 추천해 주십시오. 请推荐一款比较好用的清除肉味的产品。
1964 기출	**제공** ④ 提供	앞으로도 최고의 서비스 제공을 할 것을 여러분께 약속드립니다. 我向各位保证以后也将会提供最好的服务。
1965	**제과점** 糕点店	제과점에서 얼마어치 빵을 산 거예요? 你会在糕点店买多少面包?
1966	**제도** ① 制度	현 결혼 제도에는 문제가 많다고 본다. 我认为现在的婚姻制度有很多问题。
1967	**제때** 及时，按时，准时	식사는 꼭 제때 해야 위장병에 걸리지 않는다. 一定要按时吃饭才不会得肠胃病。
1968	**제사** ⑦ 祭祀	제사를 지내는 일을 무의미하다고 보는 젊은이들이 많다. 许多年轻人认为祭祀是没有意义的事。
1969	**제시** ② 提示，提出，出示	제 의견 제시는 무시하신 겁니까? 请问是在无视我提出的意见吗?

1970 **제시간**
按时，正点，准时
김 대리는 매번 제시간에 맞춰 일을 해냈다.
金代理每次都按时完成工作。

1971 **제안** ②
提案
대기업으로부터 스카우트 제안을 받았다.
我收到了大企业的跳槽提案。

1972 **제약** ①
制约，限制
결혼을 하면 사생활에 제약이 많아진다고? 꼭 그런 것만은 아니야.
结了婚，生活上就会有很多限制?不一定都是这样的。

1973 **제외** ②
除外，排除
정부 정책 지원금 혜택을 받을 대상과 제외 대상은 다음과 같습니다.
享受政府政策支援金福利的对象与除外对象如下。

1974 **제자** ①
弟子，徒弟
사제관계란 스승과 제자의 관계를 의미한다.
师徒关系是指师傅与徒弟的关系。

1975 **제자리**
原地，原位
다 쓴 물건은 제자리에 갖다 놓으세요.
东西用完请放回原位。

1976 **제작** ②
制作
고등학교 동창이 음반 제작자가 되어 수많은 명곡을 만들어 냈다.
高中同学成为了唱片制作人，制作了许多名曲。

1977 **제출** ②
提交
보고서 제출은 24(이십사)일까지입니다.
报告提交截止到24日。

1978 **제품** ②
产品
이 제품은 보증서가 있습니까?
这产品有保证书吗?

1979 **제한** ①
기출
限制
이 사업에서는 도로의 제한 속도를 낮추는 방안을 검토 중이다.
该项目正在研究降低道路限制速度的方案。

1980 **조각** ①
片，块，碎片
그의 코리안 드림은 산산조각이 났다.
他的韩国梦支离破碎(直译：他的韩国梦成了一块块碎片)

1981 **조건** ②
条件
성공의 조건은 무엇이라고 생각하십니까?
你认为成功的条件是什么?

1982 **조기** ⑤
早期，早日
조기 졸업은 바라지도 않는다. 제때 졸업이나 했으면 좋겠다.
我不期待提前毕业。只要能够按时毕业就好了。

1983 **조깅**
慢跑
나는 아침마다 삼십 분씩 조깅을 한다.
我每天早上慢跑30分钟。

1984 **조끼** ①
马甲，背心

고모가 만들어 주신 조끼를 처음 입어 보았다.
我第一次穿用橡胶做的背心。

1985 **조리** ⑨
烹饪，烹调

조리 시간이 짧은 음식을 간편식이라 부른다.
烹饪时间短的食品叫做简便食品。

1986 **조림** ①
罐头

내가 제일 좋아하는 음식은 갈치 조림이다.
我最喜欢的食物是刀鱼罐头。

1987 **조명** ⑥
照明，灯光

실내 조명이 어두운 탓인지 이 소파의 색깔이 별로 예쁘지 않아 보인다.
不知是不是因为室内灯光太暗，这沙发的颜色看起来一点都不好看。

1988 **조미료**
调料，作料

조미료를 넣으면 음식이 맛있긴 맛있다.
放了调料的食物确实好吃。

1989 **조사** ㉚
调查

통계청 조사 결과에 따르면 십 년 후에는 일인가구가 사인가구를 앞선다고 한다.
据统计局的调查结果显示，十年后一人家庭将会多于四人家庭。

1990 **조상** ⑦
祖先

우리 할머니는 조상님 덕분에 일이 술술 잘 풀린다고 믿는다.
我奶奶相信是因为祖先才会事事顺利。

1991 **조언** ①
기출
建议，指点，指教

자부심을 높이는 법에 대해 조언(을) 하려고 한 말은 아니었다.
这不是为了提高自豪感而提出的建议。

1992 **조작** ②
伪造，捏造

글쎄, 저는 그런 말을 한 적이 없다니까요. 이것은 명백한 음성 조작입니다.
这个嘛，我真的没有说过那种话。这明摆着就是伪造声音。

1993 **조절** ②
调节，控制

그 수영 선수는 컨디션 조절에 실패했다며 금메달을 놓친 아쉬운 마음을 전했다.
那位游泳选手说没有调整好状态，表达了错失金牌的遗憾心情。

1994 **조정** ⑨
기출
调整

집단 간의 관계는 힘의 역학 관계에 따라 정치적 조정이 필요할 때가 있다.
根据力学关系，集体间的关系有时需要政治的调整。

1995 **조화** ⑦
协调，搭配，和谐

인간과 자연이 조화를 이루는 삶이 이상적이다.
人类与自然的和谐人生是理想化的。

1996 **존경**
尊敬

존경을 받는 학자는 돈을 쫓지 않는다.
受到尊敬的学者是不追求金钱的。

1997 **존재**
기출
存在

그들에게 힙합은 자신의 존재 가치를 확인하게 해 주는 의식과도 같다.
对他们来说，Hiphop就是确认自己存在价值的仪式。

1998 **존중**
尊重

각자의 취향을 존중(을) 해 주는 태도가 필요하다.
我们需要尊重各自爱好的态度。

1999 **졸업생**
毕业生

이 명문 고등학교가 배출한 유명한 졸업생으로 노벨과학상 수상자도 있다.
这名牌高中培养的著名毕业生还有诺贝尔科学奖的获奖者。

2000 **졸업식**
毕业典礼

한국의 2(이)월에는 졸업식이 열린다.
韩国的毕业典礼在2月份举办。

2001 **졸음** ①
困，瞌睡

졸음이 쏟아지거든 가서 세수나 좀 하고 와.
你一直在犯困，去洗把脸再来。

2002 **종교**
宗教

누구에게나 종교의 자유가 있다.
任何人都有宗教自由。

2003 **종아리**
小腿

운동을 열심히 했더니 종아리가 굵어졌다.
因为太努力做运动，所以小腿变粗了。

2004 **종이컵**
纸杯

환경 보호를 위해 종이컵 사용을 자제합시다.
为了保护环境请减少纸杯的使用。

2005 **종합**
综合

종합검진을 받았는데 간에 문제가 있다고 합니다.
我做了综合检查，发现肝有问题。

2006 **좌석**
座位

승객이 좌석에 앉지도 않았는데 성급히 출발하는 버스 운전가가 있다.
有些公车司机，乘客还没有坐到座位上就急着出发。

2007 **좌우** ①
左右

길을 건널 때에는 좌우를 잘 살펴야 한다.
过马路的时候要注意左右。

2008 **좌측**
左侧

좌측에 있는 사람이 바로 국회의원 김사영입니다.
在左侧的这位就是国会议员金士永。

2009 **좌회전**
左转，左转弯，左拐

저기 편의점을 끼고 좌회전을 해 주세요.
请在那个便利店左转。

2010 **죄** ③
罪

사람이 죄를 짓고는 못 산다는 옛말은 하나도 틀리지 않았다.
人犯了罪不能了活的老话一点都没有错。

2011 **주름** ①
皱纹

나 때문에 미간에 주름이 생기는 래퍼가 느네.
因为我眉间生了皱纹的Rapper变多了。
노래-비와이-포에버

2012 **주먹**
拳头

바로 이거야! 내가 두 주먹을 불끈 쥐고 외쳤다.
就是这个!我两手握紧了拳头喊道。
소설-윤성희-유턴

2013 **주목** ③
瞩目，关注

국가인권위원회장의 발언은 국민들의 주목을 끌었다.
国家人权委员会会长的发言受到了人民的瞩目。

2014 **주민**
기출
居民

이 사업의 시행에 반대하는 주민들이 늘고 있다.
反对这项事业的居民越来越多。

2015 **주방** ⑤
厨房

주방이 너무 작아서 요리하기에 불편하다.
厨房太小了，所以做饭很不方便。

2016 **주식** ③
股票

주식과 스포츠 뉴스와 피로밖에 모르는 남편에 대하여(이야기했다).
我谈到了只知道股票，体育新闻和疲劳的丈夫。
소설-이만교-번지점프

2017 **주요** ①
기출
主要

이 글은 실리콘밸리의 주요 성장 동력을 분석하고 있다.
这篇文章在分析硅谷的主要发展动力。

2018 **주유소**
加油站

그는 주유소에서 일한 돈을 등록금에 보탰다.
他用在加油站工作赚的钱补贴了学费。

2019 **주의** ⑦
注意

다음부터 그런 실수가 없도록 각별히 주의를 하겠습니다.
下次我会特别注意不再出现那样的失误。

2020 **주인공**
主人公

오늘 밤 주인공은 나야 나.
今晚的主人是我啊我。
노래-워너원-나야나

2021	**주장** ③ 主张，意见	자기 주장만 내세우는 나이 든 사람을 우리는 꼰대라고 부른다. 坚持自己主张的上了年纪的人我们称之为老头子。
2022	**주전자** 水壶	주전자에 보리차를 끓이고 있다. 水壶里正在煮大麦茶。
2023	**주제** ④ 主题	그 소설가와 이야기하면 대화 주제가 다양해서 참 즐겁다. 只要和那位小说家谈话，就会因为各种各样的话题而非常愉快。
2024	**주차권** 停车票	주차권은 식당 내부에서 판매합니다. 停车票在餐厅内部贩售。
2025	**주차료** 停车费	이곳의 주차료는 30(삼십)분에 2000(이천)원이나 한다. 这里的停车费是30分钟2000元(韩币)。
2026	**주택** 独立住宅	더 이상 주택을 지을 필요는 없다. 已经不再需要建独立住宅了。
2027	**죽** ⑦ 粥	"죽도 밥도 안 된다."라는 말은 이것도 저것도 안 된다는 말이다. "粥不成粥，饭不成饭"是说这个那个都不行的意思。 속담
2028	**죽음** ① 死亡	스스로 죽음을 선택하게 하는 존엄사에 대해 어떻게 생각하십니까? 你如何看待自愿选择死亡的尊严死(安乐死)?
2029	**준비물** 准备的物品	나는 초등학교에 입학한 조카의 준비물을 챙겨 주었다. 我给上小学的侄儿拿了准备的物品。
2030	**줄거리** ① 情节，梗概	이 소설은 '십대 주인공이 과거의 살인사건을 추적한다'는 줄거리다. 这本小说的情节是'十几岁的主人公追查过去的杀人事件'。 신문 6
2031	**줄기** ① 茎	고구마 줄기로 나물을 해 먹으면 정말 맛있다. 用地瓜茎做野菜吃，味道真的很棒。
2032	**줄넘기** 跳绳	나는 한 번에 줄넘기를 천 개 이상 한다. 我跳绳一次可以跳一千个以上。
2033	**줄무늬** 条纹	저기 초록색 줄무늬 셔츠 입은 학생, 이쪽으로 나와보세요. 那个穿绿色条纹的同学，过来这边。
2034	**중** ① 钟	중이 제 머리 못 깎는다는 속담이 있다. 俗话说和尚剃不了自己的头。 속담

2035 **중고** ①
二手

남편 바트도 대학에서 문학을 전공했으나 지금은 중고차 수입상을 하고 있었다.
老公巴特虽然在大学时主修文学，但现在是二手车进口商。
소설-전성태-코리언솔저

2036 **중고차**
二手车

차가 없으니 너무 불편하다. 중고차라도 한 대 사서 몰아야겠다.
没有车太不方便了。就算是二手车也要买一台。

2037 **중고품**
二手货

'중고세상'이라는 중고품 매매 사이트가 있다.
(在韩国)有一个买卖二手货的网站叫'二手世界'。

2038 **중국어**
中文

두 사람은 지금 중국어로 대화하고 있다.
两个人在用中文对话。

2039 **중국인**
中国人

서울의 대림역 근처에 가면 중국인을 어렵지 않게 만날 수 있다.
去到首尔的大林站附近的话见到中国人不难。

2040 **중급**
中级

중급 수준의 한국어를 구사하는 그의 한국어 실력은 나날이 늘어가고 있었다.
发挥中级韩文水平的他，现在的韩语水平日益提高。

2041 **중단** ④
中断

오늘 오후 1(한)시부터 6(여섯)시까지 지하철 2(이)호선의 운행은 잠시 중단이 됩니다.
今日下午1点到6点地铁2号线暂时中断运行。

2042 **중독** ①
中毒

초콜릿에도 중독 성분이 있다고 합니다.
据说巧克力含有(使人)中毒的成分。

2043 **중반** ③
中期

이십대 중반에 들어서니 많은 생각이 든다.
到了二十几岁的中期就有了很多想法。

2044 **중부** ③
中部

중부 지방에 집중호우가 내리겠습니다.
中部地区将会有集中暴雨。

2045 **중소기업**
中小企业

중소기업에 다니면 임금이 적어 도통 돈을 모으기가 쉽지 않다.
在中小企业工作，因薪资太少，很难攒钱。
신문 1

2046 **중순**
中旬

독립유공자 후손들은 내달 중순 청와대를 방문할 예정이다.
独立有功者的后代将在下个月中旬访问青瓦台。

2047 **중식**
中餐

중식 요리의 대가의 손맛을 보고 싶다.
我想尝尝中餐料理大师的手艺。

2048 **중심지**
中心，中心地
서울은 한국 경제의 중심지이다.
首尔是韩国的经济中心。

2049 **중요성**
重要性
체중관리의 중요성은 아무리 강조해도 지나치지 않다.
体重管理的重要性不论如何强调都不为过。

2050 **중형차**
中型车
중형차를 모는 그녀의 모습은 예사롭지 않았다.
她开中型车的样子不一般。

2051 **쥐** ②
鼠，老鼠
그들은 고양이와 쥐 같은 관계이다.
他们是猫和老鼠一般的关系。

2052 **즉석**
即席，当场
바쁜 현대인들은 즉석 조리식품을 선호한다.
忙碌的现代人更喜欢即食食品。

2053 **즉시**
立刻，立即
마음을 먹었다면 즉시 행동으로 옮기십시오.
请一下定决心就立即付诸行动。

2054 **즐거움**
快乐，乐趣
아이들에게 독서의 즐거움을 느끼게끔 해 주는 일이 중요하다.
让孩子感受到读书的乐趣是很重要的事。

2055 **증가** ①
增加
현재로써 인구 증가는 어불성설(語不成說)이다.
就目前而言，增加人口是天方夜谭。

2056 **증거**
证据
김 씨는 독도가 우리 땅임을 알리는 '증거'이며 '증인'이었습니다.
金某是告诉世界独岛是我们的土地的'证据'也是'证人'。
뉴스 3

2057 **증명**
证明
심증은 있는데 물증이 없으니 그가 범인임이라는 증명을 하기는 어려운 상황이다.
因为只有心证没有物证，所以很难证明他是犯人。

2058 **증명서**
证明书，证件
증명서 발급은 왼쪽 창구에서 해 드립니다.
签发证件由左边窗口办理。

2059 **증상** ①
症状
감기 증상을 얕보았다가는 큰일난다.
轻视感冒症状会出大事。

2060 **증세** ①
症状
아비지 병의 증세가 나날이 악화되었다. 아무래도 우리 가족은 아버지를 보내드릴 마음의 준비를 해야 할 것 같다.
父亲的症状日渐恶化，不管怎么说我们家都要做好心理准备了。

2061 **지각** ④
知觉，感觉

자신의 잘못에 대해 지각을 했다면 다행입니다.
如果能意识(感觉)到自己的错误真是万幸。

2062 **지구** ④
地球

지구에 사는 이상, 환경 보호에 힘써야 한다.
活在地球上就要为环境保护出一份力。

2063 **지급** ①
기출
支付，提供

많은 나라에서 국민들에게 기본 소득 지급을 하고 있다.
很多国家都为国民提供基本收入。

2064 **지난날**
往日，昔日

지난날을 기억해 보면, 나는 후회없이 살았다.
回忆起往日，我活得无悔。

2065 **지능**
智力

지능이 높다고 해서 성적이 높은 것은 아니다.
不是智力高成绩就好。

2066 **지도** ⑨
指导

이미자 교수님이 제 지도 교수님이십니다.
李美子教授是我的指导教授。

2067 **지도자**
领导人

한 나라의 지도자를 잘못 뽑으면 몇 년, 아니 몇 십 년동안 국민들이 고생한다.
一个国家的领导人选错的话，几年，不，几十年间都是人民受苦。

2068 **지름길**
捷径

큰 길 말고 지름길로 가는 편이 낫다.
不走大路，走捷径更好。

2069 **지방** ⑨
기출
脂肪

북극곰은 피 속에 지방을 걸러내는 유전자가 있다.
北极熊的血液中有识别脂肪的基因。

2070 **지불** ②
支付

각자 비용 지불을 했다.
各自支付了费用。

2071 **지붕**
기출
屋顶，房顶

이 창고의 지붕에 구멍을 내서 더운 공기가 빠져나가도록 했다.
在仓库的屋顶打个洞用来排出热气。

2072 **지시** ②
指示

이래라 저래라 지시만 하는 상사와는 정말이지 일하고 싶지 않다.
不想和这样那样指手画脚(指示下属这样那样)的上司一起工作。

2073 **지식** ②
知识

이번 강연을 통해 많은 지식을 얻게 되었다.
通过这次的演讲我学到了许多知识。

2074 **지식인**
知识分子

도박은 재미로라도 지식인이 할 법한 일은 아니지 않나?
赌博即使是有趣的事，也不是知识分子该做的事，不是吗?

2075	**지역** ③ 地区	서울 지역에는 오후부터 태풍이 오겠습니다. 首尔地区下午将会有台风。
2076	**지옥** 地狱	우린 다시 못 만나겠군요. 당신은 틀림없이 천국에 있을테고 나는 틀림없이 지옥에 있을 테니까. 我们不能再见了呀。因为你毫无疑问会上天堂，而我毫无疑问会下地狱。 소설-김언수-설계자들
2077	**지원** ② 支援	김해시에서는 고려인 3(삼)세 부부의 지원에 나서기로 했다. 金海市决定支援高丽人3世夫妇。 신문 8
2078	**지원** ⑦ 支援，援助	지원자 분들께서는 우리 회사의 지원 동기를 간략하게 설명해 보십시오. 请各位支援者简单地说明对我们公司的支援动机。
2079	**지위** ④ 地位	지위가 높다고 말과 행동을 함부로 하는 행위를 갑질이라고 한다. 因为地位高就随便说话或行动的行为叫做甲方行为。
2080 기출	**지적** ⑤ 指责，指点	그는 기본 소득이 인간의 본성에 어긋남에 대해 지적(을) 하고 있지는 않다. 他并没有指出基本收入与人的本性不相符。
2081	**지정** ⑭ 指定	지정 좌석이 있으니 다른 사람의 자리에 함부로 앉으면 안 된다. 因为有指定作为，所以不能够随便坐别人的座位。
2082 기출	**지진** ② 地震	이곳에서는 지진이나 화산 폭발 같은 자연 재해가 자주 일어난다. 这里常常发生地震或火山喷发等自然灾害。
2083	**지출** ① 支出	요즘 외식을 많이 했더니 지출이 늘었다. 最近经常在外面吃饭，所以支出变多了。
2084	**지퍼** 拉链	바지 지퍼를 올리지 않은 남자들에게 종종 "남대문이 열렸다."라고 말한다. 常常会对裤子拉链没有拉上的男人说"南大门开了"。
2085	**지폐** 纸币，纸钞	이 식당 주인은 매일 저녁 현금기로 지폐를 세는 재미로 산다. 这家餐厅的老板每天晚上都以用数钞机数纸币为乐。
2086	**지하실** 地下室	지하실로 내려가서 와인 한 명만 갖다 주시겠어요? 可以到地下室帮我拿一瓶红酒吗?

2087	**지혜** ② 智慧	고양이는 동물들의 지혜를 모아 사자를 공격하기로 했습니다. 小猫结合了动物们的智慧，决定攻击狮子。
2088	**직선** ① 直线	공이 회전력을 받아 거의 직선으로 날아왔다. 球旋转着，几乎以直线向我飞来。
2089	**직장인** 上班族	직장인의 출퇴근 시간을 피해 지하철을 이용해 주십시오. 请避开上班族上下班时间搭乘地铁。
2090	**직진** ② 直走	앞으로 쭉 직진을 하면 바로 우리 집이다. 往前面一直直走就到我家了。
2091	**직후** 之后	이 영양제는 식사 직후 먹으면 효과가 더 좋다. 该营养剂在饭后吃的话效果更好。
2092	**진단** ② 诊断	전문가의 진단 결과 그 아이는 난독증으로 판명되었다. 专家的诊断结果判定那个孩子是难读症。
2093	**진단서** 诊断书	전치 3(삼)주의 진단서를 떼어 왔다. 我拿到了3周痊愈的诊断书。
2094	**진동** ③ 震动	휴대폰은 진동으로 해 주십시오. 请将手机设为震动模式。
2095 기출	**진로** ② 前途，发展发现	구청에서 진로 상담 프로그램을 운영한대. 据说区厅在进行前途咨询项目。
2096	**진리** 真理	다만 우리는 진리를 아직 깨닫지 못했을 뿐입니다. 只是我们还没有领悟到那真理罢了 수필-한동일-라틴어 수업
2097	**진술** ② 陈述	증인의 진술을 먼저 듣는다. 先听听证人的陈述。
2098	**진실** ② 真相，事实	오직 진실만을 말할 것을 맹세합니다. 我发誓我只陈述事实。
2099	**진심** ① 真心	졸업을 진심으로 축하합니다. 真心祝福你毕业。
2100	**진찰** ② 诊察，检查	원장의 진찰을 받으려면 2(두)시간 이상 기다려야 한다. 想得到院长的诊察需要等两个小时以上。

2101	**진출** ② 进入	여성의 사회 진출을 막는 요인은 무엇이라고 생각하십니까? 你认为阻止女性进入社会的要素是什么?
2102	**진통제** 止痛药	생리통이 너무 심해서 진통제를 먹었다. 因为生理痛太严重所以吃了止痛药。
2103	**진학** 升学	고3(삼)이 되면 담임 선생님과 정기적으로 진학 상담을 해야 한다. 到了高三，需要定期与老师进行升学商谈。
2104	**진행** ② 主持	안녕하십니까? 오늘 행사의 진행을 맡은 신광복이라고 합니다. 大家好，我是主持今天活动的申光福。
2105	**진행자** 主持人	나는 9(아홉)시 뉴스 진행자가 되고 싶다. 我想成为9点新闻的主持人。
2106	**질** ⑧ 质量	질이 좋은 의류를 구매하시려면 A상가를 찾아 주십시오. 想要买质量好的衣服请找A商店。
2107	**질병** ② 疾病	새로운 질병 치료제가 개발되었다. 发现了新的疾病治疗剂。
2108	**질서** ③ 秩序	승객 여러분, 질서 유지에 힘 써주십시오. 请乘客们维持秩序。
2109	**질투** 嫉妒	그의 옆에서 다정하게 사진을 찍는 저 여자는 누구일까? 너무 질투가 난다. 在他身边亲昵地拍照的女人是谁呀?太让人嫉妒了。
2110	**짐승** 禽兽	그는 짐승보다 못한 인간이다. 他连禽兽都不如。
2111	**짐작** 猜，猜想	짐작도 못한 일이 일어나기도 한다. 그가 내게 고백한 일이 그러하다. 猜都猜不到的事情也会发生。就像他向我告白这件事。
2112	**집단** 集团，集体	한국인들의 집단주의적 사고 방식을 이해하기가 어렵다. 很难理解韩国人集团主义的思考方式。
2113	**집세** 房租	매달 10(십)일에 집세를 내야 한다. 我每月10号要交房租。

2114	**집안** ① 家里	집안이 편안하다면서 집에만 있는 사람을 집돌이 혹은 집순이라고 한다. 觉得家里很舒服，只待在家里的人成为宅男或宅女。
2115	**집중** ② 集中	그녀가 컵을 바닥에 떨어뜨리자 모든 이들의 시선이 그녀에게로 집중이 되었다. 她的杯子掉在了地上，所有人的视线都向她集中。
2116	**짓** ① 行为	'결혼은 미친 짓이다'라는 한국 소설이 있다. 韩国有一本小说叫《结婚是疯狂的行为》。
2117	**짝수** 双数	짝수 층은 오른쪽 엘리베이터를 이용하십시오. 双数层请使用右边的电梯。
2118	**짠맛** 咸，咸味	복숭아에서 왜 짠맛이 나지요? 桃子为什么会有咸味？
2119	**쪽** ② 页	교재 67(육십칠)쪽을 보세요. 请看教材第67页。
2120	**찜질** 汗蒸	뭐니 뭐니 해도 한국 찜질방이 최고다. 不管怎么说韩国的汗蒸房是最棒的。

2121 **차도** ①
车道

차도로 다니는 사슴 한 마리가 있다.
有一只走车道的鹿。

2122 **차량** ①
기출
车辆

이 사업으로 차량 흐름이 원활해진 곳이 있다.
这项工作使得一些地方车辆流动顺畅。

2123 **차로** ②
路，车道

차로를 건널 때에는 좌우를 잘 살펴야 한다.
过马路时要观察左右。

2124 **차림표**
菜单

이 식당의 차림표는 저쪽에 있습니다.
这家餐厅的菜单在那边。

2125 **차별**
差别，歧视

한국사회의 폐쇄성이 탈북청소년에 대한 차별을 낳고 있다는 지적이 나왔다.
有人指出，韩国社会的封闭性引发了对脱北青少年的歧视。
신문 4

2126 **차비** ②
车费

차비를 현금으로 내면 불편하니 교통카드를 미리 준비해.
因为用现金付车费很不方便，所以请提前准备交通卡。

2127 **차선** ③
车道

차선을 변경하려면 방향지시등을 켜야 한다.
想要变换车道需要开转向灯。

2128 **차원** ①
水平，档次

피아니스트 조성진의 연주는 차원이 다르다. 정말 훌륭하다.
钢琴家赵成珍的演奏水平就是不一样，真的很优秀。

2129 **차이**
差异，差别

이들은 나이 차이가 15(열다섯)살이 나는 연상연하 커플이다.
他们是相差15岁的年上年下情侣。

2130 **차이점**
不同点，差异，差别

올리브유나 일반 식용유나 큰 차이점이 없다고? 나는 그렇게 생각하지 않아.
橄榄油和一般食用油没有很大的差别?我并不这么认为。

2131 **차창**
车窗

차창을 아무리 닦아도 더럽다.
车窗不管怎么擦还是很脏。

2132 **착각** ③
错觉

자신이 마치 한국의 어느 부동산 사무실에 앉아 있나 하는 착각이 들었다.
我有一种自己好像坐在韩国某个不动产办公室的错觉。
소설-전성태-코리언솔저

2133 **찬성** ①
赞成

찬성 54(오십사)표, 반대 46(사십육)표로 이 회의안은 통과되었다.
以54票赞成，46票反对通过了这个议案。

2134 **참가** ①
参加
우선 참가신청서를 작성한 뒤 사무실에 제출해야 한다.
先填写参加申请书之后再提交给办公室。

2135 **참고** ①
기출
参考
다음 내용을 참고(를) 하여 '국내 외국인 유학생 현황'에 대해 쓰십시오.
参考下文，请写一篇关于'国内外国留学生现状'的文章。

2136 **참기름**
香油，芝麻油
소고기를 참기름에 찍어 먹으면 훨씬 맛있다.
牛肉沾了香油味道更好。

2137 **참석**
기출
参加，出席
아직 참석 인원이 확실하지 않습니다.
目前还不确定出席人员。

2138 **참석자**
出席者
참석자 명단은 은지 씨가 갖고 있다.
恩智有出席者名单。

2139 **참여**
参与，参加
여러분의 많은 참여를 기다리겠습니다.
期待大家的积极参与。

2140 **참조** ②
参考
증거로 사진을 참조하시길 바랍니다.
请参考照片作为证据。

2141 **창** ⑨
窗户
창을 여니 바람이 밀려온다.
打开了窗户，风吹了进来。

2142 **창가** ①
窗边
창가에 앉아 김광석의 '바람이 불어오는 곳'을 불러본다.
我坐在窗边唱着金光石的"风吹来的地方"。

2143 **창고** ①
기출
仓库
옛날에는 석빙고라는 얼음 창고가 있었다.
以前有一种叫做石冰库的冰块仓库。

2144 **창구** ①
窗口
저쪽 예매 창구에서 표를 구입하십시오.
请到那边的预购窗口买票。

2145 **창밖**
窗外
창밖을 본다. 눈이 마당에 조금씩 쌓인다.
我看向窗外。雪一点一点积在了院子里。

2146 **창작**
创作
시 창작 교실 신청은 이번 달 29(이십구)일에 마감됩니다.
诗歌创作教室申请截止到这个月29号。

2147 **창조** ③
创造
세종대왕은 한글 창조에 몰두해 결국 위대한 문자를 만들어 내셨다.
世宗大王专心创造韩文，最终造出了伟大的文字。

2148 **창피**
丢脸，丢人

김 선생, 많은 사람 앞에서 그 학생에게 창피를 줄 필요가 있었습니까?
金老师，有必要在那么多人面前让那个学生丢脸吗?

2149 **채널**
频道

채널을 돌려도 모두 뉴스뿐이다.
就算换了频道也只有新闻。

2150 **채택**
采纳，选择

이번 역사 시험의 23(이십삼)번 문항은 2(이)번과 3(삼)번을 모두 정답으로 채택(을) 하겠습니다.
这次历史考试23题的2号和3号都算作正确答案。(都被采纳为正确答案)

2151 **책가방**
书包

책가방을 양쪽 어깨에 메는 것이 좋다.
用两边肩膀背书包比较好。

2152 **책임**
责任

미혼모와 미혼부는 사회적으로 지탄을 받을 대상이 아니다. 혼자 자녀 양육 책임을 지고 있으니 사회는 그들을 지지해 줘야 한다.
未婚妈妈和未婚爸爸不应该是受到社会谴责的对象。一个人担起抚养子女的责任，社会应该对他们给予支持。

2153 **책임감**
责任感

그는 책임감이 너무 강한 나머지 주말에도 출근해 일을 마무리한다.
他责任感太强，所以剩下的周末也加班把工作做完。

2154 **책임자**
负责人，责任人

이 식품에서 독극물이 검출되었다. 책임자를 속히 처벌해야 한다.
这商品检测出剧毒物质，应尽快处罚责任人。

2155 **챔피언**
冠军

우리는 우리 인생의 챔피언입니다.
我们是我们人生的冠军。

2156 **처녀**
姑娘，闺女

중학교 때 영어 선생님은 자기가 처녀 때 허리가 21(이십일)인치였다고 내내 강조했다.
中学时，英语老师一直强调自己还是姑娘的时候腰围是21英寸。

2157 **처리** ②
处理

교통사고가 나면 보험회사에 연락해야 한다. 그러면 사고 처리가 훨씬 수월해진다.
出了交通事故应该联系保险公司，那样事故处理会特别轻松。

2158 **처방**
处方

적절한 의약품 처방은 국민의 건강 증진에 도움이 된다.
适当的医药品处方有助于增进国民的健康。

2159 **처방전**
处方签

이 약은 처방전이 필요합니다.
这药需要处方签。

2160 **처벌**
处罚
음주 운전사고를 낸 사람은 강력히 처벌을 해야 한다.
应该严厉处罚酒后驾驶的人。

2161 **천국** ①
天堂
천국과 지옥을 오간 느낌이었다.
感觉象是走过天堂和地狱。

2162 **천둥**
雷
천둥이 친다. 너무 무섭다.
打雷了，好害怕。

2163 **천사** ⑤
天使
천사와 악마의 존재를 믿습니까?
你相信天使和恶魔的存在吗?

2164 **천장** ②
天花板
그는 특히 높은 천장이 썩 마음에 들었다.
他特别满意那高高的天花板。
소설-전성태-코리언솔저

2165 **천재** ③
天才
한국의 천재 시인 이상은 생전에 많은 주목을 받지 못했다.
韩国的天才诗人李箱生前没能得到很多关注。

2166 **천주교**
天主教
나는 천주교를 믿는다. 세례명은 베로니카이다.
我信天主教，我的洗礼名是维罗妮卡。

2167 **철** ①
季，季节
지금은 딸기 철이라 딸기가 참 달다.
因为现在是草莓的季节，所以草莓特别甜。

2168 **철** ②
懂事
넌 언제쯤 철이 들려고 하니?
你什么时候才能懂事呀?

2169 **철도**
铁路
정부는 철도 사업을 추진하겠다고 밝혔다.
政府表示会推进铁路事业。

2170 **첨부** ①
附加
본 문서를 첨부 파일로 보내 드리겠습니다.
将本文件用附件发送给您。

2171 **첫눈** ①
第一眼
첫눈에 널 알아보게 됐어. 서로를 불러 왔던 것처럼.
第一眼就认出了你，仿佛是互相唤来了对方。
노래-방탄-DNA

2172 **첫눈** ②
初雪
첫눈이 내릴 때까지 손톱의 봉숭아물이 지워지지 않는다면 첫사랑이 이루어진대요.
听说到下初雪那天，指甲上的桃子水没有擦掉，初恋就会实现。

2173 **첫사랑**
初恋

첫사랑은 추억으로만 간직하는 편이 낫다.
初恋还是留作记忆比较好。

2174 **첫인상**
第一印象

면접 시험에서는 첫인상이 당락에 큰 영향을 미칠 수 있다고 한다.
在面试中第一印象会对入选或淘汰有着很大的影响。

2175 **청구서**
缴费通知单

휴대폰 요금 청구서를 이메일로 받는다.
通过邮件收到电话缴费通知单。

2176 **청소기** ②
吸尘器

나는 D사 제품의 청소기를 너무 비싸게 주고 샀다.
我在D公司的吸尘器买的太贵了。

2177 **청혼** ②
求婚

그가 어제 내게 청혼을 했다. 받아들일까, 거절할까? 나도 내 마음을 모르겠다.
他昨天向我求婚了。接受还是拒绝?我也不懂我的心。

2178 **체계** ③
体系，系统

새 조직의 체계가 잡히기 전까지는 일이 잘 될지 안심할 수 없다.
在新组织形成体系前，事情顺不顺利都放心不下。

2179 **체력**
体力

체력을 단련을 목적으로 팔굽혀펴기를 하루에 100(백)개씩 하고 있다.
为了锻炼体力，每天都做100个俯卧撑。

2180 **체면** ②
面子，颜面，体面

체면이 깎였다고 자살을 생각합니까? 도대체 체면이 뭔데 목숨보다 더 중요하다는 말입니까?
丢了面子就想自杀?到底面子算什么，比生命还要重要吗?

2181 **체온**
体温

산악 훈련 중 그녀는 저 체온증으로 훈련을 중도 포기했다.
她在山岳训练中因为低体温症而中途放弃了。

2182 **체조** ②
体操

내 어릴 적 꿈은 리듬체조 선수였다.
我小时候的梦想是成为艺术体操选手。

2183 **체중** ①
体重

체중을 조절하지 않는다면 고혈압을 비롯한 각종 성인병으로 고생할 것이다.
如果不控制体重，就会因为高血压这样的各种成人病而受苦。

2184 **체험**
기출
体验

아이하고 같이 할 수 있는 가족 체험 프로그램은 없나요?
有没有可以和孩子一起体验的家族体验项目呢?

2185 **초가을**
初秋

초가을 바람이 솔솔 불어오니 마음 한 구석이 왠지 쓸쓸해진다.
初秋的风轻轻吹来，心底某个角落不知怎么变得寂寞。

2186	**초겨울** 初冬	초겨울이 오기 전에 김장 준비를 해야겠다. 要在初冬来临前准备过冬泡菜。
2187	**초급** ① 初级	한국어 문법을 초급 단계에서 정확히 배우지 않으면 나중에 점점 힘들어진다. 如果在韩文文法的初级阶段没有学好，之后会越来越困难。
2188	**초기** ④ 初期，早期	초기의 비밀번호는 숫자 네 개로는 만들 수 없었다. 早期不能用四位数字作密码。
2189	**초록** ② 绿色	바탕을 초록색으로 칠하면 어떨까요? 用绿色作底色怎么样?
2190	**초반** ① 初期，开始阶段	경기 초반에 힘을 너무 쓴 상대 선수는 전반전 20(이십)분 만에 운동장에서 쓰러졌다. 比赛开始阶段就太过用力的对方选手在上半场开始20分钟就晕倒在运动场了。
2191	**초보** ① 初步，新手	나는 만년 초보 운전자이다. 我是万年的新手司机。
2192	**초보자** 新手	초보자를 위한 수영 수업이 매주 수요일 오전 9(아홉)시부터 10(열)시까지 진행될 예정입니다. 新手游泳课将在每周三上午9点到10点进行。
2193	**초봄** 初春	초봄의 바람이 살랑살랑 불어와 내 뺨을 간질이네. 初春的风轻轻地吹来，让我的脸颊痒痒的。
2194	**초승달** 新月，初月	초승달이 뜨면 늑대가 운다. 新月升起，狼就会出现。
2195	**초여름** 初夏	초여름 더위를 이기기 위해서는 삼계탕을 먹어야 한다. 为了抵御初夏的炎热要喝参鸡汤。
2196	**초저녁** 傍晚	초저녁이 지나자 할아버지는 코를 골며 주무셨다. 傍晚刚过，爷爷就打起呼噜睡着了。
2197	**초점** ③ 焦点	렌즈의 초점을 맞춘 뒤 촬영을 해 보십시오. 请在镜头对焦(对准焦点)后在进行拍摄。
2198	**초조** ③ 焦躁	불안과 초조를 자주 느낀다면 정신과에 가서 상담을 받아 보는 것도 나쁘지 않습니다. 长期感到不安和焦躁的话，到精神科接受咨询也不坏。

2199	**초청** ① 邀请	해외 명강사 초청 강연회에 참석하고자 합니다. 我想参加海外名讲师的邀请演讲会。
2200	**초청장** 邀请函	귀하께 전시회 초청장을 보내드립니다. 向阁下发送邀请函。
2201	**총** ③ 枪	총기소지를 불법화하지 않으면 총을 함부로 쏘는 일이 자주 발생할 것이다. 如果不将携带枪支非法化的话，枪击事件就会常常发生。
2202	**총리** ① 总理	그는 새 정부의 총리로 임명이 되었다. 他被任命为新政府的总理。
2203	**촬영** 拍摄	감독은 촬영 시기를 차일피일 미루고 있다. 导演把拍摄日期一天天地延迟下去。
2204	**최고급** 最高级	고위 공무원이 출장에 가서 오성급 최고급 호텔에 묵었다고 한다. 그들은 국민의 세금을 낭비했다고 본다. 据说高级公务员出差住在了最高级五星酒店，我认为他们在浪费人民的税款。
2205	**최대** 最大	벨트를 최대로 늘렸는데도 벨트가 안 맞는다. 아무래도 살을 빼야겠다. 腰带拉大最宽还是系不上。无论如何我都要减肥了。
2206	**최선** ② 全力，尽力	'열심히' 하지 않았다고 생각했던 그 순간이 나의 '최선'일 수도 있습니다. 你认为我没有"努力"的瞬间，也许是我尽了"全力"。 수필-한동일-라틴어 수업
2207	**최소** ① 至少，最少	최소공배수, 최대공약수가 뭐였더라? 수학 시간에 배운 내용을 다 잊어버린 지 오래야. 最小公倍数，最大公约数是什么来着?数学课上学的内容早就忘了。
2208	**최신** 最新	최신 기술이 발달함에 따라 인간은 일자리를 잃어가고 있다. 随着最新技术的发展，人类正在失去工作。
2209	**최저** ① 最低	오늘 최저 기온은 영하 5(오)도로 낮 최고 기온과 10(도) 이상 차이가 나겠습니다. 일교차에 주의하십시오. 今天的最低温度为零下5度，与白天最高气温相差10度以上。请注意早晚温差。
2210	**최종** 最终	내 최종 목표는 이 나라의 대통령이 되는 것이다. 我的最终目标是成为这个国家的总统。

2211 **최초** 最初，最早 기출

우유 단백질 포장재는 음식으로 만든 최초의 포장재이다.
牛奶蛋白质包装材料是最早用食物制成的包装材料。

2212 **추가** ② 增加，补充，追加

정원이 미달되어 추가 모집을 하게 되었습니다.
由于人数不足，所以进行追加招募。

2213 **추억** 记忆，回忆

나의 연애가 모두 쓸데없는 추억으로 남지는 않았다.
我的恋爱并非全部都是无谓的记忆。

2214 **추위** ① 寒冷

영하 40(사십)도의 추위를 견딜 수 있는 사람이 몇이나 되겠는가?
有几个人可以忍受得了零下40度的寒冷。

2215 **추진** ② 기출

우리 시에서 추진하고 있는 정책을 완성하도록 하겠습니다.
我们会努力完成市里推进的政策。

2216 **추천** ③ 推荐

대학생 추천 도서 10(열)권을 선정했습니다.
选定了10本大学生推荐书籍。

2217 **추천서** 推荐信

조 선생님께, 제가 이번에 한국 회사에 지원을 하게 되었습니다. 번거로우시겠지만 추천서를 써 주실 수 있으신지요.
赵老师您好，我这次申请了韩国的公司。麻烦您帮我写一封推荐信。

2218 **추측** 推测，猜测

남의 속내를 알 수 없지만 아마도 그렇지 않을까 추측을 한다.
虽然无法了解别人的内心，但是可以猜测到大概是那样的。
수필-은유-글쓰기의 최전선

2219 **축구장** 足球场

축구장에서 축구를 하고 있는 저 파란 티셔츠를 입은 남자, 어때?
在足球场踢球的那个穿蓝色衬衫的男生，怎么样？

2220 **축소** ② 缩减，减少

대학 측은 예술 관련 활동에 계획된 모든 예산을 축소(를) 했다.
大学方面缩减了艺术相关活动所计划的全部预算。

2221 **축제** ① 庆典

〈외국인 축제 한마당〉은 올해로 13(십삼년)째 열리고 있다.
今年举行的〈外国人庆典〉已经是第13届了。

2222 **출국** 出国，出境

이쪽에서 출국 수속을 밟으시면 됩니다.
在这边办理出境手续即可。

2223 **출근길** 上班路

출근길에 나서자마자 비가 쏟아졌다.
一上班就下起雨来。

2224 **출산** ② 生产

배가 많이 불렀네요. 출산 예정일이 언제예요?
肚子大了不少呀。预产期是什么时候？

2225	**출신** 出生	지방 출신과 서울 출신을 차별하지 말아야 할 것이다. 不应该区别对待地方出身的人与首尔出身的人。
2226	**출연** ② 出演	우리 엄마는 소지섭이 출연을 한 드라마는 빼놓지 않고 꼭 보신다. 我妈妈一定不会落下苏志燮出演的电视剧。
2227 기출	**출판** ② 出版	출판 시장의 소비층이 변하고 있습니다. 出版市场的消费层正在发生变化。
2228	**출현** 出现	박사님, 공룡의 출현 시기를 대략 언제로 보십니까? 博士您认为恐龙的出现时期大概是什么时候?
2229	**충격** ② 冲击	죽마고우가 교통사고를 당했다는 소식을 듣고 민수는 큰 충격에 빠졌다. 民洙听到老友遭遇车祸的消息，受到巨大冲击。
2230	**충고** 忠告	Q의 충고에 따라 나와 W는 운전을 배웠다. W听了Q的忠告学了开车。 소설-윤성희-유턴
2231	**충돌** 冲突	고속도로 차량 충돌 사고로 50(오십)여명이 중경상을 당했습니다. 高速公路车辆冲突事故导致50余人受了伤(重伤和轻伤)。
2232	**취업** 就业	고려인 3(삼)세 부부는 2016(이천십육)년 7(칠)월 말 취업방문비자로 입국한 합법 체류자들이다. 高丽人3世夫妇是在2016年末以就业签证入境的合法滞留者。 신문 8
2233	**취업난** 就业难	65(육십오)세 이상 노인들도 취업난에 시달리고 있다. 65岁以上的老人也被就业难所困扰。
2234	**취재** ② 取材，采访	김명수 취재기자의 보도입니다. 下面是金明秀记者的采访报道。(采访记者的报道)
2235	**취향** ① 取向	그는 이성을 보는 취향이 참 독특하다 못해 유별나다. 他看女人的眼光真的是与众不同。(直译：他看女人的取向真是与众不同)
2236	**측면** 侧面，方面	오른쪽 측면의 보닛이 심하게 상했습니다. 右面的引擎盖严重受损。
2237 기출	**치료법** 治疗法	이 동물의 유전자를 연구하면 인간의 성인병 치료법에 도움이 될 것이다. 研究这种动物的基因有利于研发人类成人病的治疗法。

2238 **치료제** ②
治疗剂，药剂

최근 약사회는 새로운 혈압치료제를 개발했다고 한다.
最近药师会开发了新的血压治疗剂。

2239 **치수** ①
尺寸

신발을 맞추러 가게에 갔더니 점원은 내 발치수를 먼저 쟀다.
我到店里做鞋，店员先量了我脚的尺寸。

2240 **치즈**
奶酪

떡볶이에 치즈를 녹여 먹으면 훨씬 맛있다.
在辣炒年糕里放奶酪(cheese)更好吃。

2241 **친딸**
亲生女儿

친딸처럼 대하는 것과 성희롱은 완전히 다른 문제입니다. 타인의 신체에는 손대지 마십시오.
像新生女儿一样对待她和性骚扰是完全不同的问题。请不要随意触碰他人的身体。

2242 **친아들**
亲生儿子

친아들처럼 대하는 것과 갑질은 다른 문제입니다. 함부로 그에게 일을 시키지 마십시오.
像新生儿子一样对待他和甲方行为是不一样的问题。请不要随意指使他做事。

2243 **친아버지**
亲生父亲

나는 우리 부장님을 친아버지처럼 대할 수 없다.
我没有办法像对待亲生父亲一样对待我们的部长。

2244 **친어머니**
亲生母亲

시어머니께서는 내게 이렇게 말씀하셨다. "나를 친어머니처럼 대하렴."
婆婆这样对我说: "把我当做亲生母亲一样对待"。

2245 **친언니**
亲姐姐

나는 룸메이트 언니가 내 친언니보다 더 편하다.
我觉得室友姐姐比我的亲姐姐更舒服。

2246 **친오빠**
亲哥哥

친오빠처럼 편하게 대할 수 있는 남자가 과연 있을까?
到底有没有像亲哥哥一样可以轻松对待的男人呢?

2247 **친정** ④
娘家

나는 결혼 후에도 '내가 너무 자주 친정에 가는 게 아닐까?'하고 생각했다.
我觉得你婚后是不是太经常回娘家了。

2248 **침** ①
口水，唾沫

Q가 창밖으로 고개를 내밀고 침을 뱉었다.
Q把头伸出窗外，吐了口口水。

소설-윤성희-유턴

2249 **침묵**
沉默

침묵을 깨고 그가 말했다. "나는 아무 잘못도 없습니다."
他打破沉默说，"我并没有错"。

2250	**칸** ① 格	이 네모를 네 칸으로 나누세요. 请把这个四方形分成四格。
2251	**캠페인** (社会，政治)活动	환경 보호 캠페인이 연 이틀째 시내에서 열리고 있습니다. 环保活动已经连续两天在市内举行。
2252	**커트** 剪发	민지에게는 커트 머리가 잘 어울린다. 敏智很适合短发。
2253	**커튼** 窗帘	거실에 새 커튼을 달 생각이다. 我想在客厅挂新的窗帘。
2254	**코너** 拐角	빗길에 코너를 돌다가 사고를 냈다. 下雨天在拐角处转弯时出了事故。
2255	**코미디** 喜剧	공포 영화를 보느니 차라리 유치한 코미디 영화를 보는 게 낫겠다. 比起看恐怖电影，还不如看幼稚的喜剧电影。
2256	**코스** 路线	이 도로는 최상의 드라이브 코스이다. 这条路是最棒的兜风路线。
2257	**코트** ① 大衣，外套	코트를 입든 말든 알아서 하세요. 要不要穿外套你自己看着办。
2258	**코트** ③ 球场	오늘 오후에 교내 농구 코트를 사용해도 괜찮습니까? 今天下午可以使用校内的篮球场吗?
2259	**코피** ① 鼻血	요즘 피곤했는지 코피가 난다. 不知是不是因为最近太累了所以流鼻血。
2260	**콘도** 公寓式酒店(英文condominium的缩写，韩国的一种酒店形式，最大特点是客房带有厨房.)	2(이)박 3(삼)일 동안 속초 콘도에서 묵을 예정이다. 我们计划在束草的公寓式酒店住三天两夜。
2261	**콧노래** 哼歌	은아는 무슨 좋은 일이 있는지 아까부터 내내 콧노래를 부르고 있다. 恩雅不知是不是有什么好事，从刚刚就一直在哼歌。
2262	**콩나물** 豆芽，豆芽菜	콩나물은 무쳐서도 먹고, 국을 끓여서 먹어도 좋다. 豆芽不仅拌着吃，熬汤也不错。

2263 **쿠폰**
优惠券
쿠폰을 열 개 모으면 음료 하나를 공짜로 받을 수 있다.
集齐10张优惠券就可以拿到一杯免费的饮料。

2264 **크림**
奶油
커피에 크림을 듬뿍 넣으면 맛있다.
咖啡放上满满的奶油更好喝。

2265 **큰길**
大路
나는 어두워지면 큰길로 다닌다.
如果天黑了我就走大路。

2266 **큰돈**
巨款，一大笔钱
그렇게 구두쇠 노릇을 하면서 큰돈을 모아서 뭐 하려고 하십니까?
你那么吝啬，攒一大笔钱想要干什么?

2267 **큰딸**
大女儿
큰딸은 결혼할 생각이 없다고 한다.
大女儿说她不想结婚。

2268 **큰아들**
大儿子
우리 큰아들은 군대에 갔다.
我的大儿子去军队了。

2269 **큰아버지**
伯伯
큰아버지는 우리 아버지보다 나이가 스무 살이나 많으시다.
伯伯的年龄比我爸爸大20岁。

2270 **큰어머니**
伯母
큰어머니의 환갑잔치를 곧 한다.
伯母就要过60大寿(花甲)了。

2271 **큰일** ①
大事
큰일이 나지 않았다면 주말에는 연락하지 마십시오.
如果没什么大事，周末请不要联系我。

2272 **큰집**
伯父家
우리 가족은 명절이 되면 큰집에 간다.
我们家一到过节就会去伯父家。

2273 **클래식**
古典音乐
클래식을 들으면 잠이 온다는 사람들이 있다.
有些人一听古典音乐就会想睡觉。

2274 **클럽**
夜店，夜总会
새벽까지 클럽에서 놀았더니 머리가 아프다.
因为在夜店玩到凌晨所以头疼。

2275 **키** ④
钥匙
키로 문을 열어도 잘 열리지 않는다.
用钥匙也打不开门。

2276 **키스**
接吻
첫 키스는 언제 해 봤나요?
第一次接吻是在什么时候?

2277 **타인** ①
他人

타인의 눈을 의식하는 한국인들은 사실상 적지 않다.
事实上有不少韩国人很在意他人的视线。

2278 **탁자** ①
桌子

열쇠를 탁자에 놓았던 걸로 기억하는데… 열쇠를 못 찾겠네.
我好像把钥匙放在了桌子上...找不到钥匙了。

2279 **탄생**
诞生

첫 아이의 탄생을 축하드립니다.
祝贺你第一个孩子的诞生。

2280 **탈출** ②
逃出，逃脱

비상 탈출구는 왼쪽에 위치해 있습니다.
紧急出口位于右边。

2281 **탑** ②
(佛教)塔，浮屠

한국에는 석가탑과 다보탑이 유명하다.
释迦塔和多宝塔在韩国很有名。

2282 **탑승**
搭乘

승객 여러분께서는 탑승을 서두르시길 바랍니다.
请各位乘客抓紧时间登机(搭乘飞机)。

2283 **탑승객**
乘客

인천행 탑승객은 33(삼십삼)번 출구로 이동해 주시길 바랍니다.
飞往仁川的乘客请移动到33号出口。

2284 **태양** ②
太阳

태양이 산 위로 한 뼘 정도 떠 있다. 아직 시간이 있다.
太阳才升过山顶一拃，还有时间。

소설-김언수-설계자들

2285 **탤런트**
电视演员，演员

탤런트가 되고 싶어하는 아이들이 많아지고 있다.
想要成为演员的孩子越来越多。

2286 **터널**
隧道

이 긴 터널을 지나면 곧 목적지에 도착합니다.
过了这个长隧道就快到目的地了。

2287 **턱** ①
下巴

내 동생 턱에 수염이 나기 시작했다. 너무 신기하다.
我弟弟的下巴上开始长胡子了，好神奇。

2288 **털**
毛

우리 강아지가 털갈이를 하는지 요즘 계속 털이 빠지고 있다.
我家的猫不知是不是在换毛，最近一直在掉毛。

2289 **테스트**
测试

영어학원에 가서 레벨 테스트를 받았다.
我去了英文补习班接受了水平测试。

2290 **테이프**
胶带

이 포스터의 뒷면에 테이프를 붙였다.
在这海报的后面贴了胶带。

2291 **토** ④
土

토요일마다 등산을 하자고 하는 팀장님 때문에 골치가 아프다.
我因为每到星期六(土曜日)都说要登山的组长而感到头疼。

2292 **토론** ①
讨论

토론 동아리나 교육 봉사처럼 많은 경험과 스펙을 쌓을 수 있는 동아리 위주로 들고 싶어하는 추세인 것 같아요.
近来社团似乎有想要以讨论社团或教育奉献等能够积累很多经验与履历的社团为主的趋势。

뉴스 2

2293 **토의** ②
讨论，商讨

이번 토의 주제는 〈난민 수용〉입니다.
本次的讨论主题是〈收容难民〉。

2294 **통** ⑩
桶

공을 하나씩 통에 담는다.
把球一个一个放进桶里。

2295 **통계** ④
统计

통계 자료에 의하면 최근 황혼이혼이 점점 늘어나는 추세라고 한다.
根据统计资料显示，近来黄昏离婚有逐渐增加的趋势。

2296 **통과**
通过

과일은 국경 통과가 안 됩니다. 여기서 얼른 드세요.
水果不可以带过境。请在这里尽快吃完。

2297 **통신** ①
通信

3세대 이동 통신 개통일에도 김 씨가 있었습니다.
第三代移动通信开通日金某也在场。

뉴스 3

2298 **통역**
口译

그것으로는 생활이 여의치 않아 부업으로 통역과 여행가이드를 겸하고 있었다.
以此生活并不如意，所以还兼着口译和旅行导游的副业。

소설-전성태-코리언솔저

2299 **통일** ②
统一

우리의 소원은 통일이라는 노래를 우리는 초등학교에서 배웠다.
我们在小学的时候就学了'我们的愿望是统一'这首歌。

2300 **통증**
痛症，疼痛

통증이 오면 이 약을 한 알씩 드십시오.
如果开始痛疼，请服用一粒这个药。

2301 **통행**
通行

이곳은 통행이 금지되었습니다. 다른 길로 돌아가십시오.
此处禁止通行，请绕道。

2302 **퇴직**
기출
退休

부장님은 퇴직 연금을 치킨 집에 다 쏟아부었다.
部长把退休金都倒进了炸鸡店。

2303 **투자** ②
投资

정우성이 주연하는 영화라면 **투자**자 유치가 어렵지 않을 것이다.
郑雨盛主演的电影想要吸引投资者并不难。

2304 **투표** ①
投票

지금부터 찬반 **투표**를 시작하겠습니다.
现在开始进行投票表决。

2305 **특기** ①
特长

내 **특기**는 잠자기이다. 나는 시간만 나면 잔다.
我的特长是睡觉，只要有时间就睡觉。

2306 **특성** ①
기출
特性，特点

한국인의 고유한 **특성**은 무엇인가?
韩国人的固有性是什么?

2307 **특수** ②
特殊

우리 삼촌은 **특수** 부대 출신이다.
我叔叔是特种部队出身。

2308 **특정**
特定

특정 집단을 옹호하는 이 규정은 옳지 않다고 봅니다.
我认为这种维护特定集团的规定是不对的。

2309 **특징**
特征

이 글에 너만의 **특징**이 드러나도록 다시 써 봐.
文章要能够展示出你才有的特征，重新写一篇。

2310 **파** ①
葱
파를 송송 썰어 찌개에 넣습니다.
把葱切得细细的放进炖菜里。

2311 **파괴**
破坏
옛 유물의 파괴는 범죄에 해당된다.
破坏古物是属于犯罪。

2312 **파도**
波涛，浪
파도가 부서지는 해안가가 참 아름답다.
波涛汹涌的海岸线真美。

2313 **파랑** ①
蓝色
노랑과 파랑은 서로 잘 어울린다.
黄色和蓝色很相称。

2314 **파마**
烫发
연휴에 시간이 많아서 집에서 혼자 파마를 했다.
因为连休时间很多，所以自己在家做了烫发。

2315 **파일** ③
文件，档案
파일을 정리하다 보니 어릴 때 찍은 사진을 몇 장 찾게 되었다.
整理档案的时候找到了几张小时候拍的照片。

2316 **파출소**
派出所
성 추행범을 잡았다. 얼른 파출소에 신고하자.
抓到性骚扰犯，赶快向派出所报警。

2317 **파트너**
伙伴
사업 파트너를 구하는 일은 말처럼 쉽지 않다.
寻找事业伙伴不像说的那么简单。

2318 **판단**
判断
상황 판단이 안 되는 사람과 일을 하니까 답답해서 미치겠다.
因为和不会判断情况的人一起工作，所以快郁闷死了。

2319 **판매**
기출
销售
'왕라면'이 지난달에 이어 이번 달에도 판매 1(일)위를 차지했다.
'王拉面'继上个月之后，这个月也是销售第一名。

2320 **판매자**
卖家
판매자는 구매자에게 상품에 대해 거짓말을 해서는 안 됩니다.
卖家不能够向买家说谎。

2321 **판사** ①
法官
판사라는 직업에 대해 어떻게 생각하십니까?
你如何看待法官这个职业?

2322 **팔꿈치**
胳膊肘
이 아이는 팔꿈치를 만지는 버릇이 있다.
这个孩子有摸胳膊肘的习惯。

2323 **패션** ①
时尚
패션 잡지 무료 3(삼)개월 구독권을 드립니다.
将赠与您时尚杂志三个月的免费订阅券。

2324	**패스트푸드** 快餐	삼시세끼 **패스트푸드**를 먹는다면 몸에 어떤 변화가 생기는지 아십니까? 你知道一日三餐都吃快餐的话身体会出现怎样的变化吗?
2325	**팬** ① 粉丝	나는 강다니엘의 오랜 **팬**이다. 我是姜丹尼尔的老粉丝了。
2326	**팬티** 内裤	그 운동선수는 징크스 때문에 중요한 경기가 있을 때에는 **팬티**를 입지 않고 바지를 입는다고 합니다. 听说那位运动选手因为(比赛)厄运，所以穿裤子的时候不穿内裤。
2327	**페이지** 页，页面	이 책은 도서관에서 빌린 책이니 **페이지**를 구기지 말고 살살 넘기세요. 因为这是在图书馆借的书，所以请轻轻地翻，不要弄皱页面。
2328	**편견** 偏见	타문화에 대한 **편견**은 여전히 곳곳에 남아 있다. 对他文化的偏见仍然是到处都有。
2329	**편식** 挑食，偏食	성장기부터 **편식**이 심하면 성인이 돼서 영양 불균형에 빠지기 쉽니다. 成长期如果严重偏食的话，成年以后容易营养不良。
2330 기출	**편의** ② 便利	시장은 시에서 만든 **편의** 시설을 소개하고 있다. 市长正在介绍市里建的便利设施。
2331	**평** ③ 点评，评价	이 신제품은 사용자들로부터 **평**이 좋았다. 这个新产品的使用者评价不错。
2332	**평가** ③ 评价	누구에게나 상대에게 **평가**를 받는 일은 불편할 수 있다. 无论是谁被对方评价都可能会不舒服。
2333	**평균** 平均	이 학교의 체육 시간은 **평균** 주당 3(세)시간이다. 该校的体育时间一周平均为3个小时。 신문 11
2334	**평등** 平等	기회 **평등**을 보장하는 사회야말로 믿을 수 있는 사회이다. 能够保障机会平等的社会才是值得信任的社会。
2335	**평상시** 平常	회의에는 **평상시**와 같은 옷차림으로 가셔도 됩니다. 可以穿和平时一样的穿着去参加会议。
2336	**평생** 平生，生平	내 **평생** 이렇게 떨리기는 처음이었다. 我生平第一次如此紧张。 소설-윤성희-유턴

2337	**평화** ② 和平	우리는 남북한의 평화를 지키기 위해 노력해야 한다. 我们要为维持南北韩的和平而努力。
2338	**폐지** ② 废除，废止	군제도 폐지에 찬성하십니까, 반대하십니까? 请问您赞成还是反对废除军制?
2339	**포기** ② 放弃	교육부는 학업중도 포기 학생이 생기지 않도록 각별히 주의하고 있다. 教育部正在特别注意不让学生中途放弃学业。
2340 기출	**포도주** 葡萄酒	불황에도 포도주 소비 '껑충', 불붙은 판매 경쟁 萧条中葡萄酒消费仍'强势'，火热朝天的销售竞争。
2341	**포장지** 包装纸	선물을 예쁜 포장지로 쌌다. 我用包装纸把礼物包装的很漂亮。
2342	**포크** ① 叉子，餐叉	포크보다 젓가락을 사용하면 훨씬 편리합니다. 用筷子比用叉子更方便。
2343	**포함** ② 包含，包括	이 물건의 가격은 세금을 포함해 약 9(구)만원 정도로 추정된다. 估计这件东西的价格含税(包含税金)大概在9万块左右。
2344	**폭력** 暴力	폭력을 쓰는 학생이 있다면 학교폭력위원회에 알리십시오. 如果有学生使用暴力，请告知学校暴力委员会。
2345	**폭발** ① 爆发	감정을 폭발하는 일에는 꼭 부정적인 면만 있다고는 생각하지 않습니다. 我并不认为感情爆发的事情一定只有消极的一面。
2346	**폭설** ② 暴雪	강원도 산간 지방에 폭설이 내리겠습니다. 江原道山间地区将会有暴雪。
2347	**폭우** 暴雨	오후부터 내내 폭우가 내렸다. 곧 호우경보가 내릴지도 모른다. 从下午开始就一直下暴雨。说不定很快就会发布暴雨警报。
2348	**폭포** ① 瀑布	제주도에 가면 폭포를 꼭 구경하세요. 去济州岛的话一定要看瀑布。
2349	**표** ② 表	다음 화면의 표 1(일)을 보십시오. 请看下图的表一。
2350	**표면** 表面	표면이 거친 부분은 매끄럽게 문질러 주세요. 请把表面粗糙的地方擦光滑。

2351 **표시**② 기출
标示
소비자들은 식품에 표시된 열량에 민감해하지 않는다.
消费者对食品上标示的热量并不敏感。

2352 **표정**③ 기출
表情
우리는 기분이 좋으면 밝은 표정을 짓는다.
我们心情好的时候会露出欢快的表情。

2353 **표준**①
标准
표준 시간 현재 9(아홉)시입니다.
现在是标准时间9点。

2354 **표준어**
标准语
꼭 표준어를 사용해야 한다고 생각하십니까?
你认为一定要使用标准语吗?

2355 **표지**①
封面，封皮
새 책을 받았으니 책 표지를 깔끔하게 싸 보자.
既然拿到了新书，就一起把书封面包得整整齐齐吧。

2356 **표지판**
指示牌
여기는 학교 앞이니 속도 제한 표지판을 세워야 한다.
由于这里是学校前面，所以要立一个限速指示牌。

2357 **표현**
表现
외국어를 배울 때에는 다양한 표현을 사용해야 언어 능력이 향상된다.
学习外语时要使用多样的表现语言能力才会提高。

2358 **풀**①
胶水
이 종이의 끝을 풀로 붙였다.
这张纸的尾部用胶水粘住了。

2359 **풀**②
草
난 주로 생일날 풀을 받네. 아홉 살 땐 배추 받았거든요.
我生日都是收到草呀，我九岁的时候收到了白菜。
드라마-도깨비

2360 **품**①
胸围
이 교복은 삼 년 내내 입어야 하니 품을 넉넉하게 잡자.
由于校服要穿三年，所以胸围做大一点。

2361 **품질**③
品质
이 제품의 품질은 뛰어납니다.
该产品的品质非常优越。

2362 **풍선**②
气球
색색들이 풍선을 하늘에 띄우니 참 예쁘다.
天上放飞着五颜六色的气球真漂亮。

2363 **풍속**①
风俗
요즘 세시풍속이 점점 사라지고 있어 참 안타깝다.
近来岁时风俗渐渐地消失真是太可惜了。

2364 **풍습**①
习俗
주민들은 자기 지역의 풍습을 지키려고 노력하고 있다.
居民们正在努力恪守自己的地区习俗。

2365	**프로** ③ 职业	프로야구 시즌이 돌아왔다. 내가 응원하는 팀이 올해 꼭 우승했으면 좋겠다. 职业棒球赛季又来了，希望今年我支持的队能获得冠军。
2366	**프린터** 打印机	프린터 연결이 잘 안 되었는지 아까부터 프린터가 잘 안 된다. 不知是不是打印机没有连接好，刚刚开始打印机就不好使了。
2367	**플라스틱** 塑料	환경을 위해 플라스틱 용기 사용을 자제합시다. 为了环境请克制塑料容器的使用。
2368	**피로** ② 疲劳	쉽게 피로를 느낀다면 매일 아침 영양제를 섭취하십시오. 如果很容易感到疲劳，请每天早晨摄取营养剂。
2369	**피부** ② 皮肤	그녀의 피부는 참 부드럽고 촉촉하다. 她的皮肤真细嫩水润。
2370	**피부병** 皮肤病	그는 몇 달째 원인 모를 피부병을 앓고 있다. 他得了原因不明的皮肤病好几个月了。
2371	**피서** 避暑	여름이 되면 사람들은 바닷가에서 피서를 즐긴다. 到了夏天，人们在海边享受避暑。
2372 기출	**피해** ① 受害	주거 지역과 발전소의 거리가 가까워지자 주민들이 피해를 입었다. 居住地区和发电站离得很近，导致居民们受害。
2373	**피해자** 受害者	가해자는 피해자에게 아직 사과를 하지 않았다. 加害者到现在都没有向受害者道歉。
2374	**필기** 笔试	본 시험의 필기 과목은 총 두 과목입니다. 本次考试总共有两门笔试科目。
2375	**필수** ② 必须	필수 과목 10(십)학점을 꼭 이수해야 합니다. 一定要修习必修科目的10学分。
2376	**필수품** 必需品	인터넷으로 필수품을 구입하면 훨씬 편하다. 在网上购买必需品更方便。
2377	**필요성** 必要性	요즘 들어 부쩍 외국어 공부의 필요성을 느낀다. 最近突然感到了学习外语的必要性。
2378	**핑계** 借口	네가 소녀였을 때 핑계만 가득했었지. 你少女时就满是借口。 노래-비와이-데이데이

2379	**하**④ 下	한국은 직장 내 상하관계가 엄격하다. 韩国职场的上下关系很严格。
2380	**하느님** 上帝，上天，老天爷	가끔씩 하느님도 눈물을 흘리신다. 偶尔老天爷也会掉眼泪。 시-정호승-수선화에게
2381	**하숙** 寄宿	아무래도 하숙집을 옮겨야 겠다. 不论如何总得搬宿舍。
2382	**하양**① 白色	빨강, 파랑, 하양 중 어느 색으로 색칠하는 게 좋을까? 红色，蓝色，白色中用哪个颜色画好呢?
2383	**하차** 下车	이번 역은 압구정입니다. 내리실 승객은 오른쪽으로 하차를 하시길 바랍니다. 本次到站为狎鸥亭站，下车的乘客请往右边下车。
2384	**하품**① 哈欠	수업이 너무 재미없어서 계속 하품이 나온다. 因为课程是在太无聊，所以一直打哈欠。
2385	**학과**① 学科	나는 전공 학과를 아직 정하지 않았다. 我还没有决定专业学科。
2386	**학력**② 学历	제 최종 학력은 대졸입니다. 我的最终学历是大学毕业。
2387	**학문**② 学问	학문에 정진하는 모습이야말로 학자의 바른 자세이다. 精进学问的样子才是学者的正确态度。
2388	**학부모** 学生家长	이번 행사에는 학부모님을 모시도록 하겠습니다. 这次的活动将会邀请学生家长。
2389	**학비** 学费	나는 이 대학에 비싼 학비를 내고 다니고 있다. 我缴了昂贵的学费在这所大学上学。
2390	**학습** 学习	요즘 학습 능력이 떨어지는 학생들이 많아지고 있다고 한다. 据说最近越来越多的学生学习能力下降。
2391	**학용품** 学习用品	새학기에는 학용품을 준비해야 한다. 新学期要准备新的学习用品。
2392	**학자**① 学者	유명 학자를 초청하면 비용이 많이 든다. 如果邀请有名的学者会花很多钱。

2393 **한** ⑤
恨
여자가 한을 품으면 오뉴월에도 서리가 내린다는 말이 있다.
有句话说女子含恨(冤)，五六月就会下雪。
속담

2394 **한** ⑥
遗憾
나에게 일억원이 있다면 한이 없겠다.
如果我有一亿元的话，就没有遗憾了。

2395 **한가운데**
正中央
꽃병을 테이블 한가운데에 놓으세요.
请把花瓶放在桌子的正中央。

2396 **한겨울**
寒冬
한겨울이 지나가면 곧 봄이 옵니다.
过了寒冬，春天就马上来了。

2397 **한계**
기출
极限，局限
이 과학자는 과학 기술이 지닌 한계를 지적하고 있다.
这位科学家指出了科学技术的局限性。

2398 **한국말**
韩语，韩文
외국인에게 영어로 말하는 한국인이 많다. 그냥 한국말로 해도 되는데 말이다.
有很多韩国人会对外国人说英语，其实说韩语也是可以的。

2399 **한국어**
韩文，韩语
저는 한국어와 중국어와 영어, 삼 개 국어를 할 수 있습니다.
我会说韩语，中文和英语这三国语言。

2400 **한국인**
韩国人
제 어머니는 한국인이고, 아버지는 중국인입니다.
我妈妈是韩国人，爸爸是中国人。

2401 **한낮**
中午
'너무 한낮의 연애'라는 소설은 최근 드라마화가 되었다.
《白昼之恋》这本小说最近改编成了电视剧。

2402 **한눈** ①
一眼
저 늙고 성질머리가 나쁜 여자가 내 초등학교 4(사)학년 때 담임 선생님이라는 것을 한눈에 알아봤다.
我一眼就认出那个又老脾气又坏的妇人是我小学四年级的班主任。

2403 **한동안**
一阵子，一段时间
한동안 폭염이 지속되겠습니다.
酷暑将会持续一段时间。

2404 **한마디**
一句话
고등학생이 Q의 만두를 먹어보고는 한마디 충고를 했다. 피를 좀 더 얇게 했으면 좋겠어요.
高中生吃了Q做的饺子后给了一句忠告，如果饺子皮在薄一点就好了。
소설-윤성희-유턴

2405	**한문** ③ 古文，汉文	저는 간단한 한문은 읽을 줄 압니다. 我会看简单的古文。
2406	**한밤중** 深夜	한밤중이 지나도 그는 돌아오지 않았다. 过了深夜他还是没有回来。
2407	**한순간** 一瞬间	도박을 하면 돈이 한순간에 사라진다. 도박에서 돈을 따는 일은 없다. 赌博的话钱就会一瞬间消失，在赌博中赢钱是没有的事。
2408	**한숨** ② 叹气，叹息	이번 달도 통장에 돈이 거의 남아 있지 않았다. 통장을 보니 한숨이 난다. 这个月存折里又没剩多少钱了。我看着存折叹了一口气。
2409	**한여름** 盛夏	에어컨도 없이 한여름을 어찌 보낼까? 连空调都没有怎么度过盛夏?
2410	**한자** ② 汉字	제 이름을 한자로 못 쓰는 아이들이 있다. 有的孩子不会用汉字写自己的名字。
2411	**한쪽** 一边	의자가 한쪽으로 기울어져 있다. 椅子向一边倾斜。
2412	**할부** 分期付款	고객님, 할부 기간은 어떻게 하시겠습니까? 顾客您要如何分期付款呢?
2413	**할인점** 折扣店	나는 종종 할인점을 이용한다. 我常常使用折扣店。
2414	**합격** 合格	나는 3(삼)차 면접에서 합격을 했습니다. 我第三轮面试合格了。
2415	**합격자** 合格者	내일 오후 5(다섯)시에 인터넷에서 합격자를 발표합니다. 明天下午5点会在网上发布合格者。
2416	**합계** ① 统计	인원수 합계를 내 보세요. 请把人数统计一下。
2417	**합의** ① 协议，合议	양쪽은 합의를 보십시오. 그렇지 않으면 법원에 가야 할 겁니다. 请双方进行协议，如果不这么做的话就要去法院了。
2418	**항공료** 机票价格	성수기에는 항공료가 오르게 마련이다. 旺季机票价格必然会上涨。

2419	**항공편** 航班	내일 오전 중으로 제일 빠른 항공편을 알아보겠습니다. 我找找明天早上最快的航班。
2420	**항의** ① 抗议	갑작스러운 휴교로 학교는 학부모들의 항의 전화를 받았다. 由于突然停课，学校接到了学生家长的抗议。
2421	**해** ⑪ 害	타인에게 해를 끼치는 일은 하지 맙시다. 请不要做有害他人的事。
2422 기출	**해결** ② 解决	개인들 사이에 이해관계가 엇갈려 다툼이 생길 경우 이 문제를 해결을 하는 역할을 한다. 个人之间的利害关系在纠葛争吵的情况中起到了解决问题的作用。
2423	**해결책** 解决方法	해결책을 신속하게 마련하지 않으면 차후 문제가 발생할 것입니다. 如果不尽快准备解决方案，之后会有问题发生。
2424	**해당** ⑤ 相关	이 서류에는 해당 부서장의 서명이 필요합니다. 这份文件需要相关部门长官的签名。
2425	**해돋이** 日出	12(십이)월 31(삼십일)일 저녁이면 신년 해돋이를 감상하려는 사람들로 산과 바다는 북새통을 이룬다. 到了12月31日晚上，为了观赏新年日出的人们使得山和海边闹哄哄的。
2426	**해물** 海鲜	해물로 스파게티를 만들어 보면 어떨까요? 用海鲜做意大利面怎么样?
2427	**해방** ⑤ 解放	1945(천구백사십오)년 8(팔)월 15(십오)일, 드디어 민족의 해방을 맞이했습니다. 1945年8月15日，终于迎来了民族的解放。
2428	**해변** 海边	해변을 거닐며 노래를 불러 봅니다. 一边踱步海边一边唱歌。
2429	**해산물** 海产品，海鲜	이 지역에서는 다양한 해산물을 맛볼 수 있습니다. 在这个地方可以尝到各种各样的海产品。
2430	**해석** ④ 解析，分析	이 교재의 영어 해석은 좀 앞뒤가 맞지 않네요. 这本教材的英文解析有点前言不对后语。
2431	**해설** ③ 解释，说明，讲解	이 문제집 뒷면에는 정답 해설이 있습니다. 这本题集后面有答案解析(正确答案解释)。

2432	**해소** ③ 消除，排解	스트레스 해소에는 무엇이 제일 좋을까? 什么对消除压力最好呢?
2433	**해수욕장** 海水浴场	휴가철이 다가오니 해수욕장도 곧 개장할 것입니다. 假期临近了，海水浴场也就要开张了。
2434	**해안** ② 海岸	해안 지방을 따라가면 멋진 경관을 감상하게 될 것입니다. 沿着海岸地区走的话可以看到优美的景观。
2435	**핵심** 核心，关键	우리 쫄면의 핵심은 매운 맛이에요. 我们筋面的核心就是辣味。 소설-윤성희-유턴
2436	**핸드백** 手提包	왼쪽 어깨에 핸드백을 멨습니다. 左肩膀上背着手提包。
2437	**햇볕** 太阳，阳光	햇볕 아래서 꾸벅꾸벅 졸고 있는 자신을 상상해 본다. 想象一下自己在阳光下点着头打瞌睡的样子。 소설-김언수-설계자들
2438	**햇살** 阳光	햇살이 따뜻하다. 밖에 나가 산책이나 해야 겠다. 阳光好温暖。要到外面去散散步了。
2439	**행사** ② 行使	함부로 권력 행사를 하는 사람들은 자기의 잘못을 알아야 한다. 滥用（随便行使）权利的人应该要知道自己的错误。
2440	**행사장** (活动)现场	패션쇼 행사장에 다녀오는 길입니다. 我正在去时装秀现场的路上。
2441	**행운** ② 幸运	노력이 따르지 않은 한때의 행운은 복권 당첨처럼 오히려 그의 인생을 망치기도 한다. 一时不努力的幸运，反而像中彩票一样，毁了他的人生。 수필-정민-미쳐야 미친다
2442	**행위** 行为	불법 행위를 일삼는 이들은 경찰에 신고해야 한다. 应该向警察举报那些从事不法行为的人。
2443	**행정** ① 行政	각 행정 기관의 업무는 다음과 같습니다. 各行政机关的业务如下。
2444	**향** ③ 香	제사를 지낼 때 향을 피운다. 祭祀的时候会点香。

2445 **향기** ①
香气

봄이 왔다. 꽃 향기를 맡는다.
春天来了，闻闻花香。

2446 **향상** ①
기출
向上，提高

이 발전소가 생긴 후, (주민들은) 농작물의 생산성 향상을 기대한다.
该发电站建成后，(居民们的)农作物的生产效率提高了。

2447 **향수** ③
香水

향수는 손목에 뿌리면 향기가 오래 간다고 한다.
据说香水喷在手腕上香气会更持久。

2448 **허가** ①
许可

상부의 허가를 받아야만 이 일을 처리할 수 있습니다.
需要得到上级的许可才可以处理这件事情。

2449 **허락**
允许

멀리 갈 때에는 꼭 부모님의 허락을 받아야 합니다.
要去远的地方前一定要得到父母的允许。

2450 **허리띠**
腰带

바지에 꼭 허리띠를 매십시오.
穿裤子的时候一定要系上腰带。

2451 **허벅지**
大腿

할아버지는 어린 두 손녀를 양쪽 허벅지에 올려놓았다.
爷爷把小孙女放在大腿上。

소설-윤성희-유턴

2452 **허용**
准予

이 대학은 체육 특기생의 입학 허용을 했다.
我以体育特长生被这所大学准予入学了。

2453 **현관** ①
玄关

현관에 들어서니 마늘 냄새가 확 났다.
走进玄关，一股蒜味扑鼻而来。

2454 **현대** ①
现代

현대 문명이 발전함에 따라 인간의 삶도 편해지고 있다.
随着现代文明的发展，人们的生活也变得便利了。

2455 **현대인**
现代人

현대인으로 살아가려면 휴대폰은 필수이다.
想象现代人一样生活，手机是必需的。

2456 **현상** ④
现象

최근 열대야 현상으로 시민들은 늦은 밤에도 잠을 이루지 못하고 있습니다.
最近由于热带夜现象，导致市民们在夜晚都无法安睡。

2457 **현실** ②
现实

현실에 만족하는 삶이 나을까, 현실에 만족하지 않고 더 앞으로 나아가는 게 나을까?
是满足于现实的生活好，还是不满足于现实继续向前的生活好呢?

2458 **현장** ③
现场

책상에서 무슨 일을 하시겠습니까? 현장에 직접 나가보세요.
坐在桌子前能做什么？直接到现场去吧。

2459 **협력**
合作

미국과 한국은 경제 협력 국가이다.
美国和韩国是经济合作国家。

2460 **협조** ①
协助

이에 귀사에 협조를 요청 드리는 바입니다.
因此向贵社请求协助。

2461 **형님**
哥哥

옛날 옛날에 형님과 아우가 함께 살았습니다.
很久很久以前，哥哥和弟弟在一起生活。

2462 **형성** ①
形成

부모의 양육방식은 자녀의 가치관 형성에 적지 않은 영향을 끼친다.
父母的教育方式对子女价值观的形成有不少的影响。

2463 **형식** ①
形式

어른을 뵐 때에는 형식을 갖춰 예의를 다해야 한다.
见到大人要具备形式，要有礼貌。

2464 **형태**
形态

형태를 본 떠 그리는 연습을 먼저 하면 좋습니다.
最好先做模仿形态的练习。

2465 **형편** ①
情况

그 일은 형편을 본 뒤 결정하는 것이 낫겠습니다.
那件事先看过情况再做决定比较好。

2466 **혜택**
优惠

나는 이곳에서 외국인이지만 내국인 못지 않은 혜택을 누리고 있다.
我在这里虽然是外国人，却享受和本国人一样的优惠。

2467 **호감**
好感

나는 그에게 호감을 느꼈다.
我对他有好感。

2468 **호기심**
好奇心

호기심이 강한 아이들은 질문이 많다.
好奇心强的孩子会提很多问题。

2469 **호두** ①
核桃

고속버스 휴게소에서 제일 맛있는 음식은 뭐니뭐니해도 호두과자이다.
高速巴士休息站最好吃的食物就是核桃饼干了。

2470 **호르몬**
荷尔蒙

성장 호르몬이 많이 분비되는 시간은 저녁11(열한)시부터 새벽2(두)시까지라고 한다.
成长荷尔蒙分泌最多的时间是在晚上11点到凌晨2点之间。

2471 **호박** ①
南瓜

정원에 호박을 키우려고 합니다.
我打算在院子里种南瓜。

2472 **호실** ①
-号室

팀장님, 2(이)호실 손님이 부르십니다.
组长，2号室的客人叫您。

2473 **호주머니**
口袋

호주머니 속의 그날 벌이를 가늠하며, 내 발걸음을 망설이게 하던 그 불빛.
估量着口袋里当天的收入，那灯光让我脚步犹豫。
시-김신용-그 불빛

2474 **호흡**
呼吸

호흡이 멎으면 죽는다.
呼吸停止的话就会死亡。

2475 **홀수**
单数

홀수 번호 학생들은 왼쪽에, 짝수 번호 학생들은 오른쪽에 서세요.
单数号码的同学站左边，双数号码的同学站右边。

2476 **홈페이지**
主页

홈페이지에 접속한 사람이 너무 많아 홈페이지 연결이 잘 안 된다.
太多人访问主页导致主页无法连接。

2477 **홍보** ①
宣传

우리 팀은 요즘 신제품 홍보로 바쁘다.
我们组最近由于新产品的宣传很忙。

2478 **홍수** ②
洪水

최근 연이은 비소식입니다. 남부 지역에서도 홍수가 났습니다.
最近连续的坏消息，南部地区也发洪水了。

2479 **화** ⑦
火

화요일에 어디에서 만날까요?
火曜日(星期二)要在那里见面呢?

2480 **화면** ⑤
画面

이 화면에 보이는 내용을 다시 한 번 보십시오.
请再看一遍在画面上看到的内容。

2481 **화분** ①
花盆

화분에 무슨 꽃을 심을까 생각 중이에요.
我正在想要在花盆里种什么花。

2482 **화장** ②
化妆

오늘은 화장이 좀 진한 편이네.
今天化妆算是浓一点。

2483 **화장대**
梳妆台

화장대에 앉아 머리 손질을 좀 해야겠어요.
我得坐在梳妆台前理一理头发了。

2484 **화장지** ①
卫生纸

책상이 더러우니 화장지로 좀 닦아야겠습니다.
书桌太脏了，要用卫生纸擦一擦了。

2485 **화재** ①
火灾

화재가 발생하면 바로 119(일일구)에 연락해야 합니다.
发生火灾要马上联络119。

2486	**화제** ⑦ 话题	자기가 하고 싶지 않은 이야기가 나오면 그는 바로 화제를 바꾼다. 如果出现自己不想要聊的内容，他马上就转移话题。
2487	**화폐** 货币	가상화폐에 빠져서 가진 돈을 모두 잃은 젊은이들이 많다. 很多年轻人因沉迷于虚拟货币而丢掉了所有钱。
2488	**화해** ② 和解	남자친구와 나는 싸운 지 얼마 안 돼서 바로 화해를 했다. 我和男朋友吵架没多久就马上和解了。
2489	**확대** ② 放大	조직 확대를 하는 일이 현재로서는 최선의 방법입니까? 扩大组织是就现在来说最好的方法吗?
2490	**확보** ① 确保	인사실 측에서는 인력 확보를 위해 애써 주십시오. 请人事部门为确保人力多多努力。
2491	**확산** 扩散	전염병 확산을 막기 위해 정부가 발빠르게 움직여야 한다. 为了阻止传染病的扩散，政府应该抓紧行动。
2492	**확신** ① 确信，把握	나는 성공할 것이라는 확신이 선다. 我可以确信我会成功。
2493	**확인** ② 确认	이 문제는 담당자에게 확인을 받아야 합니다. 这个问题得向负责人确认。
2494	**확장** 扩张，扩建	지하철 확장 공사로 인해 이 구역의 출입을 통제합니다. 由于地铁扩建工程，该区域的出入实施管制。
2495	**환경** ① 环境	환경보호를 위해 일회용품 사용을 줄입시다. 为了环境保护，请减少一次性用品的使用。
2496	**환불** ② 退款	이곳에서 요금 환불을 신청할 수 있습니다. 可以在这里申请退款。
2497	**환상** ② 幻想	결혼에 대한 환상이 깨지는 데에는 일 년도 걸리지 않았습니다. 不到一年就打破了对婚姻的幻想。
2498	**환승역** 换乘站	환승역에서 2(이)호선으로 갈아타야 합니다. 我们要在换乘站转达2号线。
2499	**환영회** 欢迎会	3(삼)월 23(이십삼)일에 신입생 환영회를 엽니다. 新生欢迎会在3月23日举行。
2500	**환율** 汇率	환율이 많이 올랐습니다. 汇率上升了不少。

2501	**활기** ② 活力，生气	도시가 점점 활기를 띠고 있습니다. 城市逐渐充满活力。
2502	**활동** ② 活动	다리를 다친 이후에는 활동이 어렵습니다. 自从腿受伤后就很难活动。
2503 기출	**활용** 利用	석빙고라는 얼음 창고는 과학적인 원리를 활용(을) 해 설계되었다. 名为石冰库的冰库是利用科学原理设计的。
2504	**회** ⑬ 生鱼片	저는 생선회를 즐겨 먹습니다. 我很爱吃生鱼片。
2505	**회담** 会谈	올해 10월(시월) 평양과 평창에서 두 차례 남북정상회담이 열렸다. 今年十月在平壤和平昌召开了两次南北首脑会谈。
2506	**회복** 恢复	피로 회복에는 포도가 좋습니다. 葡萄对恢复疲劳有好处。
2507	**회비** ③ 会费	일인당 만원씩 회비를 내세요. 请每人叫一万元的会费。
2508	**회식** 聚餐	우리 팀은 회식을 너무 자주 한다. 회식에 빠질 수도 없고 정말 난감하다. 我们组太经常聚餐了。不得不参加聚餐真的令人为难。
2509	**회의실** 会议室	오전 9(아홉)시까지 회의실에 모이십시오. 请在早上9点前到会议室集合。
2510	**회장** ⑦ 会长	지금부터 회장을 뽑도록 하겠습니다. 现在开始，将进行会长选举。
2511	**회화** ③ 会话	대학에 입학하자마자 영어회화 학원에 다녔다. 刚上了大学就去上了英语会话补习班。
2512	**횟수** 次数	우리가 지금까지 만난 횟수를 세어 봐. 몇 번 안 되잖아. 数数到现在为止我们见面的次数。没几次嘛。
2513	**효과** ① 效果	이 약이 정말 다이어트에 효과가 있을까? 这药真的有减肥效果吗?
2514	**효도** ① 孝道	효도는 자식의 도리입니다. 孝道是子女的本分。

2515	**효자** ① 孝子	김서방은 마을에서 소문난 효자였습니다. 金女婿是村子里出了名的孝子。
2516	**후반** ① 后半场	한국 대 일본 축구 경기, 후반전 현재 1(일) 대 0(영)으로 한국이 앞서고 있습니다. 韩国对日本的足球赛中，韩国在后半场以1比0领先日本。
2517	**후보** ④ 候补	안녕하십니까? 저는 전교 학생회장 후보 2번 이현우입니다. 大家好，我是全校会长的2号候补李贤雨。
2518	**후식** 点心	후식으로 무엇을 먹을까요? 点心要吃什么呢?
2519	**후추** ① 胡椒	후추를 너무 많이 뿌려서 먹으면 건강에 좋지 않습니다. 放太多胡椒吃的话对健康不好。
2520	**후회** ① 后悔	그와 헤어진 일이 내내 후회가 된다. 그를 잡았어야 했는데… 一直很后悔跟他分手。当时应该要抓住他的……
2521	**훈련** 训练	한국 남성들은 제대 후 일정기간 동안의 예비군 훈련을 마쳐야 한다. 韩国男性在退伍后要完成一定时间的预备军训练。
2522	**휴가철** 假期	휴가철은 어떻게 보내셨어요? 假期是怎么过的?
2523	**휴대** 携带	이 물통은 휴대가 아주 간편합니다. 这水壶非常方便携带。
2524	**휴식** ② 休息	충분한 휴식을 취해야 합니다. 需要充分的休息。
2525	**휴양지** 度假村	여름 방학에 휴양지로 떠나고 싶지만 학비를 벌기 위해 일해야 한다. 虽然暑假想去度假村，但是为了赚学费必须要工作。
2526	**휴학** 休学	가정형편이 어려워져서 다음 학기 휴학을 결심했다. 因为家庭情况困难，所以决定下学期休学。
2527	**흉내** 模仿	그 사람은 원숭이 흉내를 잘 냅니다. 那个人模仿猴子模仿的很好。
2528	**흐름** 走向，潮流，流向	문맥의 흐름을 잘 파악한 후에 글을 이해해 보세요. 充分掌握文脉的走向后，请试着理解一下文章。

2529 **흑백**
黑白

이 작품은 흑백의 대비가 아름답습니다.
这作品的黑白对比很漂亮。

2530 **흔적**
痕迹

범인이 흔적을 남기면 잡히게 마련이지요.
犯人如果留下痕迹就一定会被抓住的。

2531 **흙** ①
土

엉덩이에 묻은 흙을 털어냈다.
抖掉了屁股上沾上的土。

2532 **흡수** ②
吸收

땀 흡수가 잘 되지 않으면 옷에서 냄새가 난다.
汗液不吸收的话，衣服就会有味道。

2533 **흥미**
兴趣，趣味

요즘 요가에 흥미가 생겼다.
最近对瑜伽产生了兴趣。

2534 **흥분**
兴奋

집으로의 복귀를 하룻밤 앞둔 학생들이 갖는 흥분을 충분히 이해하기 때문이다.
因为我充分理解学生们在回家前一天的兴奋。

소설-박지리-악의 기원

2535 **희망자**
志愿者，申请人

해외 연수 희망자를 모집하고 있다.
正在招募海外研修的志愿者。

2536 **희생**
牺牲화

그는 희생을 감수하며 이 일에 뛰어 들었다.
他参加了这项工作并甘愿牺牲。

2537 **희생자**
牺牲者

교통사고 희생자가 한 명 더 늘었다.
交通事故的牺牲者又多了一名。

2538	**가로** ① 横	이 종이를 가로로 한 번, 세로로 한 번 접으세요. 请把这张纸横着折一遍，竖着折一遍。
2539	**각자** ② 各自	우리 서로 각자의 취향을 존중해 줍시다. 我们互相尊重对方的取向吧。
2540	**그제** ① 前天	그제 태풍이 몰아쳤다. 前天，台风来袭。
2541	**당분간** 暂且，暂时	학자금 대출도 많이 남아, 당분간은 돈을 모으기 어려울 것 같다. 助学贷款还剩下很多没还，暂时恐怕很难筹到钱。 신문 1
2542	**대강** ② 大致	집을 대강 정리하고 나가자. 大概整理一下家里出去吧。
2543	**대개** ③ 大概，大体	쉬는 시간 운동장 사용 여부는 교육청의 방침을 참고해 대개 학교 교장이 결정한다. 休息时间是否使用运动场，将参考教育厅的方针，大体由校长决定。 신문 11
2544	**대략** 大约	연출가는 보조 출연자들이 해야 할 일을 대략 설명했다. 导演大概说明了配角们应该做的事。
2545	**매번** 每次	그는 한국에 올 때마다 매번 어릴 때 헤어진 생모를 찾는다. 他每次来到韩国就会找小时候失散的生母。
2546 기출	**무조건** 无条件	부모가 아이들을 무조건 예뻐만 하는 것도 문제인 것 같아. 父母无条件宠爱孩子也是问题。
2547	**밤낮** 昼夜	그 근로자는 밤낮으로 일했지만 정규직이 되지 못했다. 那个工人虽然昼夜工作，但却没能成为正式职工。
2548	**본래** 本来，原来	가정교육을 잘 받은 아이는 본래 태도부터가 다르다. 接受好的家庭教育的孩子从原本的态度开始就不一样了。
2549	**십상** ② 十有八九	그는 걸핏하면 화를 내기 십상이다. 他动不动就发火是十有八九的事。

2550	**엊그제** 几天前	내가 대학에 입학한 지가 엊그제 같은데 벌써 졸업이라니… 我大学入学就象是昨天一样，这么快就要毕业了…
2551	**온종일** 一整天，整日	평범한 학생들처럼 스케이트장에 가거나 시시한 카드놀이를 하면서 온종일을 보내는 것도 너무나 큰 손실로 여겨졌다. 像普通学生去滑冰场或打牌消磨一整天时间也被认为是很大的损失。 소설-박지리-악의 기원
2552	**온통** 全部，完全	여긴 온통 겨울뿐이야 8(팔)월에도 겨울이 와. 这里完全是寒冬，就算是8月也如同冬日降临。 노래-방탄-봄날
2553	**원래** ① 原来，本来	원래는 옆집에 살던 할머니였는데 (누룽지 할머니는) 누룽지를 너무도 좋아해서 언니가 붙여준 별명이었다. 本来是住在隔壁的奶奶，(锅巴奶奶)因为太喜欢锅巴了，所以姐姐就她给起了这个外号。 소설-윤성희-유턴
2554	**이왕** ② 既然	이왕 일이 이렇게 만났으니 우리 저녁 식사라도 같이 하자. 既然事已至此，我们就一起吃个晚饭吧。
2555 기출	**일쑤** 经常	주의 사항을 수첩에 적어 가며 외워도 금방 잊어버리기 일쑤였다. 就算把注意事项写在手册上背下来，也经常会马上忘记。
2556	**일체** ① 一切，所有	술과 담배는 일체 금합니다. 严禁烟酒。
2557	**절대** ⑤ 绝对	못된 걸음걸이로 절대 죽지 않고 살아. 迈着不好的步伐，也绝对会誓死挺住。 노래-방탄-Fake Love
2558	**점차** ② 渐渐，逐渐	젊은 층은 점차 결혼을 꺼리고 있다. 年轻人逐渐讨厌结婚。 신문 1
2559	**정작** ① 实际上，其实	이 수업에서 정작 배워야 할 내용은 못 배웠다. 这门课上没有学到真正需要学的内容。
2560	**최대한** 尽可能，最大限度	저는 할 만큼 했습니다. 최대한 노력했다고 생각한다고요. 我做到了我该做的，我认为我尽了最大的努力了。

2561 **최소한** 最小限度，最起码
최소한의 생계를 유지하려면 적어도 아르바이트를 두 개 이상 뛰어야 한다.
想要维持基本的生计，至少要打两份工。

2562 **하나하나** 挨个，逐一
책상 위에 있는 종이를 하나하나 다 세어 보세요.
请逐一算一遍书桌上的纸张。

2563 **한때** 一时，一度
두 사람은 행복한 한때를 보냈습니다.
两个人度过了幸福的时光。

2564 **한참** 一阵子，许久，半天
한참을 달리다보면 Y자로 갈라지는 길이 하나 나올 거예요.
跑一阵子就会出现一条Y字型分岔路。
소설-윤성희-유턴

2565 **한창**① 正当，正是，时值
지하철이 한창 붐빌 시간에는 이용을 자제해 주세요.
地铁正处于拥挤时段，请减少使用。

2566 **한편** 一面，一边，一伙
민수랑 지선이랑 한편을 이루면 되잖아.
民洙和智善成为一边不就行了嘛。

명사 · 의존명사

2567 **돌**① 石头
언니는 그 길을 걸을 때마다 붉은 벽돌을 밟지 않도록 조심했다.
姐姐每次走那条路时都会注意不踩到红砖。
소설-윤성희-유턴

2568 기출 **마련** 准备，筹备
이 책은 한 끼 식사가 마련이 되는 과정의 어려움을 일깨운다.
这本书提醒人们准备一顿饭过程的困难。

2569 **바퀴**① 车轮，轮子
이 트럭 얼마 주고 샀어요? 바퀴를 걷어차며 내가 물었다.
花了多少钱买了这卡车?我踹了踹车轮问道。
소설-윤성희-유턴

2570 **법**① 法律
정의로서의 법과 원칙이 우선한다.
作为正义的法律和原则是优先的。
신문 5

2571	**부** ⑮ 部门	우리 부서에는 매일 지각하는 직원이 있다. 我们部门有每天都迟到的职员。
2572	**외** ④ 之外，以外	안전교육이 우선이다. 그 외의 문제는 천천히 해결하면 된다. 安全教育优先。除此之外的问题慢慢地解决就行。
2573	**점** ⑩ 点，斑点，句号	문장의 맨 끝에는 점을 찍어야 한다. 그 점을 마침표라고 한다. 句子的结尾要画上点。那个点叫做句号。
2574	**주간** ⑤ 一周	'주간 아이돌'이라는 예능 프로그램을 꼭 챙겨 본다. 我一定会看"一周的偶像"这个综艺节目。
2575	**틈** ① 缝隙	문틈으로 바람이 솔솔 들어온다. 风透过门缝轻轻吹进来。

명사 · 관형사

2576	**귀하** 阁下	귀하는 헌혈을 10(십)회 이상 해 주셨기에 이 감사장을 드립니다. 因为阁下献血十次以上，所以授予感谢状。
2577	**만** ⑦ 满	만 6(육)세가 되면 학교에 입학한다. 满6岁的话就要入学。
2578 기출	**본인** 本人	이 제도의 시행으로 본인의 업무 시간을 스스로 정할 수 있게 되었다. 这个制度的施行，可以让自己决定本人的工作时间。
2579	**자기** ③ 自己	우리에게는 자기 반성의 시간도 필요하다. 我们也需要自我反省的时间。

수사 · 명사

2580	**한둘** 一两个	명품에 빠진 사람은 한둘이 아니다. 沉溺于名牌的人不止一两个。

의존명사

2581	**간** ⑩ 间	서울과 부산 간에는 KTX가 연결되어 있습니다. 首尔和釜山之间连接着KTX。
2582	**교시** ③ 课时，节	다음 주 1(일)교시 수학 시간에는 시험이 있겠습니다. 下周第一节数学课上将有考试。
2583	**군데** 处处，地方	당신이 알고 있는 곳에는 한 군데도 가지마. 你知道的地方一个都不要去。 소설-김연수-설계자들
2584	**그램** 克	체조선수들은 몇 그램이라도 체중을 더 빼려고 안간 힘을 쓰고 있다. 体操选手正在努力减重，哪怕是几克。
2585 기출	**나름** 各自	경기에서 이기고 지는 것은 연습하기 나름이다. 比赛的输赢取决于练习。
2586	**내** ⑨ 内，里	수도 요금을 기간 내 내지 않을 경우 단수가 될 수 있음을 알려 드립니다. 不按时缴交水费的话，可能会停水。
2587	**녀석** 家伙，小子	아까 작업 걸던 스페인 녀석들하고 제법 오래 얘길 나누던데. 刚刚和搭讪的西班牙小伙子聊了很久嘛。 드라마-김비서가 왜 그럴까?
2588	**년대** 年代	1990(천구백구십)년대는 한국 대중 음악의 황금기였다. 1990年代是韩国大众音乐的黄金期。
2589	**년도** 年度	그는 2001(이천일)년도에 태어났다. 他在2001年度出生。
2590	**님** ① 用于姓或名字后面，表示敬称	홍길동 님께 지난 달 가스 요금이 연체되었음을 알려 드립니다. 洪吉童先生，您拖欠了上个月的煤气费。

2591 **데** ①
表示处所

주말인데 불러주는 사람도 없고, 갈 데도 없는 내 자신이 너무 처량하다.
明明是周末，但是没有人找，也没有地方去的自己太凄凉了。

2592 **등** ⑤
等

내가 좋아하는 과일은 사과, 망고, 파인애플, 수박 등 많이 있다.
我喜欢的水果有苹果，芒果，菠萝，西瓜等。

2593 **리터** ①
升(容量单位)

1.5(일점오)리터 물을 한 번에 다 마셨다.
一口气喝了1.5升的水。
소설-윤성희-유턴

2594 **무렵**
时分，时候

저녁 무렵 피시방에 있던 아이들은 학원으로 갔다.
傍晚时分，在网吧的孩子们去了补习班。

2595 **밀리미터**
毫米

내 발은 265(이백육십오)밀리미터이다.
我的脚是265毫米。

2596 **바** ③
表示如同上面所叙述

이 여행에서 느낀 바를 한 마디로 말하자면, '생명의 소중함을 일깨워 준 여정'이라고 할 수 있다.
这次旅行的感受用一句话总结，可以说是"提醒珍惜生命的旅程"。

2597 **박** ⑩
夜

제주도를 2(이)박 3(삼)일 일정으로 다녀왔다.
以三天两夜的行程去了济州岛。

2598 **센티**
厘米

내가 2(이)센티만 더 컸어도 미스코리아에 나갔을 텐데...
我要是再高两厘米就可以去参加韩国小姐...

2599 **위** ⑤
位

방탄소년단은 미국 빌보드 200(이백)에서 두 번째 일 위를 차지했습니다.
防弹少年团是第二次在美国公告牌(billboard)排名第一。
뉴스 1

2600 **측**
方面，方

학교 측은 그 학생의 퇴학을 막겠다는 입장입니다.
校方的立场是阻止那个学生退学。

2601 **퍼센트**
百分比，百分之

모든 학생들을 백 퍼센트 만족시키기란 쉽지 않다.
让所有学生百分之百的满意并不容易。

2602 **편** ④
边，方

저쪽 편에 서서 사진을 찍겠습니다.
站在那边拍照。

의존명사 · 명사

2603 **달러**
美元

원화를 달러로 바꾸려고 하는데요.
我想把韩元兑换成美元。

2604 **등** ④
等级，等次

4(사)과에서는 음악, 천문학 등을 가르쳤습니다.
第四课会教音乐，天文学等。

수필–한동일–라틴어 수업

2605 **쪽** ③
瓣

그 여가수는 사과 반 쪽, 메추리알 세 개로 하루를 버티며 다이어트를 했다고 한다.
据说那位女歌手减肥用半个苹果，三个鹌鹑蛋撑过一天。

동 사

2606	**가꾸다** 栽培，栽种	할아버지께서 뜰에서 나무를 정성스럽게 가꾸시는 것을 보니 나는 아주 기쁘다. 我看到爷爷在庭院里精心栽种树木的样子很高兴。
2607	**가라앉다** 沉，落，沉没	배가 서서히 가라앉고 있으니 빨리 구조를 요청하세요. 船正在渐渐地下沉，请赶快呼叫救助。
2608	**가로막다** 挡，拦	줄이 너무 길어서 통로를 가로막고 있다. 队伍太长把路都挡住了。
2609	**가르다** 切分，分	때로는 거짓은 우리 사이를 가르려 하니... 有时谎言只是想拆散我们... 노래-방탄-Love Maze
2610	**가리다**② 遮，挡，掩	진실을 가리고 날 찢어 掩盖真实，将我撕碎 노래-방탄-I Need U
2611	**가리다**③ 分辨	너는 이제 성인이니 일의 시비를 가릴 줄 알아야 한다. 你已经是成人了，要会分辨是非。
2612	**가만있다** 老实呆着， 呆着不动	가만있어 봐. 내가 약을 갖다 줄게. 你老实呆着，我去拿药给你。
2613	**가져다주다** 带给，带去	비가 오니까 엄마는 학교에 오셔서 제게 우산을 가져다주셨어요. 因为下雨了，所以妈妈到学校给我送了伞。
2614	**갇히다** 被关	그 사람은 음주뺑소니 혐의로 결국 감옥에 갇히는 신세가 되었다. 那个人因为酒驾逃逸结果被关进了监狱。
2615	**갈다**① 更换	의사 선생님이 붕대를 자주 갈아야 된다고 했다. 医生说要经常更换绷带。

2616 **갈라지다** ①
裂开

지진으로 벽이 갈라졌다.
因为地震，墙壁裂开了。

2617 **감다** ③
缠，裹，捆，勒，绕

의사는 환자에게 다친 부위를 붕대로 감지 않으면 상처가 더 깊어질 거라고 경고했다.
医生说受伤的地方要用绷带裹住不然的话伤口会恶化。

2618 **감싸다**
盖住，捂着

남자친구와 헤어진 언니는 너무 슬퍼한 나머지 얼굴을 감싸고 밖으로 달려 나갔다.
和男朋友分手了的姐姐太伤心了，所有捂着脸跑了出去。

2619 **감추다**
掩藏，隐藏

왜 자꾸 감추려고 해 네 가면 속에서.
为什么总要藏匿在自己的面具中。
노래-방탄-Answer: Love Myself

2620 **갖추다**
具备，准备

새로 문을 연 놀이공원은 어떤 시설을 갖춰야 할까요?
新开的游乐园应该要具备什么样的设施呢?

2621 **개다** ①
放晴

날이 갰으니 밖에 빨래를 널어야겠다.
天放晴了，要把衣服拿出去晒了。

2622 **개다** ③
叠

축축한 이불을 갠다.
叠着湿湿的衣服。

2623 **거두다**
收

빨래가 다 말랐으니 빨래를 거둬야지.
衣服都干了，该收了。
노래-장기하-싸구려 커피

2624 **거들다** ①
帮助，帮忙

신혜는 부모님의 식당 일을 거들었다.
申慧在父母的餐厅帮忙。

2625 **거치다** ①
经过

경부고속도로를 거쳐 부산으로 가면 된다.
经过京釜高速公路再往釜山走就行了。

2626 **건네다**
递，交

샴페인을 건네면서 눈짓하면 "잠깐 실례할까요?"의 의미일테고.
递香槟的同时使着眼色是"打扰一下?"的意思。
드라마-김비서가 왜 그럴까?

2627 **건네주다**
递给，交给

그는 창대에게 열쇠를 건네주었다.
他把钥匙递给了昌大。
소설-전성태-코리언솔저

2628 **건드리다**

动，摸，碰，触

나는 고등학생의 머리통을 살짝 건드리면서 말했다.

我轻轻地摸着高中生的脑袋说。

소설-윤성희-유턴

2629 **건지다**

捞，打捞

아버지는 그물로 물고기를 건지셨다.

爸爸用网子捞鱼。

2630 **걷다**③

卷，挽

이들의 울분과 아픔을 근본적으로 해소해주기 위해서 어른들은 위로 할 일이 아니라 팔을 걷어 붙여야 합니다.

为了从根本上消除他们的愤怒和伤痛，大人们不应该给予安慰，而应该伸出双臂。

수필-한동일-라틴어 수업

2631 **걷다**④

收

부교재를 단체로 구입할 일이 있어서 과에서 돈을 걷었다가 돌려주었는데…

因为要团购辅助教材，所以在系上收了钱但是有还给他们了呀…

소설-김금희-경애의 마음

2632 **걸치다**

披，挂

태양이 구름 위에 걸쳐있다.

因为路堵得很厉害，所以人们经历了很大的不便。

2633 **겁나다**②

害怕，畏惧

그에게 사실을 말하기가 겁난다.

太阳高挂在云端上。

2634 **겪다**

기출

经历，经受

길이 많이 막혀 사람들이 큰 불편을 겪었다.

他害怕说实话。

2635 **견디다**

承受，忍受，挺，扛

"고생 끝에 낙이 온다."는 말은 고통을 견디면 좋은 날이 온다는 뜻이다.

"苦尽甘来"是熬过痛苦，好日子就来了的意思。

속담

2636 **겹치다**①

重叠，重合

원하는 대학에 합격하고, 공모전에서도 입상하고, 다니엘에게는 좋은 일이 겹쳐서 생겼네요.

考上了想去的大学，在征集比赛中获奖，丹尼尔真是好事连连啊。

2637 **고마워하다**

感谢，感恩

내 선택을 인정해 주신 부모님께 고마워하고 있다.

感谢认可我的选择的父母。

2638 **골다** ①
打(呼噜，鼾)
코를 고는 사람을 '코골이'라고 한다.
打呼噜的人叫kogori(韩文发音)。

2639 **곱하다**
乘
9(구)에 3(삼)을 곱하면 29(이십구)가 아니라 27(이십칠)이지.
9乘3不是29，而是等于27.

2640 **괴롭히다**
欺负，为难，折磨
형은 동생을 자주 괴롭혔다.
哥哥经常欺负弟弟。

2641 **구르다** ①
滚动
"굼벵이도 구르는 재주가 있다."는 말은 누구에게나 할 줄 아는 것이 하나쯤은 있다는 말이다.
"蜗牛也会打滚"是说不论是谁都有一技之长。
속담

2642 **구부리다** ①
弯，弄弯
허리를 구부렸다 폈다하는 운동을 자주 해 주세요.
请经常做弯腰曲直的运动。

2643 **구하다** ①
找，招
요즘 일자리를 구하려는 어르신이 많아진다.
最近有很多老年人想要找工作。

2644 **구하다** ③
救，救助，拯救
소방관은 불 속에 뛰어 들어 아이를 구했다.
消防员跳进火场救出了孩子。

2645 **굳어지다**
僵硬，变硬
"비온 뒤 땅이 굳어진다."라는 속담이 있다. 어려운 일 뒤에 힘든 일을 겪을 힘이 생긴다는 말이다.
有一句俗语叫"雨后地更实"，就是说在困难过后就会有吃苦的劲儿了。
속담

2646 **굶다**
饿
너무 바빠서 하루종일 굶었더니 어지럽다.
因为太忙了所以饿了一天，好晕啊。

2647 **굽히다**
弯，屈
그는 사장님을 보자 허리를 굽혀 인사했다.
他见到老板立刻弯腰问好。

2648 **권하다**
기출
劝说，劝
여행이 주는 떨림을 느끼면서 그 속에서 성장하고 싶다면 주저없이 이 책을 읽기를 권한다.
感受着旅行带来的悸动，如果想在这之中成长的我，我劝你看看这本书。

2649 **그러다**
这样做，这样，那么
(그 사람을) 내버려 둬. 그러다 말겠지.
别管(那个人)了，就那样吧。

2650	**그만하다** ① 停止，停下	게임 좀 그만하고 이제 공부 좀 해라. 别玩游戏了，开始学习吧。
2651	**긁다** 挠，抓	어제 머리를 안 감았는지 민수는 내내 머리를 긁고 있다. 더러워서 못 봐주겠다. 不知道是不是昨天没有洗头，民洙一直在挠头发。真是看不下去了。
2652	**금하다** ② 禁止	이곳은 관계자 외 출입을 금합니다. 除相关人员禁止出入。
2653	**긋다** ① 划，画	이 글의 주제에 줄을 그으세요. 请在这篇文章的主题处画划线。
2654	**기다** ① 爬，爬行	몇 개월이면 아기가 기어 다니기 시작하나요? 孩子在几个月会开始爬呢?
2655	**기대다** ① 依靠，倚靠，靠	무슨 일이 있었는지 그녀는 벽에 기대어 울고 있었다. 不知发生了什么事，她正靠在墙上哭。
2656	**기울다** 斜，歪，倾斜	무슨 일이야? 벽에 걸린 액자가 기울었네. 什么事?挂在墙上的相框歪掉了。
2657 기출	**기울이다** 歪，斜，倾	할머니께서는 내 말에 자주 귀를 기울이셨다. 奶奶经常倾听我说话。
2658	**길다** ① 长，久	남자들은 긴 생머리를 한 여성이 청순하다고 생각한다. 男性认为留长直发的女性很清纯。
2659	**까다** ① 剥，扒，嗑	땅콩 껍데기를 까서 먹는 게 좋아요, 그냥 먹는 게 좋아요? 你喜欢花生剥了皮吃还是喜欢直接吃?
2660	**까먹다** 剥皮吃，嗑	나는 군밤을 까먹고 있다. 我正在剥炒栗子吃。
2661	**깔다** 铺，垫	이부자리를 깔고 주무세요. 请铺上被褥睡觉。
2662	**깔리다** ① 铺， "깔다"的被动型	바닥에 이불이 깔려 있네요. 地上铺着被子。

2663	**깜박하다** 闪烁	등이 깜박하네요. 전구를 갈아야겠어요. 灯一闪一闪的，要换灯泡了。
2664	**깨다** ② 打破	설거지를 하다가 접시를 깼다. 洗碗的时候打碎了盘子。
2665	**깨닫다** 领悟，觉悟，理解	잘못은 자기 스스로 깨달아야 한다. 我们应该自己认识到错误。
2666	**깨뜨리다** 打破，打碎	거울을 깨뜨리면 불운이 온다는데, 사실이에요? 打破镜子倒霉是真的吗?
2667	**깨물다** 咬	사탕을 깨물어 먹는 것보다 빨아 먹는 게 치아에 좋을 것 같다. 比起咬碎糖果，吮吸吃对牙齿好。
2668	**깨어나다** 醒来，苏醒，觉悟	뇌사상태에 빠졌던 할아버지가 깨어나셨다. 陷入脑死状态的爷爷醒了。
2669 기출	**깨우다** ① 叫醒，吵醒	자는 아이를 깨우지 않도록 조용히 방 안으로 들어갔다. 为了不吵醒睡着的孩子，安静地回了房间。
2670	**깨지다** 碎，裂，破坏	올해는 출산율 1(한)명의 벽도 깨질 것으로 보인다. 今年出生率有望突破一名。 신문 1
2671	**꺼지다** ① 熄灭，关	"꺼진 불도 다시 보자."라는 말은 불조심을 하자는 말이다. "灭了的火也要再看一看"是让我们要小心火。
2672	**꺾다** 折断，摘	푸른 꽃을 꺾는 손잡고 싶지만 내 운명인 걸. 想要抓住摘下蓝色花朵的这双手，但我的命中注定。 노래-방탄-전하지 못한 진심
2673	**껴안다** 搂，抱	나는 아이를 꼭 껴안아 주었다. 我紧紧地搂着孩子。
2674	**꼽다** ① 数，算，掰	김 교수를 좋아하는 학생은 다섯 손가락 안에 꼽을 정도이다. 喜欢金教授的学生一只手都数得过来。

2675	**꼽히다** ① 数得上，屈指可数	김연경 선수는 세계에서 손 꼽히는 배구 선수이다. 金软景是世界屈指可数的排球选手。
2676	**꽂다** 插	열쇠를 꽂고 돌렸는데도 문이 열리지 않아요. 插进钥匙转了转也还是打不开门。
2677	**꽂히다** 被插	꽃병에 꽂혀 있는 꽃의 이름은 라벤더이다. 插在花瓶里的花是薰衣草。
2678	**꾸다** ② 借	친구한테서 꾼 돈도 아직 다 못 갚았다. 向朋友借的钱到现在还没有还清。
2679	**꾸리다** ① 包，收拾	이삿짐센터 직원이 오기 전에 얼른 이삿짐을 꾸려야지요. 在搬家公司的职员来之前要赶紧收拾行李。
2680 기출	**꾸미다** 打扮，装扮	현대인들은 집을 휴식의 공간으로 꾸미는 데 관심이 많다. 现代人对装扮家中的休息空间很有兴趣。
2681	**꿇다** 跪	쇼코는 무릎을 꿇고 앉아서 아주 상냥하게 할아버지의 말을 듣고 미소를 지었다. 쇼코跪坐着，非常温柔地听着爷爷的话，露出微笑。 소설-최은영-쇼코의 미소
2682	**꿈꾸다** 做梦	그 외국인부부는 코리안 드림을 꿈꾸며 한국에 일하러 온 고려인 3(삼)세로 알려졌다. 那对外国人夫妇做着韩国梦来韩国工作的高丽人3代。 신문 8
2683	**끄덕이다** 点头	고개를 끄덕이는 행동은 대부분 긍정을 나타낸다. 点头这个动作大部分是表示肯定。
2684	**끊기다** 断，中断	성수대교 참사는 다리가 끊기는 대형 사고였다. 圣水大桥惨案是一起断桥的大型事故。
2685	**끊어지다** 断了	여기 줄이 끊어진 부분을 다시 묶어 주세요. 这里绳子断掉的地方请重新绑好。
2686 기출	**끌다** 拖	이 방식은 대중문화계 전체로 확산되어 큰 인기를 끌고 있다. 这个方式扩散到整个大众文化界，享有极高的人气。

2687 **끌리다**
被吸引，拖

바지가 너무 길어서 바닥에 끌리네요.
裤子太长了所以拖到了地上。

2688 **끌어당기다**
拉，拽

이탈리아어로 티라미수는 '끌어당기다, 잡아끌다'는 의미가 있다.
提拉米苏在意大利文中有"拉，拽"的意思。

수필-한동일-라틴어 수업

2689 **끌어안다**
搂

너를 느낄 수 있게 나를 끌어안아줘.
让我能感受到你，就搂紧我。

노래-방탄-잡아줘

2690 **끼다** ②
弥漫，笼罩

오늘은 안개가 많이 끼었으니 운전 조심하세요.
今天雾气弥漫，请小心开车。

2691 **끼다** ③
挽，挎

나는 쇼코의 팔짱을 꼈다.
我挽住了Shoko的手臂。

소설-최은영-쇼코의 미소

2692 **끼어들다**
挤进，插进

도로에서 끼어드는 차량 때문에 운전하기가 너무 힘들다.
因为路上插进来的车辆，开车太累了。

2693 **끼우다** ①
加紧，携带

고등학생이 "나도 끼워줘서 고마워요."하고는 훌쩍거렸다.
"谢谢你也把我加进来"高中生说完吸了吸鼻子。

소설-윤성희-유턴

2694 **끼이다** ①
夹，挤

지하철 문틈에 내 옷이 끼였다.
我的衣服被地铁门夹住。

2695 **끼치다** ①
(鸡皮疙瘩，寒毛)起

귀신 이야기를 들으니 소름이 끼친다.
听了鬼故事，寒毛都竖起来了。

2696 기출 **끼치다** ②
给，引起㊙

숫자 활용 능력은 비즈니스 성패에 중요한 영향을 끼친다.
数字运用能力对商业的成败有着重要的影响。

2697 **나뉘다**
分
이 집은 공간이 두 부분으로 나뉘어 있다.
这个房子的空间分成两个部分。

2698 **나르다** ①
搬运，运输，运送，运
주문받고 음식 나르는 일은 나하고 이 녀석하고 둘이하면 되지 않겠어?
点菜送餐的事我和这个小子一起做不就行了吗?
소설-윤성희-유턴

2699 **나무라다**
기출
指责，责备
요즘 부모들은 아이들이 실수를 해도 나무라지 않는다.
近来就算孩子做错了事父母也不会责备。

2700 **나빠지다**
变坏，恶化
과로 때문에 건강이 나빠졌다.
因为过劳所以健康恶化了。

2701 **나서다**
기출
站出来，初面，出现，走出
불면증 치료법 개발에 적극적으로 나서야 한다고 여자는 주장하고 있다.
女人主张应积极开发失眠症治疗法。

2702 **나아가다**
前进，进步，先前，走向
동성애 합법화를 외치는 동성애자들이 거리로 나아갔다.
高喊着同性合法化的同性恋者们走上了街头。

2703 **나아지다**
好起来
이를 보면 탈북청소년 학업 중단 현황은 나아진 것이 없다고 판단된다.
以此判断脱北青少年学业中断现状并没有好转。
신문 2

2704 **나타내다**
出现，展示
몇 주째 결석을 하던 그 학생이 이번 시간에는 모습을 나타냈다.
旷课几周的那个学生在这节课出现了。

2705 **날리다** ①
飘，飞扬
날리는 눈이 나라면 조금 더 빨리 네게 닿을 수 있을텐데.
如果我是飘舞的雪花，是不是就可以快一点触碰到你。
노래-방탄-봄날

2706 **날리다** ②
飘扬，挥动
그는 깃발을 날리며 앞장섰다.
他挥动旗帜带头走在了前面。

2707 **날아가다**
飞走，飞过
동쪽 하늘을 향해 새가 날아간다.
鸟儿们向着东边天空飞走了。

2708	**날아오다** 飞过来	나는 날아오는 새를 피했다. 我躲开了飞来的鸟。
2709 기출	**낮추다** 降低，压低	도로의 제한 속도를 낮추면서 사고도 줄어들었다. 随着道路限速的降低，事故也减少了。
2710	**낳다** ① 生产，生育	나는 아이를 많이 낳고 싶었지만 건강과 경제적인 문제로 출산을 포기했다. 我虽然想生很多孩子，但是因为健康和经济问题而放弃生小孩了。
2711	**내놓다** 拿出来	나는 여행사를 다니며 번 돈을 내놓았고, W는 찜질방에서 아르바이트를 해서 번 돈을 내놓았다. 我拿出了在旅行社工作赚的钱，W拿出了在桑拿房打工赚的钱。 소설-윤성희-유턴
2712	**내다보다** 向外看	그는 창밖을 하염없이 내다보고 있었다. 他呆呆地望向窗外。
2713	**내려놓다** 放下	그는 보던 책을 내려놓고는 눈을 감았다. 他放下书，闭上了眼睛。
2714	**내려다보다** 俯视，俯瞰，往下看	101(원오원)타워에서 도심을 내려다보았다. 我在101塔上俯瞰了城市中心。
2715	**내려앉다** 落，坐下来	나비가 꽃에 내려앉았다. 蝴蝶落在了花朵上。
2716	**내밀다** 伸，递，给	그가 창밖으로 고개를 내밀고 욕을 했다. 他把头伸出窗外骂了脏话。 소설-윤성희-유턴
2717	**내버리다** 扔，丢	쓰레기를 아무데나 내버리면 안 됩니다. 不能随便乱丢垃圾。
2718	**내보내다** 让...出去，扔出去	교실에서 떠드는 아이를 복도로 내보냈다. 老师让教室里吵闹的孩子出去走廊上。
2719	**내세우다** 让...站	우리는 우리 중에서 노래를 제일 잘하는 미래를 무대 앞으로 내세웠다. 我们让我们之中唱歌最好听的未来站上了舞台。

2720 **내주다**
让给

항상 일등만 하던 정희는 이번 기말고사에서 전교일등 자리를 다른 친구에게 내주고 말았다.
一直都是第一名的正熙在这次期末考试中把全校第一名让给了其他人。

2721 **내쫓다**
赶，轰

어릴 때 가게에서 과자를 하나 훔친 적이 있다. 이 사실을 아신 어머니는 나를 집에서 내쫓으셨다.
小时候在店里偷了一块饼干，知道这件事的妈妈把我从家里赶出去了。

2722 **널다** ①
晾，晒

빨래가 다 됐으니 빨래를 널어 주세요.
衣服都洗完，请把衣服拿出去晒。

2723 **넓어지다**
变宽，变广

남동생은 운동을 열심히 한 덕분이었는지 어깨가 넓어졌다.
不知是不是因为认真地锻炼，弟弟的肩膀变宽了。

2724 **넓히다**
拓宽，扩大，扩展，扩建

부부가 함께 노력해 집을 넓혀갈 생각을 해야지.
夫妇应该一起努力扩建房子。

신문 1

2725 **넘겨주다**
交，转交，移交，转让

그 서류는 이미 총무부에 넘겨줬는데요.
那份资料已经转交给总务部了。

2726 **넘기다**
기출
过

각 회사에 최종 결정 권한을 넘김으로써 시장 변화에 신속히 대처했다.
通过向各公司转让最终决定权迅速地应对了市场变化。

2727 **넘어가다** ①
倒，越过

국경을 넘어갈 때에는 잘못한 것도 없는데 괜히 긴장이 된다.
跨越国境的时候，没有做错什么也觉得很紧张。

2728 **넘어뜨리다**
推到，推翻

실연은 그녀를 넘어뜨려 다시 일어나기 어렵게 했다.
失恋使她跌倒，难以再站起来。

2729 **넘어서다**
越过，超过，翻过

학습자들은 한국 문화에 대한 단순한 호기심과 동경을 넘어서 한국어 학습을 통해 자신의 미래를 설계했다.
学生们超越了学习韩国文化单纯的好奇心和憧憬，通过学习韩语设计了自己的未来。

논문

2730 **넘어오다**
(向自己)倒，翻过来

소화가 잘 안 된다. 신물이 자꾸 넘어오며 토할 것 같다.
我消化不良，胃里的酸水总是涌上来，象是要吐了。

2731	**넘치다** 溢，漫，充满	개강을 맞은 대학가에 활기가 넘칩니다. 迎来开学的大学街充满活力。 뉴스 2
2732	**노려보다** 怒视	"엄마랑 같이 가고 싶지 않아요."라는 말에 엄마는 나를 노려보았다. 妈妈听到我说"我不想跟妈妈一起去"这句话，瞪了我一眼。
2733 기출	**녹다** ① 融化，溶化	이 창고에는 얼음을 녹지 않게 해 주는 장치가 달려 있다. 这个仓库设有让冰不融化的装置。
2734	**녹이다** 使融化	(그것은) 마음 어딘가에 쌓인 만년설 같은 것을 녹이는 소리였다. 那是在心中某处堆积的万年雪般的东西融化的声音。 소설-김금희-경애의 마음
2735	**놀리다** ① 捉弄，嘲笑	친구들은 나를 '돼지'라고 놀렸다. 朋友们嘲笑我是"猪"。
2736	**놀리다** ③ 玩	아이들을 이곳에서 신나게 놀리고 가지요. 让孩子们在这里开心地玩耍。
2737	**높아지다** 提高，变高，升高	태풍으로 파도가 높아졌으니 바다에서 모두 나오십시오. 因为台风海浪变高了，请大家离开海边。
2738 기출	**높이다** 加高，升高	이것은 기업의 수익을 높이기 위한 제도이다. 这是为了提高企业收益的制度。
2739	**놓아두다** 放在，放到	돈은 책상 위에 놓아뒀다. 我把钱放在了书桌上。
2740	**놓이다** 被放置	경애의 감기가 좀 나았다니 제 마음이 놓입니다. 听说景爱的感冒好了，我就放心了。
2741 기출	**놓치다** 错过	적극적인 학생들이 먼저 대답하면 소극적인 학생들이 대답할 기회를 놓치게 된다. 积极的学生先回答的话，消极的学生就会错过回答的机会。
2742	**놔두다** 放到	휴대폰은 치우지 말고 탁자 위에 놔두세요. 手机不要拿走，请放在桌子上。

2743 **눈감다**
闭眼，去世

Q는 눈감은 채 무슨 노래인가를 흥얼거렸다.
Q闭着眼哼着什么歌。
소설-윤성희-유턴

2744 **눈뜨다**
睁眼

아침에 눈뜨면 무엇이 가장 생각납니까?
早上睁开眼最先想到的是什么?

2745 **눕히다**
躺下

잠든 아기를 침대에 눕혔다.
把睡着的孩子放在床上躺着。

2746 **늘리다**
扩张，扩大

사업이 생각보다 잘 되고 있으니 규모를 늘려야 할 것 같습니다.
事业比想象中发展得要好，所以应该要扩大规模了。

2747 **늘어나다**
기출
增加

태양광 발전소를 설립하는 개인 사업자가 늘어나면서 예상하지 못한 문제점이 드러났다.
随着设立太阳能发电站的个人企业的增加，出现了意料之外的问题。

2748 **늘어놓다**
没完没了地说

지각한 그 학생은 선생님 앞에서 구차한 변명을 늘어놓기 시작했다.
迟到的那个学生开始在老师面前没完没了地狡辩。

2749 **늘어서다**
排列，排开

학원 앞에는 아이들을 데리러 온 학부모들의 차가 늘어섰다.
补习班前排列着来接孩子的家长的车。

2750 **늘이다** ①
拉长，抻长

그는 체중을 줄였다 늘였다를 반복하고 있다.
他的体重在不停地减轻变重。

2751 **늦어지다**
推迟，变晚

일이 많아서 퇴근 시간이 늦어졌다.
因为工作太多，所以推迟了下班时间。

2752 **늦추다**
推迟，延后

일분 일초도 긴장감을 늦춰선 안돼.
一分一秒都不能放松警惕。
드라마-혼술남녀

2753 **다가가다** 기출
走进，接近

이 소설은 이야기를 재미있게 풀어내 쉽게 대중들에게 다가갈 수 있었다.
这本小说有趣的故事展开让这本书很容易接近群众。

2754 **다가서다**
靠近，走近

너에게 다가설 수 없으니까 내겐 불러줄 이름이 없어.
因为我无法走近你，我没有可以呼唤的名字。
노래-방탄-전하지 못한 진심

2755 **다가오다**
走过来，接近

낯선 사람이 내게 다가왔다.
陌生人靠近了我。

2756 **다녀가다**
来过，到过

오늘 막내가 집에 다녀갔다.
今天老幺回了趟家。

2757 **다듬다**
择(zhái)菜

나물을 무치려고 콩나물과 시금치를 다듬었다.
为了拌小菜择(zhái)了豆芽和菠菜。

2758 **다루다** ①
处理，办理

그는 사람들 다루는 능력이 뛰어나다.
他应付人的能力很出色。

2759 **다리다** ① 기출
熨，烫

옷을 다리다가 화재가 날 수 있으니 조심해야 한다.
因为熨烫衣服时可能会发生火灾，所以要小心。

2760 **다물다**
闭(嘴)，缄口

입 좀 다물고 내 얘기 들어.
闭上嘴听我说。

2761 **다지다** ②
剁

찌개에 다진 마늘을 두 스푼 정도 넣으세요.
在炖菜里放两勺蒜泥(剁碎的蒜)。

2762 **다투다**
争吵，吵架

다툰 만큼 서로를 더 아끼게 됐지.
越吵越珍惜对方。
노래-박재범-내 곁에 있어주길

2763 **닫히다**
关

닫힌 맘을 열어줘 내 심장을 적셔줘.
打开关闭的心门，滋润我的心脏。
노래-방탄-잡아줘

2764 **달다** ③
扣，钉

떨어진 단추를 얼른 달아야겠다.
赶快钉上掉下来的扣子。

2765 **달다** ⑤
要求，请求

엄마한테 용돈을 달라고 했더니 돈 좀 아껴쓰라는 잔소리 만들었다.
我向妈妈要零花钱，却只听了省着花钱的唠叨。

2766 **달라지다**
变，改变
저 여배우의 얼굴이 어딘가가 달라졌다.
那个女演员的脸上哪里变了。

2767 **달래다** ①
기출
哄，安慰
반려 동물은 현대인들의 외로움을 달래 주거나 정서적으로 위안을 준다.
宠物可以安慰现代人的孤独，也可以给予情绪上的安慰。

2768 **달려가다**
跑去，奔赴
마음은 시간을 달려가네.
心随着时间奔跑。
노래-방탄-봄날

2769 **달려들다**
扑
공원에 갔는데 갑자기 개가 나에게 달려들어 너무 놀랐다.
我去了公园，突然一只狗向我扑来，吓死我了。

2770 **달려오다**
跑来
나는 그를 만나기 위해 먼 길을 달려왔다.
我远道而来就为了见他。

2771 **달리다** ①
挂着
가지 위에 달린 낙엽 한 장 부서지네 끝이란 게 보여.
在枝头上挂着了一片枯叶破碎了，仿佛看到了尽头。
노래-방탄-고엽

2772 **달아나다**
跑
훨훨 날아갈 수 있다면 영영 달아날 수 있다면
若是可以振翅高飞，若是可以不听奔跑
노래-방탄-Interlude: Wings

2773 **달하다** ①
达到
아예 한 명도 지원하지 않은 대학도 5(다섯)곳에 달했다.
干脆没有学生报考的大学也达到了5所。
신문 9

2774 **닳다**
磨损，磨破
동해물과 백두산이 마르고 닳도록.
直到东海水枯，白头山岩石腐烂…
노래-애국가

2775 **담그다**
浸，泡
(그는) 따뜻한 물을 받아 욕조 속에 몸을 푹 담그고 있었다.
(他)接了热水，把身体整个泡在浴缸里。
소설-김언수-설계자들

2776 **담기다** ①
기출
装，盛
이 책에는 음식에 대한 내용만 담겨 있는 것은 아니다.
这本书里不仅仅装着有关饮食的内容。

2777	**담다** ① 装，盛，包含，蕴含	(그녀에게서) 돌아온 답은 상투적인 듯했지만 진리를 담고 있었다. 她的答案虽然看似老套，却蕴含着真理。 신문 5
2778	**당기다** ① 拉，拖	내가 당겨도 오지 않아도 돼. 我拉你时，你不来也无妨。 노래-방탄-Love Maze
2779	**당하다** ① 遭，受，被	아버지는 사기를 당한 이후 식음을 전폐하셨다. 父亲被骗了之后就不思饮食了。
2780 기출	**닿다** ① 碰到，够着，接触	얼음은 전자레인지의 전자파가 닿아도 녹지 않는다. 冰块碰到微波炉的电磁波也不会融化。
2781	**대다** ① 赶上	우리는 열차 시간에 댈 수 있을까? 我们赶得上火车吗?
2782	**대하다** ② 接触	고객들을 대하는 일이 내게는 너무 어렵다. 接待顾客这种事对我来说太难了。
2783	**더러워지다** 变脏	옷이 더러워졌는데 이 옷은 실크라서 드라이클리닝을 맡겨야 한다. 衣服弄脏了，因为是丝绸的所以要拿去干洗。
2784	**더럽히다** 弄脏，玷污，辱没	그런 인간한테 욕을 하면 내 입만 더럽히는 일이니 하지 않겠다. 对那种人骂脏话只会弄脏我的嘴，所以我不骂他们。
2785	**더불다** 跟，同	더불어 사는 사회입니다. 다른 사람들을 배려해 주세요. 这是大家一起生活的社会，请关怀他人。
2786	**덜다** ① 盛出，拿出	밥을 반만 덜어 주세요. 다이어트 중이거든요. 请帮我盛半碗饭，因为我在减肥。
2787 기출	**덧붙이다** 附上，贴上	한편에서는 역사적 사실에 허구를 덧붙이는 것에 대해 우려를 표시하고 있다. 另一方面，对历史事实的虚构表示忧虑。
2788 기출	**덮다** 盖，遮	보통 콩나물은 검은 색 천으로 덮어 어두운 곳에서 기른다. 一般豆芽是盖上黑色的布放在暗处种出来的。
2789	**덮이다** 被盖	뚜껑이 잘 덮여있지 않으면 음식이 상하기 십상이다. 盖子不盖好的话，食物十有八九会坏掉。

2790	**데다**① 烫伤，烧伤	화상은 불에 덴 상처를 말한다. 烧伤是指被火烧的伤口。
2791	**데리다** 带领，领着	모임에 아이를 데려가도 되나요? 아이를 맡길 데가 없어서요. 可以带孩子去参加聚会吗?实在没有地方托付孩子。
2792 기출	**데우다**① 加热	전자레인지는 보통 음식을 따뜻하게 데울 때 사용된다. 微波炉通常在加热食物的时候使用。
2793	**데치다** 烫，焯	시금치는 살짝 데쳐야 한다. 菠菜要稍微焯一下。
2794	**도망가다** 逃走，逃跑	보물을 찾으러 갔다 온 사이, 주방장이 도망갔다. 去寻宝回来之间厨房长逃跑了。 소설-윤성희-유턴
2795	**도망치다** 逃走，逃跑	나는 그에게서 도망치듯 빠져나왔다. 我从他那儿像逃跑似的溜了出来。
2796	**돌려받다** 收回	그에게 빌려준 돈을 돌려받지 못했다. 我没有收回借给他的钱。(他没还我钱)
2797	**돌려보내다** 送回，退回	명절이 되면 사원들은 사장인 나에게 과일 등을 선물한다. 나는 그 선물을 받지 않고 모두 돌려보낸다. 过节的时候职员们会给老板我送水果等的礼物。我一样都不收全部退回去了。
2798	**돌보다** 照顾，照看	아이를 돌보느니 차라리 밖에 나가서 일을 하겠다. 与其照看孩子，还不如到外边去工作。
2799	**돌아다니다** 转悠，走来走去	집에 빨리 들어가지 않고 어디를 그렇게 돌아다니는 거야? 不快点回家，去哪里转悠了?
2800	**돌아보다** 回头看，回顾	인류의 역사를 돌아보면 인간은 편리를 추구하며 끊임없이 다양한 도구와 기술을 개발해 왔다. 回顾人类的历史，人们一直在追求便利，不断开发各种道具和技术。
2801	**돌아서다** 转身，回转	나는 이미 그에게서 마음이 돌아선 지 오래다. 我已经对他回心转意很久了。

2802 **되돌리다**
逆转，还原，掉头，返回

시간을 되돌릴 수만 있다면 나는 세월호 사건 이전으로 돌리고 싶다.
如果时间可以倒流，我想要回到岁月号事件以前。

2803 **되돌아가다**
回去，返回，重返

중요한 문서를 안 가지고 와서 회사에 왔다가 집으로 되돌아갔다.
因为重要的文件没有带，所以到了公司又回家了。

2804 **되돌아오다**
回来，返回，折回

주소를 잘못 썼는지 편지가 되돌아왔다.
不知是不是写错地址，信又被寄回来了。

2805 **되살리다**
救活，恢复

응급의학과 이국종 교수는 삶과 죽음을 넘나드는 환자들의 생명을 되살리는 일을 하고 계신다.
急救医学科李国钟教授从事着挽救生死间徘徊的患者生命的工作。

2806 **되살아나다**
恢复

간장게장을 먹으니 입맛이 되살아났다.
吃了酱螃蟹又恢复了食欲。

2807 **되찾다**
找回，恢复

기억상실증에 걸린 여자 주인공은 드디어 기억을 되찾았다.
得了失忆症的女主角终于找回记忆了。

2808 **두드러지다**
突出，显著，显眼

이 작품의 두드러진 특성은 무엇입니까?
该作品的显著特征是什么？

2809 **두드리다**
敲，拍

그만 울고 싶을 때까지 울어요! 나는 Q의 등을 두드리며 말했다.
我拍着Q的背说，哭到你不想哭为止吧！

소설-윤성희-유턴

2810 **두려워하다**
害怕，怕

나는 낯선 사람을 두려워한다.
我害怕陌生人。

2811 **두르다**
围

빨간 목도리를 두른 저 여학생의 이름이 뭐지요?
那个围着红色围巾的女学生名字叫什么来着？

2812 **두리번거리다**
左顾右盼，东张西望

고등학생은 누가 자신의 말을 엿 듣지 않는지 살피기 위해 사방을 두리번거렸다.
高中生东张西望，观察谁在偷听自己的话。

소설-윤성희-유턴

2813 **둘러보다**
环顾

아무리 주위를 둘러보아도 내 이름을 부른 사람이 보이지 않았다.
我环顾四周都看不到叫我名字的人。

2814 **둘러싸다**
围绕

빛을 둘러싼 건 어둠이라는 난데(나인데)
围绕着光的是黑暗的我(是我)
노래-워너윈-네버

2815 **둘러싸이다**
被包围

나는 멋진 남자들 사이에 둘러싸였다. 이것이 제발 꿈이 아니었으면 좋겠다.
我被包围在帅气的男人之间，拜托这个不是梦就好了。

2816 **뒤따르다**
跟随

어머니는 무거운 짐을 양손에 들고 아버지를 뒤따라 가셨다.
母亲双手拿着沉重的行李跟随着父亲走了。

2817 기출 **뒤떨어지다**
落后，跟不上

이들은 유행에 뒤떨어지는 것을 두려워한다.
他们害怕跟不上潮流。

2818 **뒤지다** ①
落后

우리나라 대표 마라톤 선수는 선두를 달리다가 막판에 헝가리 선수에게 약간 뒤져 은메달을 땄다.
我国马拉松选手在开始领先，最后以落后匈牙利选手一点拿了银牌。

2819 **뒤지다** ②
翻，搜

소지품 검사를 한답시고 학생들의 가방을 뒤지는 것은 인권유린이라고 생각합니다.
我认为以检查携带物品为由翻学生包包的行为是人权蹂躏。

2820 **뒤집다**
反，翻，倒，
反过来，颠倒

옷을 뒤집어 입었네요.
衣服穿反了。

2821 **드나들다**
出入，进出

이곳에는 차량이 드나들 수 없는 구역입니다.
这里是车辆不能进出的区域。

2822 **드러나다**
显现，显露，
暴露

학습자의 작문에서는 양문화 비교의 단계가 드러났다.
在学习者的作文中显现出两种文化比较的阶段。
논문

2823 기출 **드러내다**
露出，显露

피카소는 이 작품에서 황소의 특징을 잘 드러냈다.
毕加索在这幅作品中很好的表现了黄牛的特征。

2824 **들려오다**
传来

민주야, 네가 우리 오빠랑 사귄다는 얘기가 들려오던데… 사실이야?
敏珠，我听说你跟我哥哥在交往...真的吗?

2825	**들려주다** 给…听	워너원의 새 앨범 수록곡을 친구에게 들려주었다. 我给朋友听了Wananone新专辑的收录曲。
2826	**들리다**① 染上	이번 독감에 들리면 약도 잘 안 듣는다던데… 如果染上这次的流感，吃药也不管用…
2827	**들리다**④ 拿起	짐에 뭐가 들어 있길래 이렇게 안 들려요? 行李里装了什么这么重?(这么不好拿)。
2828	**들어서다** 进入，走进	집 안으로 들어서니 김찌찌개 냄새가 확 난다. 走进家里，一股泡菜汤的味道扑鼻而来。
2829	**들어주다** 答应，允许，接受	소원을 말해 봐. 내가 들어줄게. 说出你的愿望，我答应帮你实现。
2830	**들여다보다** 偷看，往里看	남의 집을 몰래 들여다보는 사람이 있다고요? 그건 변태나 도둑이 아닌가요? 有偷看别人家的人?那不是变态或小偷吗?
2831	**들이다**② 让…进	낯선 사람을 집안에 들이면 안 된다. 不能让陌生人进来家里。
2832	**들키다**① 被发现	어린 그녀는 남편에게 모든 걸, 다 들켜버렸다. 年幼的她被丈夫发现了所有的东西。 소설-이만교-번지점프
2833	**따다**① 摘，采	세 번의 도전 끝에 결국 운전면허증을 땄다. 挑战了三次终于拿到驾驶证了。
2834	**따라가다** 跟着去	"친구 따라 강남 간다."라는 속담이 있다. 자기 생각 없이 친구를 따라간다는 말이다. 有一句俗语是"跟着朋友去江南"，是自己没有想法跟着朋友走的意思。 속담
2835	**따라다니다** 跟随，跟	아이는 엄마를 졸졸 따라다니기만 한다. 孩子老跟着妈妈。
2836	**따라오다** 跟来，跟上	너의 시간도 이젠 나만 따라오니까. 你的时间现在也只跟着我。 노래-비와이-포에버

2837 **따르다** ①
跟，跟随
학자님을 따르는 학생들이 많습니다.
很多学生跟随着学者。

2838 **따르다** ②
倒
찻잔에 차를 따릅니다.
往茶杯里倒茶。

2839 **따지다** ①
기출
计较，追问，分辨
"왜요, 불가능한가요?"라며 딸애가 꼬치꼬치 따진다.
女儿说着"为什么?不可能吗?"纠缠不休。

2840 **때리다** ①
打，揍，抽
직원을 때린 대표가 경찰에서 조사를 받고 있다.
殴打职员的代表正在接受警方调查。

2841 **떠나가다**
离开，离去
요즘은 고향을 떠나가는 젊은이들이 많아지고 있다.
最近越来越多年轻人离开故乡。

2842 **떠나오다**
离开
그리운 고향을 떠나온 지가 벌써 이십년이 넘었다.
离开怀念的故乡来到这里已经过去20年了。

2843 **떠오르다**
기출
升起
공이 하늘로 떠오르는 것처럼 보인다.
球看起来象是升上天空了。

2844 **떠올리다**
기출
想起
한국인의 고유한 특성으로 많은 사람들은 '빨리빨리' 문화를 떠올린다.
作为韩国人的固有特征，很多人都会想起"快点快点"文化。

2845 **떨다** ①
发抖，打颤
매일 고성을 지르는 상사 때문에 직원들은 두려움에 떨고 있다.
因为高声大喊的上司，职员们每天都在恐惧中发抖。

2846 **떨리다** ①
기출
颤抖，颤动
좋은 선생님을 새 담임으로 맞이한 것은 우리에게 가슴 떨리는 일이었다.
好老师成为了我们的班主任是一件让我们心动的事。

2847 **떨어뜨리다**
使掉落
귀걸이를 바닥에 떨어뜨렸는데 찾을 수가 없다.
耳环掉到了地上找不到了。

2848 **떼다** ①
摘下，揭下，取下
설명서에서 눈을 떼지 않은 채 큰 소리로 외쳤다.
目不转睛地看着说明书大声喊道。
소설-김애란-입동

2849 **뚫다**
钻，凿，挖，穿
나는 양쪽 귀를 각각 세 개씩 뚫었다.
我两只耳朵一边打了三个耳洞。

2850 **뚫리다**
被穿透

양말을 너무 오래 신었더니 구멍이 뚫렸다.
袜子穿了太久，穿了个洞。

2851 **뛰다** ①
跑

나는 100m(백미터)를 15(십오)초에 뛴다.
我100米跑15秒。

2852 **뛰어나오다**
跑出来

화재경보가 울리자 주민들은 건물 밖으로 뛰어나왔다.
火灾警报一想起，居民们就从建筑物里跑了出来。

2853 **뛰어내리다**
跳下来

자살을 시도하며 아파트 옥상에서 뛰어내린 사람은 찰과상을 입었을 뿐 멀쩡했다.
从屋顶跳下来试图自杀的那个人只有擦伤，人还好好的。

2854 **뛰어넘다**
跳过

학교 담을 뛰어넘다가 교복 치마가 찢어졌다.
越过学校围墙校服裙子被撕破了。

2855 **뛰어놀다**
玩，玩耍

이 교사는 쉬는 시간에 아이들이 밖에서 뛰(어)놀지 못하게 말린다.
这位教师在下课时间拦着孩子不让他们在外面玩耍。

신문 11

2856 **뛰어다니다**
跑来跑去

아이가 소리를 지르면서 집안을 뛰어다니고 있다.
孩子边喊边在家里跑来跑去。

2857 **뛰어들다**
跳进，跳入

그는 주저하지 않고 강물에 뛰어들어 물에 빠진 아이를 구했다.
他毫不犹豫地跳进江里救了落水的孩子。

2858 **뜨다** ①
기출
(太阳，月亮或星星等) 升起

해가 뜨는 것을 보려고 아침 일찍 일어났다.
我为了看日出早上很早就起来了。

2859 **뜨다** ④
盛，舀

그녀는 새벽에 우물에 물을 뜨러 갔다.
她凌晨就去井边打水了。

2860 **뜯다**
拆，撕

그에게서 온 편지를 뜯어 보았다.
他拆开了送给他的信。

2861 **띄다** ①
出现，看见

무슨 약이기에 이처럼 눈에 띄지 않는 구석에 박아두고 먹는 것일까?
这是什么药，放在这么不起眼的角落里吃呢?

소설-반디-고발

2862 **띠다** ①
扎，系

치마가 흘러내리지 않도록 허리에 띠를 띠었다.
为了不让裙子往下掉，在腰上系了腰带。

2863 **마음먹다**
下决心

딱 한 달만 다이어트를 해 보겠다고 마음먹었다.
我决定就减肥一个月。

2864 **마주치다**
碰，相碰

나와 눈이 마주치자 투이는 발끝으로 바닥을 툭툭찼다.
투이一和我对上眼就用脚尖在地板上拍打着。

소설-최은영-신짜오 신짜오

2865 **막다** ①
기출
堵，封，拦，挡

이 포장재는 산소를 제대로 막아 내기에는 역부족이었다.
这种包装材料不足以完全阻隔氧气。

2866 **많아지다**
增多，变多

이 학습자의 작문에는 오류가 점점 많아지고 있다.
这位学习者作文中的错误越来越多。

2867 **말다** ①
卷

아이들은 신문을 길게 말아서 칼싸움을 한다.
孩子们把报纸卷地长长的玩着斗剑游戏。

2868 **말다** ②
泡

국에 밥을 말아먹는 식습관은 좋지 않다고 들었다.
我听说用汤泡饭的饮食习惯不好。

2869 **말리다** ②
劝，劝阻

때리는 시어머니보다 말리는 시누이가 더 밉다는 속담이 있다.
有一句俗语是比起打人的婆婆，劝架的小姑子更可怕。

속담

2870 **말리다** ③
晾干，晒干

햇빛에 빨래를 바짝 말려야겠다.
在阳光下洗的衣服该晒干了。

2871 **망가지다**
坏掉，坏损

너 땜에 나 이렇게 망가져 그만할래 이제 너 안 가져.
因为你，我才变得这样糟糕，到此为止，现在我不再抓住你。

노래-방탄-I Need U

2872 **망설이다**
기출
犹豫，迟疑

나는 오늘 일이 많아서 시골집에 가는 것이 망설여진다.
因为我今天的事情太多了，所以犹豫着要不要回乡下老家。

2873 **망치다**
搞砸

게을러터진 김 과장 때문에 일을 다 망쳐버렸다.
因为太懒惰的金科长，事情都搞砸了。

2874 **망하다**
亡，毁，灭亡，垮台

나라가 망하면 국민의 생활도 망한다.
如果国家灭亡了，人民的生活也会完蛋。

2875 **맞다** ②
迎接

카페에서 아르바이트를 하는데 외국인 손님을 맞으면 나도 모르게 당황하게 된다.
在咖啡厅打工如果遇到外国客人我会不自觉地感到慌张。

2876 **맞다** ③
挨打
제가 선생님에게 맞으면 저는 폭력 혐의로 선생님을 고소할 수 있습니다.
我如果被老师打的话，我可以以暴力嫌疑起诉老师。

2877 **맞서다**
对抗，面临，直面
적과 용감하게 맞선 이순신 장군은 대한민국을 대표하는 인물이다.
勇敢地面对敌人的李舜臣将军是大韩民国的代表人物。

2878 **맞이하다**
迎接
정동진에서 해돋이를 보며 새해를 맞이하고 싶다.
想在正东津看着日出迎接新年。

2879 **맞히다** ①
猜中，正确回答
이 문제의 정답을 알아 맞혀 보세요.
请猜猜这道题的正确答案。

2880 기출 **맡기다**
交给，委托，使负责
경제를 시장의 자율에 맡겨야 한다.
经济要交给市场的自律。

2881 **맡다** ①
负责
내가 회사에서 맡은 업무는 아주 간단한 일이다.
我在公司负责的工作非常简单。

2882 기출 **맡다** ②
闻，嗅
식물의 향기를 맡으면서 느끼는 기쁨을 치료에 이용할 수 있다고 한다.
据说闻着食物香味感到的喜悦可以用于治疗。

2883 **매달다**
挂，吊，悬
차량 위에 사람을 매단 채 달린 운전자가 구속되었다.
车上绑着人开车的司机被拘留了。

2884 기출 **매달리다**
吊，挂（매달다的被动形）
주인을 찾아가서 이 음식의 비법을 가르쳐 달라고 매달린 적도 있었다.
我有去找过主人，缠着他教我这道食物的秘方。

2885 **맺다**
结下，打结，结尾，缔结
열심히 노력해 합격이라는 결실을 맺었다.
努力结下了合格的果实。

2886 **머무르다**
逗留，停留，暂住
여행을 가서 호텔에 삼일간 머물렀는데 침대가 불편해서 고생했다.
去旅行的时候在酒店住了三天，因为床不舒服所以很辛苦。

2887 **머물다**
停留，停靠（머무르다 的略语）
담임은 그런 이유를 들며 엄마에게 쇼코가 한국에서 머무는 일주일동안 우리 집에서 머물 수 있기를 청했다.
班主任说了些理由，请求母亲让쇼코逗留在韩国的一周时间能够在我们家暂住。
소설-최은영-쇼코의 미소

2888 **머뭇거리다**
吞吞吐吐，踌躇，犹豫，迟疑

(내 마음은) 지칠 줄 모르고 공중에서 머뭇거렸구나.
(我的内心)不知疲惫，在空中踌躇。
시-기형도-질투는 나의 힘

2889 **먹고살다**
过日子，糊口

겨우 먹고살만 했는데 암에 걸렸다.
好不容易能糊口，但我心里却过不去。

2890 **먹이다**
喂

아이에게 밥을 먹이는 데 두 시간이 걸렸다.
喂孩子吃饭花了两个小时。

2891 **먹히다**
被吃

먹고 먹히는 약육강식의 사회에 살아야만 하는가?
一定要生活在吃与被吃这样弱肉强食的社会吗?

2892 **멀어지다**
变远，疏远

고등학교 때 친구와 오랫동안 만나지 않았더니 우리 사이가 멀어졌다.
高中的时候因为太久没有和朋友见面，所以我们的关系疏远了。

2893 **멎다** ①
停止

바람이 멎고 해가 떴다.
风停了，太阳出来了。

2894 **메우다** ②
填补，填充

8(팔)월 15(십오)일 광복절에는 태극기를 든 사람들이 도심을 메웠다.
在8月15日光复节这天，城市中心充满举着太极旗的人。

2895 기출 **면하다** ①
免除，免去

개인들은 자신의 책임은 면하면서 집단의 힘이 시키는 것은 무엇이든 하는 비도덕성에 합류한다.
个人免去自己的责任，却合流成为做着集体力量所指示的所有事的非道德性的人。

2896 **모여들다**
聚集，聚拢，云集

반값 할인행사라는 말에 고객들은 구름처럼 몰려들었다.
半价折扣活动让顾客们云集。

2897 **몰다** ①
驱赶，归拢，赶

원래의 꿈은 기차를 몰아 보는 것이었는데, 그 꿈을 이루지 못한 대신 가장 비슷한 일을 찾아냈다.
原来的梦想是想开火车，但是那个梦想没有实现却找到了最相似的工作。
소설-윤성희-유턴

2898 **몰라보다**
瞅，瞧，观看

그녀는 몰라보게 변해 있었다. 성형수술을 의심하지 않을 수가 없었다.
她的变化太大啦，不得不让人怀疑她做了整容手术。

2899 **몰려들다**
涌过来，聚拢
나들이객이 산으로 몰려들었다.
外出的人们往山上聚拢。

2900 **몰려오다**
蜂拥而至，袭来
그러면 모든 행운이 자기에게로 몰려올 것만 같았다.
那就象是所有的幸运都向自己涌来。
소설-윤성희-유턴

2901 **몰리다** ①
被逼到
구석으로 몰리면 쥐도 고양이를 문다는 말이 있다.
有句话叫被逼到角落的话，老鼠也咬猫。
속담

2902 **무너지다**
倒塌，坍塌
태풍에 집이 무너져 한때 울릉도에 나가 살기도 했지만 (그는) 다시 돌아왔습니다.
台风刮倒了房子，也曾去郁陵岛生活，但他还是回来了。
뉴스 3

2903 **무서워하다**
害怕
나는 바퀴벌레를 무서워한다.
我害怕蟑螂。

2904 **묵다** ②
기출
住
남자는 가족과 사흘 간 호텔에서 묵을 예정이다.
男人将与家人在酒店住四天。

2905 **묶다**
绑，捆
이 무거운 세상도 나를 묶을 순(수는) 없죠.
这沉重的世界也捆不住我。
노래-인순이-거위의 꿈

2906 **묶이다**
被捆绑
끈이 묶여서 잘 안 풀리네요.
因为绑了绳子所以不容易松开。

2907 **묻다** ①
기출
留下，沾上
수백 년 세월의 때가 묻은 기록물이 지금까지 보존되어 있다.
留下数百年岁月的尘埃(尘封数百年)的记录保存到了现在。

2908 **묻다** ②
埋
그대 아픈 기억들 모두 그대여 그대 가슴에 깊이 묻어 버리고.
你所有的悲伤记忆，你呀，埋藏在你的内心深处。
노래-전인권-걱정 말아요 그대

2909 **묻히다** ①
染上，沾上
설거지를 하다가 손에 물을 묻힌 채 전화를 받았다.
在洗碗的时候，手上沾着水接了电话。

2910 **묻히다** ②
被埋

내 목소리가 라디오 음악 소리에 묻혀 버렸다.
我的声音被广播的音乐声掩埋。
소설-윤성희-유턴

2911 **물다** ②
咬

목줄을 하지 않은 개가 돌아다니며 사람들을 물었다.
没有戴狗链的狗到处走来走去咬了人。

2912 **물들다**
染色，染上，沾染

지리산 피아골에 붉은 단풍이 물들어 있다.
智异山山沟里的枫叶被染成了红色。
신문 7

2913 **물러나다**
退下

물이 튀니까 뒤로 좀 물러나 주세요.
因为水会溅出来，所以请退后。

2914 **물러서다**
后退，退出，退后

열차가 들어오고 있습니다. 승객 여러분께서는 노란선 밖으로 물러서 주십시오.
列车进站中，请乘客们推到黄线外。

2915 **물리다** ②
被咬

입마개를 하지 않은 채 공원을 돌아다니는 개에 물렸다.
我被公园里没有戴口罩的狗咬了。

2916 **뭉치다**
凝结，结，团

눈을 너무 세게 뭉쳐서 던지면 위험합니다.
如果用力把雪团成团仍的话会很危险。

2917 기출 **미루다**
推迟，延后

기업들이 사진 없는 이력서 도입을 계속 미루고 있다고 생각하지는 않는다.
企业并不认为在一直拖延引进没有照片的简历。

2918 **미치다** ①
疯狂，发疯

불광불급이라 했다. 미치지 않으면 미치지 못 한다는 말이다.
不狂不及，是说不疯狂的话就无法疯狂。
수필-정민-미쳐야 미친다

2919 기출 **미치다** ②
造成，产生

그는 기본 소득이 노동에 미칠 영향을 우려하고 있다.
他担心基本所得对劳动产生的影响。

2920 **밀리다** ①
被搁置，被拖延

퇴근 시간이라 고속도로에 차가 밀려 30(삼십)분쯤 늦게 도착할 것 같습니다.
因为是下班时间，所以高速路上车很堵，大概会晚30分钟到达。

2921 기출 **밀리다** ②
被推，被挤

아침부터 밀려드는 손님들로 인해 등에서 땀이 흘렀다.
一大早就因为涌进来的顾客而汗流浃背。

2922 **바래다주다** 送
저기 골목까지만 바래다줄게.
我就送你到那条巷子。

2923 **바로잡다** 纠正，改正
학습자들의 오류를 바로잡아 주는 것은 교사의 몫이다.
纠正学生的错误是教师的职责。

2924 **바치다** ① 交，纳，献上
그 경영인은 공무원에게 뇌물을 바친 혐의로 구속되었다.
那个经营人以贿赂公务员(给公务员献上贿赂)的嫌疑被拘留。

2925 **박다** ① 钉，打，撞
집주인은 나에게 벽에 못을 박으면 안 된다고 했다.
房东对我说不可以在墙上钉钉子。

2926 **박히다** 嵌入，穿入，刻入
손에 가시가 박혀 빠지지 않는다.
手上扎了刺，拔不出来。

2927 **반기다** 欢迎，高兴
나를 그다지 반기지 않는 사람을 굳이 만나고 싶지는 않다.
我也不是非要见不欢迎我的人。

2928 **반짝거리다** 闪亮，闪烁
반짝거린다고 해서 다 보석은 아니다.
不是所有闪亮的东西都是宝石。

2929 **반짝이다** 闪烁
거리마다 송년의 불빛들로 반짝이던 그 날
每条街都闪烁着送年灯光的那天
시-김신용-그 불빛

2930 **반하다** ① 迷住
첫눈에 반하는 사랑을 믿나요?
你相信一见钟情吗?

2931 **받아들이다** 接受，接纳
나는 그의 사과를 받아들이기로 했다.
我决定接受他的道歉。

2932 **밝혀내다** 查明
열차 탈선 사고의 원인을 밝혀냈다.
查明了列车脱轨的原因。

2933 **밝혀지다** 照亮
내 어두운 마음을 환한 빛으로 밝혀 줘.
用明亮的光照亮我黑暗的心。

2934 기출 **밝히다** 点亮
날이 어두워졌으니 전등을 밝혀야겠다.
因为天黑了所以要开灯。

2935 **밟다**
踩

미끄러지면서 주황색 풀꽃을 밟았다.
踩了一脚橘黄色的野花滑到了。
소설-윤성희-유턴

2936 **밟히다**
被踩

승객이 많은 지하철 역에서 이 사람, 저 사람한테 발을 밟혔다.
在人多的地铁站被这个人那个人踩。

2937 **밤새다**
熬夜

IT 업계에서는 밤새워 일하는 것을 불문율로 여긴다.
IT界以熬夜工作为不成文的规矩(不文律)。

2938 **밤새우다**
通宵，熬夜

시험 전 날 벼락치기를 하느라 밤새워 공부했다.
考试前天为了临时抱佛脚而通宵学习。

2939 **배다** ①
散发，沾上

회식을 하고 나면 옷에 밴 삼겹살 냄새가 빠지지를 않는다.
聚餐后衣服上沾的五花肉味道不会散去。

2940 **뱉다**
吐

네가 (내)뱉는 모든 호흡은 이미 낙원에.
你吐出的所有呼吸都已在乐园中。
노래-방탄-낙원

2941 **버티다**
坚持

극기 훈련을 오기로 버텼다.
以傲气撑过了极限训练。

2942 **번갈다**
交替，轮流

여행을 갔는데 티셔츠가 두 벌밖에 없어서 그냥 두 벌을 번갈아 입었다.
只带了两套衬衫去旅行，所以两套轮流穿。

2943 **벌리다** ①
拉开，展开

양쪽 책상의 간격을 좀 벌려 주세요. 지나가기가 너무 어렵거든요.
请拉开两边桌子间的距离，太难过去了。

2944 **벌어지다** ①
打开，张开

언제부터였을까? 우리 사이가 이렇게 벌어진 것은…
从什么时候开始?我们的关系这样疏远了。

2945 **벌어지다** ②
发生

마포대교 위에서 자살 소동이 한 바탕 벌어졌다.
麻浦大桥上发生了一场自杀骚乱。

2946 **벌이다**
进行，开始，开设

치킨집을 열어 망하고서 아버지는 또 사업을 벌일 생각을 한다.
炸鸡店倒闭之后，父亲有想要开始做生意了。

2947 **벗기다** ②
脱下，剥掉

아이의 옷이 흠뻑 젖어나는 아이의 옷을 벗겼다.
孩子的衣服湿透了，我给孩子脱了衣服。

2948 **벗어나다** 摆脱

서울을 벗어나면 다시 서울로 돌아오는 게 어렵다.
离开首尔就很难再想回到首尔。
신문 1

2949 **베풀다** 给予，设，举行

많이 베푸는 사람이 덕을 쌓는다.
多给予施舍的人会积德。

2950 **병들다** 生病，患病

늙고 병들어 판단력이 흐려지기 전에 내 주변을 정리해 놓아야겠다.
我要在老去病重，判断力变差之前整理好我的周围。

2951 **보살피다** 照料，照看

마리아 수녀님은 평생을 부모가 없는 아이들을 보살폈다.
玛利亚修女一生都照顾着没有父母的孩子。

2952 **뵈다** ② 看望，看

선생님, 다음에 또 뵙겠습니다.
老师，下次再见。

2953 **부끄러워하다** 害羞，不好意思

노래를 부르라고 하니까 아이는 부끄러워하며 노래를 부르지 않았다.
因为让孩子唱歌，孩子害羞地没有唱。

2954 **부딪치다** 碰，撞

그래도 나는 부딪치고 싶어 네가 밀면 넘어질게.
即便如此我也想碰撞，你一推我就倒下。
노래-방탄-Love Maze

2955 기출 **부딪히다** 碰撞

훌륭한 예술가는 작품 활동을 하다가 벽에 부딪히면 돌파구를 찾아낸다.
优秀的艺术家在开展作品活动过程中，如果碰壁就能找到突破口。

2956 **부러워하다** 羡慕

사람들은 그녀의 부와 명성보다 따뜻한 리더십을 부러워한다.
比起那个女人的财富和名声，人们更羡慕她亲切的领导力。

2957 **부러지다** 折断

사장의 무차별적인 폭행으로 그 직원은 코뼈가 부러졌다.
因为老板无差别的暴打，那个职员的鼻骨断了。

2958 **부리다** ② 耍，起，犯

옆집 아주머니는 멋을 한껏 부리고 나갔다.
隔壁家的阿姨尽情地耍完帅就出去了。

2959 **부서지다** 破碎，裂

난 울고 있어. 사라진 무너진 홀로 남겨진, 이 모래성에서 부서진 가면을 보고서…
我泪流满面，消失的，坍塌的，独自留下，在这沙城之中，望着破裂的面具。
방탄-노래-전하지 못한 진심

가 나 다 라 마 동사 바 사 아 자 차 카 타 파 하

2960 **부수다**
打碎，砸碎
도둑은 현관 유리창을 부수고 들어왔다.
小偷打碎玄关的玻璃窗进来了。

2961 **불구하다②**
기출
不顾，尽管
여러 가지 한계에도 불구하고 이는 긴급 상황에 대처하는 데 중요한 역할을 했다.
虽然有许多局限，但是他在处理紧急情况时起了重要作用。

2962 **불러일으키다**
激起，唤醒，唤起，引起
조석 작가는 〈마음의 소리〉라는 작품을 통해 웹툰에 대한 많은 이들의 관심을 불러일으켰다.
赵石作家通过《心里的声音》这部作品唤起了许多人对网络漫画的关心。

2963 **불리다⑦**
泡，涨
물에 쌀을 삼십 분 가량 불렸다.
米在水里泡了大概30分钟。

2964 **불어오다**
吹来
바람이 불어오는 곳, 그곳으로 가네.
风吹来的地方，向着那地方去。
노래-김광석-바람이 불어오는 곳

2965 **붐비다**
拥挤
명동은 언제 가더라도 사람들로 붐빈다.
明洞不管什么时候去都是人潮拥挤。

2966 **붓다①**
肿，发肿
어제 라면과 치킨을 먹고 바로 잤더니 아침에 얼굴이 퉁퉁 부었다.
昨天吃完泡面和炸鸡马上就睡了，早上脸肿得圆圆的。

2967 **붓다②**
倒，撒
인스턴트 가루에 물을 부으면서 잘 저어 주세요.
请将水倒入速溶粉搅拌均匀。

2968 **붙들다**
抓住，拉住
심판은 상대를 때리려는 그 선수의 팔을 붙들었다.
裁判拉住了那个想要打对手的选手。

2969 **붙잡다**
抓住，攥住
다시 너의 최고가 되기 위해 내 자신을 붙잡아.
为了再次成为你最好的男人，我紧紧地抓住我自己。
노래-방탄-Outor: Her

2970 **붙잡히다**
被抓住
드디어 연쇄 살인사건의 범인이 붙잡혔다.
终于抓到了连环杀人案的犯人了。

2971 **비기다①**
打平
이번 아이스하키 시합은 미국과 캐나다가 1:1(일대일)로 비겼다.
这次的曲棍球比赛美国与加拿大以1比1打平。

2972 **비롯되다**
기출
始于，源于
현대의 정당 정치는 탕평책에서 비롯되었다.
现在的政党政治始于荡平策。

2973 **비롯하다**
기출
开始，发源

국토 조사를 비롯하여 재해 감시, 인명 구조 활동 등 드론 기술의 활용이 가능하다.
无人技术可以用在包括国土调查在内的灾害监视，人命救助等活动上。

2974 **비비다**
揉，搓，蹭

새벽에 토끼가 눈(을) 비비고 일어나 세수하러 왔다가 물만 먹고 가지요.
凌晨时分，兔子揉着眼睛起床，打算来洗脸，只喝了水就走了。
노래-옹달샘

2975 **비우다** ①
清空

성인 보호자들은 불이 나기 전, 장을 보는 등의 이유로 자리를 비운 것으로 알려졌다.
据悉，成年监护人在火灾发生前，因买菜等原因离开了现场。
신문 10

2976 **비웃다**
嘲笑

그가 내 말을 비웃자 나는 화를 참을 수 없었다.
他嘲笑我说的话，我没有办法忍住怒气。

2977 **비추다**
照

내 마음을 밝게 비추는 나의 연인.
照亮我心的恋人。

2978 **비치다** ①
照亮，照，映

이 자리는 햇빛이 너무 강하게 비치니 다른 자리로 옮겨요.
因为这里阳光照得太强，所以换到了别的地方。

2979 **비키다**
让出，躲开，避开

둘이 얘기 좀 하게 자리 좀 비켜 주시겠어요?
可以让个位子让我们两个说会儿话吗?

2980 **비틀거리다**
摇摇晃晃，踉跄

저녁 지하철역에는 술에 취해 비틀거리며 걷는 취객들이 적지않다.
晚上在地铁站里有不少喝醉酒走路踉踉跄跄的醉汉。

2981 **비하다**
比，比较，与…相比

내 요리 솜씨는 미카엘의 요리에 비할 게 아니죠.
我的烹饪手艺可比不上迈克尔(Michael)。

2982 **빌다** ①
祈求，祈祷

보름달을 보고 소원을 빌면 정말 소원이 이루어질까?
望着满月许愿的话，愿望真的会实现吗?

2983 **빗다** ②
梳

오늘 아침에 머리를 안 빗고 나왔더니 머리가 다 엉켰다.
早上没梳头就出门，头发都打结了。

2984 **빚다**
捏，捏造

널 위해 예쁜 거짓을 빚어 내.
为了你而捏造美丽的谎言。
노래-방탄-Fake Love

2985 **빛나다**
闪光，发光

반짝반짝 빛나는 저 별.
闪闪发光的那颗星星。

2986 **빠뜨리다**
使落入，使陷入

친구들이 장난으로 나를 바다에 빠뜨렸다.
朋友们开玩笑地把我扔进了海里。(让我掉进了海里)

2987 **빠져나가다**
逃脱，逃走

너에게서 빠져나갈 수 없어.
我摆脱不了你。

2988 **빠져나오다**
逃出来，脱离

회식자리에서 몰래 빠져나왔다.
我偷偷地从聚餐中溜了出来。

2989 **빠지다** ①
기출
掉，脱落

수화기 저편의 아버지 목소리에서 힘이 빠졌다.
电话那头父亲的声音没有力气。

2990 **빠트리다**
掉进

휴대폰을 변기에 빠트렸다.
手机掉进了马桶。

2991 **빨개지다**
变红

남자친구이야기에 그녀는 얼굴이 금세 빨개졌다.
说道男朋友她的脸马上就变红了。

2992 **빨다** ①
吸，吃

음료를 빨대로 빨아 먹으면 입가에 주름이 생기기 쉽다.
用吸管吸饮料喝，嘴边很容易长皱纹。

2993 **빼놓다**
拿掉，排除，落掉

전기료를 아끼려고 전구를 몇 개 빼놓았다.
为了省电费，我拿掉了几个灯泡。

2994 **빼앗기다**
被夺走

치매에 걸린 노인은 전재산을 아들에게 빼앗겼다.
得了痴呆的老人被儿子抢走了所有财产。

2995 **빼앗다**
抢走，夺走，占有

미안. (네) 시간(을) 빼앗아서.
对不起，占了你的时间。
드라마-상속자들

2996 **뺏다**
抢，夺，占

동급생들을 때리고 돈을 뺏는 중학생들이 늘고 있다.
殴打同级生抢钱的中学生越来越多。

2997	**뻗다** 伸展，蔓延，长	사방으로 뻗어 나간 가지를 잘라내야겠다. 要剪掉向四方生长的树枝了。
2998	**뽑히다** 拔	머리에 붙은 껌을 떼어냈더니 머리카락이 엄청 뽑혔다. 把黏在头发上的口香糖摘下来发现头发被拔掉了很多。
2999	**뿌리다** 洒落，撒，洒	모기가 너무 많아 모기약을 뿌렸다. 因为蚊子太多，所以喷了驱蚊药。
3000	**뿌리치다** 甩掉，甩开	나는 그가 잡은 손을 뿌리쳤다. 我甩开了他抓着的手。
3001	**삐다** ② 扭，崴	줄넘기를 하다가 발목을 삐었다. 跳绳的时候把脚崴了。

3002 **사들이다**
买进，买入，买

미라는 외국에서 사들인 물건을 우리나라에서 비싸게 팔고 있었다.
米拉把国外买的东西在我们国家卖得很贵。

3003 **사라지다**
기출
消失

사라진 자료를 찾아내는 것도 그의 일이다.
找回消失的资料也是他的工作。

3004 **사로잡다**
기출
俘获，抓住

시청자 사로잡는 드라마 음악, 시청률 상승 효과 '톡톡'
俘获观众的电视剧音乐，收视率上升效果"窜窜"

3005 **사인** ⑭
签名

여기에 사인을 해 주시면 됩니다.
在这里签名就可以了。

3006 **살리다**
救活，饶恕

목숨만은 살려 달라고 빌었지만 그는 여자를 잔인하게 살해했다.
虽然女子求男子绕自己一条命，但男子还是残忍地杀害了女子。

3007 **살아가다**
生活，过日子，
谋生

하루하루 살아가는 일이 쉽지만은 않다.
一天一天地生活并不容易。

3008 **살아나다**
活过来

나는 화재 현장에서 겨우 살아났다.
我好不容易从火灾现场活下来。

3009 **살아남다**
存活下来

할아버지는 전쟁에서 살아남았지만 후유증으로 평생을 고생하셨다.
虽然爷爷在战争中存活下来，但是因为后遗症辛苦了一辈子。

3010 **살아오다**
生活，活过来

한국 전쟁때 부산으로 피난을 온 할머니는 채소 장사를 하며 오남매와 간신히 살아오셨다.
韩战时期来到釜山避难的奶奶靠卖菜与五兄妹艰难地活了下来。

3011 **살찌다**
发胖

계속 과식을 했더니 살쪘다.
我一直暴饮暴食，结果长胖了。

3012 **살펴보다**
기출
观察，查看

피카소는 황소의 모습을 주의 깊게 살펴보고 황소의 모습을 아주 사실적으로 묘사했다.
毕加索仔细观察黄牛的样子，并真实地描绘了黄牛的样子。

3013 **살피다** ①
기출
看，察看，观察

그의 상처를 미처 살피지 못했다.
我没来得及察看他的伤口。

3014 **삶다**
煮

국수를 잘 삶았네.
面条煮好了。

3015 **삼다** ②
当作，视为
저 아이를 내 며느리로 삼고 싶네.
我想让那个孩子做我的儿媳妇。

3016 **삼키다**
吞，咽
입속에 아직 삼키지 못한 감자 한 덩어리가 으깨져 있더라고요.
嘴里一块还没有咽下的土豆碎了。
소설-김언수-설계자들

3017 **상하다** ②
坏，腐烂，变质
상한 음식은 아깝다고 생각하지 말고 바로 버려요.
坏掉的食物不要觉得可惜，赶快扔了。

3018 **새기다** ①
雕刻，刻
도장에 내 이름을 새겼다.
印章上刻着我的名字。

3019 **새다** ①
기출
漏
내 입에서는 "아!" 짤막한 탄식이 새어 나왔다.
我嘴里发出一声"啊!"短短的叹息。

3020 **새다** ②
熬，通宵，亮
오랜만에 만난 친구와 날이 새는 줄 모르고 이야기를 나눴다.
我和好久没见的朋友聊着聊着天就亮了。

3021 **새우다** ①
熬夜
얼마나 기다려야 또 몇 밤을 새워야 널 보게 될까.
还要等多久，还要熬过多少夜晚，才能见到你。
노래-방탄-봄날

3022 **생겨나다**
产生，出现，长
새로 지은 건물에 또 문제가 생겼다고 들었다.
我听说新盖的建筑有出现问题了。

3023 **섞이다**
기출
混，融，夹杂，
掺杂
몇 가지 물감이 섞여 아름다운 색이 되었다.
混合了几种颜料变成了美丽的颜色。

3024 **설레다**
激动，起伏，
澎湃
다니엘을 볼 생각에 가슴이 너무 설렌다.
想到要见丹尼尔心里就激动不已。

3025 **성립하다**
成立
경제학의 가치론에서는 재화의 교환 가치, 성립(하는) 조건 따위를 다룬다.
经济学的价值涉及到财物的交换价值，成立条件等。
사전-고려대

가 나 다 라 마 바 동사 사 아 자 차 카 타 파 하

3026 **세다** ②
数
오늘 얼마나 벌었는지 돈을 세어 보세요.
算一算今天赚了多少钱。

3027 **소리치다**
喊，叫
복도에서 크게 소리치지 마세요.
请不要在走廊上大喊大叫。

3028 **소문나다**
出名，闻名
그는 이 지역에서 소문난 사업가이다.
他是这个地区有名的企业家。

3029 **속다** ①
受骗，上当
네 거짓말에 한 번 속지, 두 번은 안 속아.
我只会被你的谎言骗一次，不会被骗第二次。

3030 **속이다**
骗，欺骗
난 거짓말쟁이 매번 나를 속이며…
我是谎话精，每次都欺骗我自己…
노래-비와이-데이데이

3031 기출 **속하다** ②
属于，归属，隶属
집단에 속한 개인은 도덕적 혹은 비도덕적으로 변할 수 있다.
隶属集团的个人会变得道德或不道德。

3032 **손잡다**
牵手，携手
옆사람과 손잡으세요.
请和旁边的人手牵手。

3033 **솟다** ①
上升，涌，冒
갑자기 물가가 솟아 장보기가 두렵다.
物价突然上升，很害怕去买菜。

3034 **숙이다**
低，弯
그 범인은 기자의 질문에 고개를 숙일 뿐이었다.
那个犯人面对记者的提问只是低下了头。

3035 기출 **숨기다**
藏，躲
한 농부가 게으른 아들에게 밭에 보물을 숨겼다는 말을 남기고 죽었다.
一位农夫给懒惰的儿子留下一句地里藏着宝物的话就死了。

3036 **숨다** ①
躲藏，隐藏
영원히 그럴 수는 없는 것 숨어야만 하는 걸 추한 나니까.
不可能永远这样，必须要隐藏，因为那是丑陋的我啊。
노래-방탄-전하지 못한 진심

3037 **숨지다**
死亡
4(네)살 막내는 병원에 이송 도중 숨졌다.
4岁的老幺在送去医院的途中死亡。
신문 8

3038 **쉬다** ②
哑，沙哑

콘서트에서 소리를 하도 질렀더니 목이 다 쉬었다.
我在演唱会上一直大声喊，所以嗓子都哑了。

3039 **스치다** ①
擦，掠

옷깃만 스쳐도 인연이라는 말이 있다.
有句话说只要擦肩而过就是缘分。

3040 **시달리다**
기출
受折磨，被纠缠

불면증에 시달리는 사람들이 수면 보조 제품을 찾는 경우가 많다.
受失眠症困扰的人多数会寻找睡眠辅助产品。

3041 **시들다**
枯萎，蔫

시든 꽃은 버리세요.
请扔了枯萎的花。

3042 **시집가다**
出嫁，嫁人

언니가 미국으로 시집간 지 벌써 몇 해가 지났다.
姐姐嫁去美国已经过去好几年了。

3043 **식히다**
冷却，凉

뜨거우니 차를 식혀서 드세요.
因为很烫，所以请等茶凉了再喝。

3044 **신나다**
兴奋，激动

나들이에 신난 아이들은 내내 소리를 지르며 뛰어다녔다.
因为外出而兴奋的孩子们一直喊叫着跑来跑去。

3045 **실리다** ①
被搬运上，
被抬上

짐이 너무 많아서 배에 다 안 실릴 것 같은데요.
行李太多了，船好像装不下。

3046 **싸다** ②
尿，拉

"언발에 오줌을 싸다(=누다)."는 일시적으로는 효과가 있을지 모르나 그 효과가 오래 가지 못한다는 말이다.
"在冻了的脚上撒尿(只顾眼前)"是说可能有短暂的效果，但是这效果并不长久。
속담

3047 **싸이다** ①
被包住

보자기에 싸인 건 한복인가요?
包袱包着的是韩服吗?

3048 **쌓이다**
기출
积累，堆积

외로움을 받아들이지 못하면 분노와 적개심이 쌓인다.
如果无法接受孤独就会积累愤怒和敌忾之心。

3049 **썩다**
腐烂，坏

아깝다고 썩은 음식을 먹을 수는 없잖아.
不能因为可惜就吃坏掉的食物。

3050 **쏘다** ①
기출
射，打，放

활쏘기에서는 활을 쏘는 순간이 제일 중요하다.
在射箭中，射箭的瞬间最重要。

3051 **쏟다**
倒，流，淌，注

스스로 포기하지 않고 독서에 힘을 쏟았으니 그 뜻을 세운 자라 할 수 있다.
自己不放弃，一心一意地读书，可以说是立志之人。
수필-정민-미쳐야 미친다

3052 **쏟아지다**
기출
漏出，淌出，洒

밖에는 함박눈이 쏟아지고 있다.
外面下着鹅毛大雪。

3053 **쐬다** ①
吹，透，兜(风)

잠깐 바람 좀 쐬고 올게요.
我出去吹吹风再回来。

3054 **쑤시다** ①
酸痛，刺痛

어제 운동을 너무 심하게 했더니 몸이 여기저기가 쑤신다.
昨天运动做得太厉害了，浑身酸痛。

3055 **쓰다듬다**
抚摸，轻抚

할머니는 우리의 얼굴을 쓰다듬으면서 손자 이름을 중얼거렸다.
奶奶轻抚着我们的脸，喃喃自语着孙子的名字。
소설-윤성희-유턴

3056 **쓰러지다**
倒下

또 다시 쓰러진대도(쓰러진다고 해도) 난 괜찮아.
即使再次倒下，我也没关系。
노래-방탄-I'm Fine

3057 **쓰이다** ①
被写(在某处)

저기 칠판에 쓰인 글자가 뭐예요? 잘 안 보이는데…
黑板上写的是什么字?我看不太清楚…

3058 **쓰이다** ③
被使用

이 프라이팬은 주부들에게 많이 쓰이고 있다.
有很多家庭主妇在用这一款平底锅。

3059 **쓸다** ②
扫

자기 집 앞의 눈은 자기가 직접 쓸지 않으면 벌금을 내야 한다.
如果自家门前的雪自己不扫的话要交罚款。

3060 **씌우다** ①
戴

남자 아이에게 모자를 씌우니 여자 아이 같다.
男孩子戴了帽子像女孩子了。

3061 **씻기다** ①
洗

취업에 내내 실패해 상심해 있었다. 그러나 그가 나를 위해 준비한 저녁 만찬을 보고 마음의 상처가 씻겨 내려가는 듯했다.
就业一直失败，心理很不是滋味。但是看到他为我准备的晚餐，仿佛心里的伤痕一扫而光。

3062 **씻기다** ②
给(某人或动物)洗

아이를 씻긴 뒤에 재웠다.
我给孩子洗完澡后哄睡了。

3063 **아끼다** 기출
节省，珍惜

어떤 이들은 고가의 가구를 구입하는 데도 지출을 아끼지 않는다.
有些人不惜花高价购买家具。

3064 **안기다**①
抱

아기가 나를 보자마자 내 품에 안겼다.
孩子一看到我就抱住了我。

3065 **안기다**②
献

연주회가 끝나자 한 관객은 그 첼리스트에게 꽃다발을 안겼다.
演奏会一结束一名观众就给那位大提琴手献花了。

3066 **안타까워하다**
惋惜，难过

화재로 자녀를 잃은 고려인 3(삼)세 부부를, 한국인들은 안타까워했다.
韩国人对因火灾失去子女的高丽人3世夫妇感到惋惜。

3067 **앉히다**
使坐下

아이들은 자리에 계속 앉혀 놓기가 정말 힘들다.
让孩子一直坐在位置上真是太累了。

3068 **않다**
不，没有

눈이 온다는 소리에 미라는 세수도 하지 않고 밖으로 뛰어나갔다.
听到下雪了米拉连脸都不洗就跑去外面了。

3069 **알려지다**
传开，得知

그 여배우에게 숨겨 놓은 아이가 있다는 사실이 알려졌다.
那个女演员有一个藏着的孩子这个事实被传开了。

3070 **알아내다** 기출
打听到

라면 국물 맛의 비결을 알아내기가 쉽지 않았다.
想要找出泡面汤味道的秘诀并不简单。

3071 **알아듣다**
听懂，听明白

이 사람은 너무 눈치가 없어서 말귀를 잘 못 알아듣는다.
这个人因为太没有眼力见儿所以听不懂别人的语义。

3072 **알아맞히다**
答对，猜中

정답을 알아맞혀 보세요.
请回答出正确答案。

3073 **알아주다**
了解，理解

누가 알아주지 않아도 열심히 제 일을 잘 해나가는 직원이 자랑스럽다.
就算没有人理解，也努力做好自己事情的职员让人感到骄傲。

3074 **앓다**
患病，生病

일주일 내내 감기를 앓았다.
我感冒了一个星期。(一个礼拜我都得了感冒)

3075 **앞두다** 기출
前，前夕，在即

이 학교는 과학 분야에서 세계 10(십)위권 진입을 앞두고 있다.
这所学校在科学领域即将进入世界前十。

3076 **앞서다**
领先，在前

우리는 앞서거니 뒤서거니하며 걸어갔다.
我们一前一后地走着。

3077 **앞세우다**
让(人或动物等)走在前面

우리 사장님은 항상 말만 앞세우고 실천을 하지 않는다.
我们老板总是把话说在前面却不去实践。

3078 기출 **앞장서다**
领头，带头

기업은 사회에 도움이 되는 일에 앞장서야 한다.
企业要带头做有益于社会的事。

3079 기출 **애쓰다**
努力，致力

산지에서 음식 재료를 생산하기 위해 애쓰는 사람들도 있다.
在山区有人在为了生产食物材料而努力。

3080 기출 **어긋나다**
违背，背离，错位

이는 인간의 본성에 어긋나는 행위이다.
这是违背人类本性的行为。

3081 **어기다**①
违反，违背

그는 자주 약속을 어긴다. 다시는 그와 약속을 잡고 싶지 않다.
他经常不遵守约定。我再也不想跟他做约定了。

3082 **어려워하다**
敬畏，惧怕

나는 교수님을 무척 어려워한다.
我很害怕教授。

3083 **어찌하다**
怎么办

어찌할 수 없는 일과 겨룰 필요는 없다.
不必与无可奈何的事较劲。

3084 **얹다**
放，搁

고등학생인 여자애가 나와 W의 어깨에 팔을 얹고는 아주 나지막하게 속삭였다.
一个高中生女孩把胳膊搭在我和W的肩上，低声细语。
소설-윤성희-유턴

3085 **얻어먹다**
蹭吃

지갑을 사무실에 두고 나와서 동료에게 점심을 얻어먹었다.
因为出来的时候把钱包放在办公室，所以向同事蹭了午饭。

3086 **얼리다**③
冻结，冻上

홍시를 얼려 먹으면 훨씬 맛있다.
冰冻的柿子吃起来更好吃。

3087 **업다**
背

나는 내 막내 동생을 업어 키웠다.
我背着老幺弟弟长大的。

3088 **없애다**
去掉，消除，取消

외교 문서 등 중요한 기록물들은 없애서는 안 된다.
外交文件等重要记录不能被消除。

3089 **없어지다**
变没有

큰 사고를 겪은 사람들은 트라우마로 말이 없어진다고 한다.
据说经历过重大事故的人会因为阴影而变得不能说话。

3090 **엎드리다**
趴着，趴下

민수는 쉬는 시간만 되면 책상에 엎드려 잔다.
明洙只要一到休息时间就趴在书桌上睡觉。

3091 기출 **여기다**
认为，以为，看

'빨리빨리' 문화는 참을성이 없고 급한 성격의 부정적인 의미로 여겨져 왔다.
'快点快点'文化一向被认为是不耐烦和急性子的贬义意思。

3092 **여쭈다**
问，请教

이 문제는 선생님께 여쭤 보세요.
这个问题请向老师请教。

3093 기출 **엮다**
编，编制，编织

소설가 김 씨가 전국을 여행하면서 쓴 글을 엮어 산문집을 펴냈다.
小说家金某编辑了在全国旅游时写的文章，发行了散文集。

3094 **열리다** ①
开，结

"원래 인생이란 게 끝이다 싶을 때 시작되는 것 아닙니까. 그렇게 끝이 계속 열리는 거잖습니까?"
"本来人生就是感觉要结束才是正要开始不是吗?不是一直那样结束的吗?"
소설-김금희-경애의 마음

3095 **엿보다**
偷看，窥视

여자 화장실을 몰래 엿보는 변태들을 잡아야 한다.
我们要抓住偷窥女厕所的变态。

3096 **오가다**
来往

실제로 전공수업을 듣기 위해 매주 서울과 대전을 오가는 재직자도 있다.
确实有在职者为了听专业课而每周往返首尔与大田。
신문 9

3097 **오르내리다**
上上下下

계단을 오르내리는 것은 운동이 많이 된다.
上下楼梯是多做运动。

3098 **올라서다**
爬上，登上

나는 단상에 올라서서 연설을 시작했다.
我登上讲台开始了演讲。

3099 **올라타다**
乘，搭上

비행기에 올라탄 후 휴대폰의 전원을 껐다.
我上了飞机后关了手机电源。

3100 **올려놓다**
放上，放在上边

가스 위에 냄비를 올려놓고 불을 끄는 것을 깜빡했다.
我把锅放在了煤气上，忘记关火了。

3101 **올려다보다**
向上看，仰望

이백 년이 된 큰 나무를 올려다보았다.
我抬头看了看这棵200年的大树。

3102 **옮기다**
搬，移动，运

어린 아이 4(네)명이 한 방에서 발견돼 병원으로 옮겨졌지만 A군은 이송 도중 숨졌다.
4名小孩子在一个房间被发现，虽然移送医院，但A在移送途中死亡。
신문 10

3103 **외치다** ①
呼喊，叫喊

혼자서라도 외쳐 보겠어.
即使一个人也要大声呼喊。
노래-방탄-I'm Fine

3104 **우기다** ①
犟，固执

그는 미국의 수도가 워싱턴디씨가 아니라 뉴욕이라고 끝까지 우겼다.
他固执地认为美国的首都不是华盛顿而是纽约。

3105 **울리다** ①
响

전화기가 울렸다. 뭔가 불길한 예감이 들었다.
电话响了。有一种不祥的预感。

3106 **울리다** ②
弄哭

제가 아기를 울리지 않았어요. 아기가 그냥 날 보고 운 거예요.
我没有弄哭孩子，只是孩子看到我就哭了。

3107 **웃기다**
搞笑，逗笑

쇼코는 할아버지가 나와 관련된 웃긴 일화들을 이야기하는 중이라고 말했다.
쇼코说爷爷正在讲一些关于我的笑话。
소설-최은영-쇼코의 미소

3108 **위하다** ①
为，为了

가족을 위해서 자신을 희생할 필요는 없다.
没有必要为了家族而牺牲自己。

3109 **이끌다**
领导，带领

(DNA가) 좀 더 세게 날 이끄네.
(DNA)再强一点，牵引我吧。
노래-방탄-DNA

3110 **이러다**
这么说

친구가 자꾸 클럽에 가자고 이러는데 어떻게 할까?
朋友总是说一起去夜店，该怎么办?

3111 **이루다** ①
기출
实现

도덕적 사회를 이루려면 개인의 도덕이 중요하다.
想要实现道德社会，个人的道德很重要。

3112 **이루어지다**
实现

이뤄지지 않는 꿈속에서 피울 수 없는 꽃을 피웠어.
在未能实现的梦境中开出了无法绽放的花朵。
노래-방탄-Fake Love

3113 **이룩하다**
实现，取得，达成

우리팀은 마지막 5(오)분을 남겨두고 역전승을 이룩했다.
我们组在最后五分钟(实现了)反败为胜。

3114 **이르다** ①
抵达，到达

목적지에 이르러서야 우리가 어디에 가는지를 알게 되었다.
只有到达目的地才知道我们要去哪里。

3115 **이르다** ②
告诉，告知

팀장은 직원들이 해야 할 일을 자세히 일러 주었다.
组长详细地告诉了职员们应该做的事。

3116 **이어지다**
继续，接着

그 소녀 가장의 안타까운 소식이 전해지자 전국에서 따뜻한 손길이 이어지고 있다.
一传出那个少女家庭不幸的消息，全国接连伸出了援手。

3117 **익히다** ①
煮熟，烤熟

돼지고기는 완전히 익혀 먹지 않으면 위험하다.
吃了没有完全熟透的猪肉很危险。

3118 **익히다** ②
熟悉，掌握

부회장님 덕분에 영어랑 중국어도 겨우 익혔는데요.
托副会长的福，好不容易熟悉了英语和中文。
드라마-김비서가 왜 그럴까?

3119 **인하다** ①
因为，由于

학습자들은 방송을 통해 한국문화를 배우기 시작했으며 그로 인해 스스로 한국문화를 '어느 정도'는 안다고 생각했다.
学习者通过电视开始学习韩国文化，因此他们认为自己知道'一定程度'的韩国文化。
논문

3120 **일으키다**
起来，撑起

일분에 윗몸 일으키기를 몇 개나 할 수 있어요?
一分钟能做几个俯卧撑?

3121 **읽히다** ①
被读

해리포터는 전세계 독자들에게 많이 읽혔다.
全世界很多读者在读哈利波特。

3122 **읽히다** ②
让读书

아이에게 하루에 삼십분씩 책을 읽힌다.
让孩子一天读三十分钟的书。

가 나 다 라 마 바 사 동사 아 자 차 카 타 파 하

3123 **입히다**
让…穿

아이에게 옷을 입히는 일이 힘드네.
给孩子穿衣服真累。

3124 **잇다** ①
기출
接，连接

한류 배우 인기 폭발, 해외 광고 요청 줄 이어
韩流演员人气爆棚，海外广告邀请不断

3125 **잇따르다**
기출
接连，跟着

한류 배우가 큰 인기를 얻으면서 해외 광고 출연 요청이 잇따르고 있다.
韩流演员获得巨大人气的同时，海外广告邀请接连不断。

3126 **잊히다**
被遗忘

그녀는 대중들의 기억에서 잊힐까 봐 두렵다고 했다.
她害怕被大众遗忘。

3127 **자라나다**
成长

몸이 자라나는 만큼 정신도 자랐으면 좋으련만…
身体在成长，精神也在成长就好了…

3128 **잘리다** ①
被砍

그가 힘차게 도끼질을 했더니 나무가 바로 잘렸다.
他非常用力地砍了一斧头，树就被砍倒了。

3129 **잘살다**
富裕，宽裕，过得好

결혼해서 잘살면 그만이지.
结了婚好好过日子就行了。

3130 **잠그다** ①
锁上，关

남은 것도 없이 텅 빈 나를 잠근다.
将空空如也的我锁住。

노래-장기하-싸구려 커피

3131 **잠기다** ①
被锁住

노인은 문고리를 돌려보더니, 안에서 문이 잠겼다고 몸짓으로 말했다.
老人看看了门闩，在里面用肢体语言说门被锁了。

소설-최은영-쇼코의 미소

3132 **잠기다** ②
被泡，被淹没

홍수로 인해 가정집이 물에 잠겼다.
因为洪水，许多房子被水淹没。

3133 **잠들다**
睡着，入睡

잠든 아기의 모습을 보았다. 천사가 따로 없네.
看着孩子睡着的样子，他就是天使了。

3134 **잡아당기다**
拉，拽，扯

문을 너무 세게 잡아당기지 마세요.
请不要太用力拉门。

3135 **잡아먹다**
抓…吃，捕食

아저씨들은 키우던 소를 잡아먹었다.
我抓了大叔们养的牛吃。

3136 **잡히다** ②
被抓住

CCTV를 본 경찰이 뒤쫓아 결국 도둑이 잡혔다.
看了监控的警察追出去，小偷终于被抓住了。

3137 **재다** ②
기출
测量，衡量

인공지능을 갖춘 만보기는 운동량을 재서 보험사에 보냅니다.
用带有人工智能的万步机测了运动量发给了保险公司。

3138 **재우다** ③
기출
哄睡

아이를 재우고 나서야 집안일이 눈에 들어왔다.
哄睡了孩子后才看到家务事。

3139	**저러다** 那样	쟤 요즘 왜 저러냐? 他最近为什么那样?
3140 기출	**저지르다** 犯，造成	요즘 부모들은 아이들이 실수를 저질러도 아무 말도 하지 않는다. 近来的父母就算孩子做错事也不会说什么。
3141	**적어지다** 变少	한국을 찾는 중국인들이 적어지고 있다고 한다. 据说去韩国的中国人正在减少。
3142	**적히다** 被写下	(엽서에는) 시간과 장소가 적혀 있었다. (明信片上)写着时间和地点。 소설-이만교-번지점프
3143	**접어들다** 进入	이제 본격적인 겨울에 접어들었다. 现在正式进入冬天了。
3144	**접하다** ① 听到，获悉	그가 미국 유학을 떠났다는 소식을 엊그제 접했다. 我前天听到他去美国留学的消息。
3145	**젓다** ① 浸湿，淋湿	인스턴트 커피는 저어서 드세요. 请把速溶咖啡搅拌着喝。
3146	**조르다** ② 纠缠，央求，缠	아이가 조른다고 아이의 말을 다 들어줘서는 안 된다. 不能因为孩子央求就都听孩子的话。
3147	**좁히다** ① 缩小	그는 미간을 좁히며 물었다. "네가 뭔데 내 일에 상관이야?" 他皱着眉头说："你算什么，凭什么管我的事?"
3148	**주고받다** 往来，交谈	두 사람이 이야기를 주고받는 모습은 참 다정해 보인다. 两个人交谈的样子看起来真好。
3149	**주어지다** 给，有	내게 오디션을 볼 기회가 주어진다면 절대 포기하지 않을 것이다. 如果给我机会参加海选，我绝对不会放弃。
3150	**주저앉다** 瘫坐	Q는 주방 바닥에 주저앉아 어린 아이처럼 울었다. Q瘫坐在厨房的地板上像孩子一样哭了。 소설-윤성희-유턴
3151	**죽이다** ① 杀	그것은 사람을 두 번 죽이는 일이라고 생각합니다. 我认为那是杀人两次的事。

3152 **줄어들다** 기출
减少，变少

이 제도로 영화 관람의 불편이 줄어들었다.
该制度减少了电影观赏的不便之处。

3153 **중얼거리다**
嘟囔

언젠가 텔레비전에서 봤어. W가 중얼거렸다.
什么时候在电视上看到的，W嘟囔着。
소설-윤성희-유턴

3154 **쥐다** ①
握，抓，攥

주먹 쥐고, 손을 펴서, 손뼉 치고, 노래하고…
握住拳头，伸出手，拍着手，唱着歌。
노래-주먹 쥐고

3155 **지니다**
带，持有

돈을 한꺼번에 많이 지니고 나가면 소매치기들의 목표물이 되기 십상이다.
一次带太多钱出门常常会成为扒手的目标。

3156 **지다** ②
落下，落山

해가 질 무렵 호수에 나왔다.
太阳落山时分映在湖水里。

3157 **지다** ⑤
扛，背

짐 가방을 두 개나 지고 산에 올랐다.
背着两个行李包上了山。

3158 **지치다** ①
疲惫，疲劳

이 부담감 또한 우리를 쉽게 지치게 만듭니다.
这负担感也会轻易地让我们感受到疲惫。
수필-한동일-라틴어 수업

3159 **지켜보다**
观察

난 꿈이 있어요. 그 꿈을 믿어요. 나를 지켜봐요.
我有梦想。我相信那个梦想。请看着我。
노래-인순이-거위의 꿈

3160 **집다** ①
夹，捏

땅에 떨어진 음식을 집어 먹지 마세요.
掉在地上的食物请不要捡起来吃。

3161 **집어넣다**
送进，放进

W는 질긴 면을 입으로 꾸역꾸역 집어넣었다.
W把筋道的面条咕噜咕噜地塞进嘴里。
소설-윤성희-유턴

3162 **짖다**
叫，吠

개 짖는 소리에 잠이 깼다.
我被狗吠声吵醒。

3163 **짚다** ①
拄，扶，撑

지팡이를 짚는 노인들이 공원에 모여 있다.
拄着拐杖的老人聚集在公园里。

3164 **짜다** ①
做，打，编织

나는 목도리를 짜서 남편에게 선물했다.
我织了围巾送给老公。

3165 **짜다** ②
挤，榨

치약은 제발 뒤에서부터 짜 주세요.
拜托请从后面开始挤牙膏。

3166 **쫓겨나다**
被赶出来

대학에 진학하지 않겠다고 한 뒤, 나는 집에서 쫓겨났다.
在我说不上大学后就被家里赶出来了。

3167 **쫓기다**
被追

그는 마약 혐의로 경찰에게 쫓기고 있다.
他因为吸食大麻的嫌疑被警察追捕。

3168 **쫓다**
追赶，驱赶

쫓고 쫓기는 심장이 쫄깃해지는 이 영화를 추천한다.
推荐这部追击的，让你心惊肉跳的电影。

3169 **쫓아가다**
追赶，跟随

상품의 환불조치가 제대로 이루어지지 않자, 그 고객은 회사로 쫓아가 담당자에게 따졌다.
因为没有落实商品退货措施，那位顾客追到公司向负责人讨说法。

3170 **쫓아내다**
驱逐，赶走，撵走

탈세 혐의를 받고 있는 연예인은 연예계에서 쫓아내야 한다.
有逃税嫌疑的艺人应该被赶出演艺界。

3171 **쫓아다니다**
跟随，紧跟，追随

그는 "나를 쫓아다니던 여자가 한 트럭은 됐어."라며 허풍을 떤다.
他吹牛说："追我的女生都有一卡车了"。

3172 **쫓아오다**
跟来，追来

이상한 남자가 나를 계속 쫓아오고 있다.
一个奇怪的男人一直跟着我。

3173 **찌르다**
扎，刺，捅

저 여자는 바늘로 찔러도 피 한 방울 안 나올 사람이다. 정말 냉정한 인간이다.
那个女人就算用针扎也不会流一滴血。真是个冷血的人。

3174 **찌푸리다**
皱

나는 "얼굴 찌푸리지 마세요."라는 노래를 좋아한다.
我喜欢那首叫"不要愁眉苦脸"的歌。

3175	**찍다** ① 砍，劈	열 번 찍어 안 넘어가는 나무 없다는 한국 속담이 있다. 韩国有一句俗语叫没有砍了十次还不会倒的树(黄天不负有心人)。 속담
3176	**찍히다** ② 被砍，被盯上	조심해. 이번에도 김 사장한테 찍히면 끝장이야. 小心点。这次也被金社长盯上的话就完蛋了。
3177	**찡그리다** 皱，蹙	햇빛이 너무 강해 얼굴을 찡그렸다. 阳光太强所以皱着脸。
3178	**찢다** 撕	여자가 종이를 찢어 래생에게 건넸다. 女人把纸张撕了递给了来生。 소설-김언수-설계자들
3179	**찢어지다** 撕破，扯破	종이를 코팅하면 종이가 쉽게 찢어지지 않는다. 给纸张压膜的话纸就不容易被撕破。

3180 **차리다**
기출
准备，摆(饭桌)

저와 뜻을 같이하는 사람들이 모여서 장애인을 고용하는 회사를 차리게 됐습니다.
我与志同道合的人合伙开了一家雇用残疾人的公司。

3181 **찾아내다**
找到，找出

잃어버린 옛 사진을 드디어 창고에서 찾아냈다.
终于在仓库找到丢失的老照片了。

3182 **찾아다니다**
寻找，走访

한국의 숨겨진 명소를 찾아다녔다.
我走访了韩国隐藏的景点。

3183 **찾아뵙다**
拜访，拜谒

옛 은사를 찾아뵙고 인사를 드렸다.
我拜访了以前的恩师。

3184 **채우다** ①
锁

금고를 자물쇠로 채우는 방식보다 지문 인식 시스템이 더 편리하고 안전하다.
比起用锁锁上金库，指纹识别系统更方便安全。

3185 **채우다** ③
填满

앞자리를 먼저 채우세요.
请先填满前面的位子。

3186 **책임지다**
负责

자신의 선택은 자신이 책임져야 한다.
自己要为自己的选择负责。

3187 **챙기다**
收拾，收好

책가방을 얼른 챙겨 나가라.
赶紧收拾好书包出去。

3188 **처하다**
处于，面临

위험에 처한 사람을 어떻게 모르는 척 할 수 있겠는가?
怎么可以置处于危险的人不顾?

3189 **청하다**
请求

외국인이 도움을 청하면 거절하지 마세요. 정말 도움이 절실할 수 있거든요.
如果外国人请求帮助，请不要拒绝，他们可能真的非常迫切。

3190 **체하다** ②
食积

김 사장과 함께 한 회식 자리가 너무 불편한 나머지 김 대리는 체해 버렸다.
因为和金社长一起的聚餐实在太不自在，所以金代理食积了。

3191 **취하다** ③
醉

그는 술에 잔뜩 취한 채로 내게 전화를 걸었다.
他在烂醉的状态下给我打电话。

3192 **치다** ①
打，拍，敲

눈보라가 심하게 치니 야외활동을 자제합시다.
因为刮起了暴风雪，所以请减少户外活动。

3193	**치다** ③ 划	핵심어에 밑줄을 치세요. 请划出核心词。
3194	**치다** ④ 撒，放	후추를 너무 많이 쳐서 먹으면 몸에 좋지 않다. 放太多胡椒吃的话对身体不好。
3195	**치르다** 付，给	먼저 값을 치르시죠. 请先付钱。
3196	**치우다** ① 清理，打扫	여기 있는 물건들을 좀 치우고 정리하자. 先清了这里的东西再整理吧。
3197	**커지다** 变大	문제가 커지기 전에 얼른 해결해야 한다. 在问题变大之前要赶快解决。

3198 **타고나다**
天生

김연아 선수는 피겨스케이팅에 재능을 타고난 데다가 노력도 많이해 세계적인 선수로 거듭났다.
金妍儿选手天生就有花样滑冰的才能，再加上付出了很多努力，所以成为了世界级的选手。

3199 **타다 ④**
拿，领(工资)

매달 25(이십오)일에 월급을 탄다.
每月25日发工资。

3200 **타다 ⑦**
容易(脏)

흰 옷을 입으면 소매에 때가 탄다.
穿白色的衣服，袖子会变脏。

3201 **타오르다**
燃烧

나는 방탄소년단의 〈불타오르네〉라는 노래를 좋아한다.
我喜欢防弹少年团的《燃烧(Fire)》这首歌。

3202 **태우다 ①**
烧

종이를 불에 태울 때에는 화재가 나지 않게 조심해야 한다.
在烧纸张的时候要注意不要引起火灾。

3203 **태우다 ②**
载

오빠가 오토바이 태워 줄까?
要哥哥用摩托车载你吗?

드라마-상속자들

3204 **택하다**
选择，挑选

나중에 직업으로 무엇을 택하고 싶으냐는 질문은 아이들에게 자주할 필요가 없다고 생각한다.
我认为没有必要经常问孩子以后想要做什么工作这种问题。

3205 **터뜨리다**
炸，破，放

공원에서 폭죽을 터뜨리는 사람들 때문에 시끄러워서 잠을 못 자겠다.
因为在公园里放烟花的人太吵了所以没办法睡觉。

3206 **터지다**
爆炸，炸

풍선을 너무 크게 불었더니 풍선이 빵하고 터졌다.
气球吹得太大了，气球"嘣"一声炸了。

3207 **털다**
抖，掸，抖搂

그녀는 먼지를 털 듯 말했다. "쓰고 싶어하는 사람에게 글을 쓰게 하세요."
她像抖灰尘似的说，"让那些想写的人写作吧"。

시-김신용-그 불빛

3208 **토하다**
吐，呕吐

과식을 한 뒤 밤새먹은 음식을 다 토했다.
暴饮暴食后，一个晚上吐出了所有食物。

3209 **통하다**
通往，通，流通

이 교실은 바람이 잘 통해 에어컨이 없어도 시원하다.
这间教室通风很好，没有空调也很凉快。

3210 **파다** ①
挖，掘，刨

땅을 파는 일은 쉽지 않았다.
挖地不容易。
소설-윤성희-유턴

3211 **퍼지다**
扩散，传开

전염병이 점점 퍼지고 있다는 괴소문이 들리고 있다.
我一直听到传染病渐渐扩散的奇怪传闻。

3212 **펴내다**
出版，发行

그 학자는 지금까지 총 12(열두)권의 저서를 펴냈다.
那位学者到现在为止出版了12本著作。

3213 **펼쳐지다**
伸直，舒展

이 방향으로 산책로가 쭉 펼쳐질 계획이라고 합니다.
计划沿着这个方向一直延伸散步路。

3214 **펼치다**
기출
展开，翻开

시장은 시민을 위한 정책을 펼칠 것을 다짐하고 있다.
市长承诺将会展开面向市民的政策。

3215 **푸다** ①
盛，舀

식사 시간이 다 되었으니 얼른 주걱으로 밥을 퍼야겠다.
用餐时间快要结束了，要赶紧用勺子盛饭。

3216 **풀리다**
被解开，解除

이 아이는 가끔 나사가 풀린 사람처럼 멍하게 있다.
这孩子偶尔像螺丝松了的人一样发呆。

3217 **풀어지다**
松开，被解开

신발끈이 풀어졌으니 얼른 묶어.
鞋带松了，赶紧系起来。

3218 **품다** ①
抱，搂

비밀을 품고 살았던 은둔의 예술가들이 있다.
有一些隐居的艺术家抱着秘密过了一辈子。
신문 6

3219 **풍기다**
散发

피씨방에서 고등학생들이 냄새를 풍기며 컵라면을 먹으니 나도 먹고 싶어졌다.
因为高中生在网吧吃杯面散发的味道，我也想吃泡面了。

3220 **피하다**
기출
躲避，避免

너무 단 초콜릿은 오히려 건강을 해칠 수 있으니 많이 먹는 것은 피해야 한다.
太甜的巧克力反而对健康有害，所以请避免多吃。

3221	**합치다** 合并	이것을 하나로 합치면 너무 많을까요? 这合并成一份会太多吗?
3222	**합하다** 联合，合	우리 모두 힘을 합하면 못 할 일이 없겠지요? 如果我们齐心协力就没有做不到的事了吧?
3223	**해내다** 做到，做好	이 힘든 일을 또 해냅니다. (我)又做到了如此困难的事。
3224	**해치다** 危害，伤害	이 골프장은 자연 경관을 해치고 있다. 这个高尔夫球场危害到自然景观。
3225	**행하다** 做，实践	의식을 행하기 전 몸가짐을 단정히 해야 한다. 行礼前要端正举止。
3226 기출	**향하다** 向着，冲着，朝着	살기 좋은 세계 100(백)대 도시라는 목표를 향해 우리 모두 열심히 노력합시다. 我们一起朝着世界宜居百强城市这个目标努力吧。
3227	**헤매다** 徘徊，彷徨	나의 생은 미친 듯이 사랑을 찾아 헤매었으나 단 한번도 스스로를 사랑하지 않았노라. 我这一生疯了似的为了寻找爱情而徘徊，却从未爱过自己。 시-기형도-질투는 나의 힘
3228	**헤아리다** 揣测	상대의 마음을 헤아리는 일은 생각처럼 쉽지 않다. 揣测对方的心思没有想象中那么容易。
3229	**헤엄치다** 游泳	아이들은 여기 얕은 물에서 헤엄치고 있습니다. 孩子们在这浅水区里游泳。
3230	**혼나다** 训斥	계단에서 넘어져서 무릎을 다쳤다. 무릎이 아파서 혼났다. 我从台阶上摔下来膝盖受伤了。因为膝盖很痛被训斥了。
3231	**혼내다** 教训	동생이 또 약속을 어겨서 동생을 혼냈다. 因为弟弟又不遵守约定，所以我教训了他。
3232	**훔치다**② 偷	물건을 훔친 사람을 잡으셨는지요. 是不是抓到了偷东西的人了。
3233	**흔들리다** 摇晃	배가 너무 흔들려서 멀미가 나요. 因为船一直摇晃，所以晕船了。

3234	**흘러가다** 流走，流过	시냇물이 졸졸 흘러갑니다. 溪水潺潺的流过。
3235	**흘러나오다** 流出	불이 났나 봐요. 저쪽에서 연기가 흘러나오는데요. 大约是起火了，那边的烟在往外流出。
3236	**흘러내리다** 流下来	창문에 빗물이 흘러내리네. 窗户上的雨水流下来了。
3237	**흩어지다** 散开	빗방울이 사방으로 흩어지고 있다. 雨点向四周散开。
3238	**힘쓰다** 努力，下功夫	학생들은 학업에 힘써야 한다. 学生要在学业上下功夫。

형 용 사

3239 기출	**가득하다** ① 满，充满	매출 실적, 재고 사항 등 숫자로 가득한 비지니스 자료를 검토해야 한다. 要检讨销售业绩，库存事项等满是数字的商务资料。
3240	**가렵다** 痒	누가 내 얘기를 하고 있나? 귀가 가렵네. 谁在说我？耳朵好痒啊。
3241	**간절하다** 恳切，急切	나는 지금 성공하고 싶은 생각이 간절하다. 我现在非常急切的想要成功。
3242	**간지럽다** 痒，发烧	눈이 자꾸 간지러워요. 안과에 한 번 가 봐야겠어요. 眼睛总是很痒，要去眼科看一看了。
3243	**간편하다** 方便	내가 지금 사용하고 있는 노트북은 얇고 가벼워서 휴대가 간편하다. 我现在用的笔记本电脑薄而轻，方便携带。
3244	**갑작스럽다** 突然	이 일은 너무 갑작스럽게 일어나서 사람들은 어떻게 반응해야 할지 몰랐다. 这件事发生的太突然，人们不知道要如何应对。
3245	**값싸다** 便宜	이 여학생은 내년 해외 여행을 준비하고 있어서 돈을 저축하고 있다. 그래서 항상 값싼 물건만 구입한다. 这个女同学因为明年要去国外旅游而在存钱，所以她只买便宜的东西。
3246	**거칠다** 粗糙	이 팩은 거친 피부를 매끄럽게 해 줍니다. 使用这个面膜可以让粗糙的肌肤变得柔软滑嫩。
3247	**걱정스럽다** 担心，忧虑	졸업 후 어떤 일을 해야할지 아직 결정하지 못해 내 장래가 심히 걱정스럽다. 还没确定毕业之后要做什么样的工作有些令人担忧。
3248	**검다** ② 黑	검은 피부가 섹시하다는 사람들도 있다. 也有人说黑皮肤很性感。

3249	**고급스럽다** 高级	이 가방은 참 고급스럽네요. 这个包包真高级。
3250	**고소하다** ① 香，醇香	참기름이 고소합니다. 香油很香。
3251	**고통스럽다** 痛苦，难过	계단에서 굴러 떨어진 그는 몹시 고통스러운 표정을 지었다. 从台阶上滚下来的他表情非常痛苦。
3252	**곧다** ① 直，笔直	내 다리도 곧게 쭉 뻗었으면 좋겠는데… 我的腿也能伸得直直的就好了…
3253	**곱다** ② 美丽，漂亮	"가는 말이 고와야 오는 말이 곱다."는 내가 먼저 상대를 존중해 줘야 나도 존중을 받을 수 있다는 말이다. "去语不美，来语何美(礼尚往来)"是说我要先尊重对方，才能得到对方的尊重。 속담
3254	**공손하다** 恭敬，恭顺	나는 이 아이의 공손한 태도가 정말 마음에 든다. 我非常满意这孩子恭敬的态度。
3255	**관계없다** 无关，不相干	외국어 학습 능력과 지능은 전혀 관계없다. 外语学习能力与智力完全不相干。
3256	**관계있다** 有关	언어와 교육은 서로 밀접하게 관계있다. 语言和教育密切相关。
3257	**괴롭다** 痛苦，烦恼	애인과 헤어진 후 마음이 몹시도 괴로웠다. 和恋人分手后，心里非常痛苦。
3258	**굉장하다** 宏伟，壮观，惊人的	이 폭포의 소리는 굉장했다. 这瀑布的声音非常大。
3259	**구수하다** ① 香喷喷	누룽지가 구수하다. 锅巴香喷喷的。
3260	**귀중하다** ① 贵重，珍贵	귀중한 물건은 카운터에 보관하십시오. 분실시 책임지지 않습니다. 贵重物品请交由柜台保管。丢失概不负责。
3261	**귀하다** 尊贵，宝贵	이것은 귀한 분이 오시면 드리는 차입니다. 这是给贵客喝的茶。

3262 **까다롭다**
기출
怪癖，为难，麻烦，繁琐

이 사이트는 비밀번호 설정을 까다롭게 요구한다.
这个网站的密码设置要求繁琐。

3263 **깔끔하다**
干净，利落

그녀는 항상 집안을 깔끔하게 정돈해 놓는다.
她总是把家里收拾得干干净净。

3264 **깜깜하다**
漆黑，黑乎乎

깜깜한 밤 어둠은 잠든 꿈을 흔들어 놓지만 두렵지 않은 걸.
虽然夜晚的黑暗晃动沉睡的梦，但我不害怕。

노래-방탄-I'm Fine

3265 **꼼꼼하다**
仔细

이 표를 다시 한 번 꼼꼼하게 살펴보고 틀린 부분이 없는지 확인해 주세요.
请把这份表格再仔细检查一遍，确认有没有错误的部分。

3266 **꾸준하다**
持续的，持久的

꾸준하게 노력하면 원하는 바를 이룰 수 있을 것이다.
坚持不懈地努力就能够如愿以偿。

3267 **끊임없다**
기출
不断，不停，连续

끊임없이 노력하는 자세가 중요하다.
不懈努力的姿态很重要。

3268 **끝없다**
无尽，无限

그의 끝없는 욕심으로 결국 그는 추락했다.
他因为无尽的欲望最终跌倒了。

3269 **난처하다** 기출
为难，尴尬
갑자기 그가 이상한 말을 해서 내 입장만 난처해졌다.
因为他突然说了一些奇怪的话让我的立场变得很尴尬。

3270 **날카롭다**
锐利，锋利，尖锐
그는 내게 날카로운 시선을 보냈다. '내가 뭐 잘못이라도 했나' 싶었다.
他向我投来尖锐的目光，我在想我做错了什么吗。

3271 **낡다** ①
老旧，破旧
카달로그는 크기가 다양했고, 낡은 정도와 냄새가 달랐다.
手册的大小很多样，老旧程度和味道都不一样。
소설-김금희-경애의 마음

3272 **낯설다**
陌生，面生
쇼코를 반갑게 맞이하던 할아버지와 엄마의 얼굴은 낯설고 우스꽝스럽게만 보였다.
高兴地迎接쇼코的爷爷和妈妈的脸很陌生，看起来很滑稽。
소설-최은영-쇼코의 미소

3273 **냉정하다** ①
冷静，冷淡
나는 그의 냉정한 성격에 오만 정이 다 떨어진다.
我对他的冷淡性格有的感情都没了。

3274 **너그럽다**
宽容，大度，宽厚
우리 선생님은 마음이 너그러우셔서 화를 잘 내지 않습니다.
我们老师内心宽容大度(心胸宽广)，所以不怎么发火。

3275 **넉넉하다**
足够，充足，充裕，宽裕
(그녀의) 집안 형편이 경제적으로 넉넉하지는 않았다고 한다.
据说(她的)家庭状况在经济上并不宽裕。(家境不宽裕)
신문 5

3276 **놀랍다**
令人惊讶的
손으로 사과를 으깨다니 그의 손아귀의 힘이 놀라울 따름이다.
竟然用手弄碎苹果，他的手劲太惊人了。

3277 **눈부시다**
耀眼，闪耀
눈부신 햇살을 맞으며 오후를 보낸다.
迎着耀眼的阳光度过了下午。

3278 **느긋하다** ②
轻松，从容
그는 성격이 느긋한 편이다. 서두르는 법이 없다.
他性格比较从容，不慌不忙。

3279 **느끼하다**
油腻，肉麻
나는 기름진 음식을 너무 많이 먹었더니 속이 느끼하다.
我吃了太多油炸食品，胃里感觉很油腻。

3280 **다름없다**
一样，没有区别

아파트 광장은 평소와 다름없이(다름없었다. 여전히) 놀이터의 아이들 노는 소리로 평화로웠다.

公寓广场和平时一样，用游乐园孩子们玩耍的声音调和。

소설-이만교-번지점프

3281 **다행스럽다**
幸好，庆幸

나는 아날로그와 디지털 세대를 모두 겪어 다행스럽다고 생각한다.

我认为经历过模拟和数字时代真是万幸。

3282 기출 **단단하다**
坚硬，坚固

인간은 구리 등을 이용하여 단단한 연장을 만들었다.

人类利用铜等制作了坚硬的工具。

3283 **단정하다** ①
端正，整齐

밖에 나갈 때에는 옷차림을 단정하게 해야 한다고 배웠다.

我学会了出门要穿戴整齐。

3284 **달콤하다**
甜，甜蜜

달콤한 음식을 즐겨 먹으니 다이어트하기에는 다 틀렸어요.

太喜欢吃甜食，减肥是不可能的了。

3285 **담백하다**
清淡

맵지도 짜지도 않은 담백한 음식이 건강에 좋다.

不辣不咸的清淡食物对健康有好处。

3286 **당당하다**
堂堂正正，理直气壮

나는 그의 당당한 태도가 마음에 안 든다.

我不喜欢他那理直气壮的态度。

3287 **당연하다** ①
当然，应该

열심히 노력하지 않았으니 그런 결과가 나온 건 당연한 게 아닐까?

没有努力所以出现那种结果不是当然的吗?

3288 **대단하다**
厉害

그 학생은 한국어 능력 시험에서 연속으로 6(육)급에 합격했다. 한국어 실력이 정말 대단하다.

那个学生在韩语能力测验中连续考过6级。韩语实力真是厉害。

3289 **독특하다**
独特，特别

그의 취향은 참 독특하다.

他的取向真是特别。

3290 **독하다**
浓烈，狠毒

냄새가 독한 음식은 먹지 않는 게 좋다.

不吃味道浓烈的食物比较好。

3291 **동그랗다**
圆圆的

난 나의 동그란 얼굴형이 정말 싫다.

我真的很讨厌他那圆脸。

3292	**두렵다** ① 害怕，惧怕	나는 실패가 두렵다. 我害怕失败。
3293	**둥글다** ① 圆	지구는 둥그니까 자꾸 걸어나가면 온세상 어린이들 다 만나고 오겠네. 因为地球是圆的，一直往前走，就会遇见世上的所有小朋友。 노래-앞으로 앞으로
3294 기출	**뒤늦다** 晚，迟	뒤늦게 깨닫게 되는 일들. 그때 그랬으면 좋았을 텐데 싶은 일들… 很晚才醒悟的事，想着那时候那样做就好了的事…
3295	**드물다** 少有，罕见，稀少	인적이 드문 산길에서 산책을 하니 마음이 한결 편안해진다. 在人迹罕见的山路上散步心里舒服多了。
3296	**든든하다** 踏实，放心	곁에서 나를 도와주는 친구들이 있어 마음이 든든하다. 有在身边帮助我的朋友心里很踏实。
3297 기출	**딱딱하다** ① 坚硬，生硬	이 소설은 딱딱한 역사를 허구가 더해진 이야기로 풀어냈다. 这部小数用虚构的故事解释生硬的历史。
3298	**뚜렷하다** 鲜明，明显，清楚	뇌사상태에 빠졌던 그는 의식을 회복했고, 며칠 뒤에는 의식이 뚜렷한 상태에서 대화를 나누기도 했다. 曾一度陷入脑死状态的他恢复了意识，几天之后我们在他意识清醒的时候聊了天。
3299	**뛰어나다** 出众，突出	그녀의 요리 솜씨는 뛰어나다. 她的烹饪手艺很出众。

3300	**마땅하다** 合适，适当	나는 마땅한 상대가 없어서 결혼을 미루고 있다. 因为没有合适的对象所以推迟结婚。
3301	**막연하다** 茫然，模糊，迷茫	졸업 후 내 앞날이 막연하기만 하다. 毕业后我的前途渺茫。
3302 기출	**만만하다** ① 好欺负	계산을 하는 일은 만만하지 않았다. 核算这件事并不简单。
3303	**만족스럽다** 满意，满足	대학입학수학능력시험(수능) 결과가 만족스럽지 못했다. 我不满意大学入学能力考试的结果。
3304	**멀쩡하다** 完好，好好的	폭발 사고가 있었지만 그의 사지는 멀쩡했다. 虽然发生了爆炸事故，但他的四肢完好。
3305	**멋지다** 漂亮，优美，有意思	멋진 남자와 손을 잡고 데이트를 하고 싶다. 我想和帅气的男生牵着手约会。
3306	**명확하다** 明确，清楚	명확한 증거가 있음에도 그는 자신의 혐의를 부인했다. 尽管有明确的证据他还是否认自己的嫌疑。
3307	**목마르다** 口渴	목마르면 식혜를 사서 마셨다. 口渴了就买甜米露喝。 소설-윤성희-유턴
3308	**못나다** (长得)难看，丑	못난 얼굴이라는 말 자체는 옳지 않다. 长得丑这句话本身就不对。
3309	**못되다** 坏，可恶，不好	너는 왜 그렇게 못돼 처먹었냐? 你为什么那么坏?
3310	**못지않다** 不差，不亚于	그의 기계 조작 능력은 전문가 못지않다. 他的机器操作能力不亚于专家。
3311	**무관하다** ③ 无关	PC방 살인사건의 주범은 자신의 동생은 이 일과 무관하다고 주장했다. 网吧杀人事件的主犯主张自己的弟弟与这件事无关。
3312	**무덥다** 闷热，湿热	무더운 날씨가 연일 계속 되고 있습니다. 连日来天气一直很闷热。

3313 **미끄럽다**
滑，光滑

벽을 새로 칠하고 바닥에는 미끄러지지 않는 타일을 깔았다.
重新刷了墙，地上铺了不滑的瓷砖。
소설-윤성희-유턴

3314 **미지근하다**
温乎，不冷不热

(커피가) 미지근해 적잖이 속이 쓰려온다.
(咖啡)不冷不热，肚子很不舒服。
노래-장기하-싸구려 커피

3315 **밉다**
讨厌，可恶

너무 야속한 시간 나는 우리가 밉다.
时间太无情，我讨厌“我们”这个单词。
노래-방탄-봄

3316 **바람직하다**
妥当，可取

매장의 임대료가 매년 상승하는 것은 바람직하지 않다.
卖场的租金每年上升是不妥当的。

3317 **바르다**③
端正，正确的

예의가 바른 아이들이 사랑 받는다.
有礼貌的孩子会受到喜爱。

3318 **밤늦다**
晚，夜深

밤늦게 귀가하는 여성들을 대상으로 한 범죄가 늘고 있다.
以深夜回家的女性为对象的犯罪越来越多。

3319 **배고프다**
饿

글만 쓰면 배가 고파진다고(배고파진다고) 하루 벌어 하루 먹고 사는 주제에 글을 써야 하느냐고
只要一写作就肚子饿，赚一天，吃一天还要写文章吗
시-김신용-그 불빛

3320 **배부르다**
饱

배부른 소리하고 있네.
吃饱了撑的说这话。

3321 **번거롭다**
기출
麻烦，繁琐

주기적인 비밀번호 변경은 가입자에게 무척 번거로운 일이다.
定期修改密码对用户来说是件非常麻烦的事。

3322 **번화하다**
繁华

최근 들어 서울의 가로수길이 점점 번화하고 있다.
近来首尔的林荫道越来越热闹。

3323 **변덕스럽다**
多变，变化无常

날씨가 너무 변덕스럽다.
天气太变化多端了。

3324 **별다르다**
特别，特殊，别的

별다른 방법이 없었어.
没有别的方法了。

3325 **부담스럽다**
기출
有负担，有压力

이 식당의 가격은 좀 부담스럽다.
这间餐厅的价格有点压力(有点贵)。

3326 **불가피하다**
不可避免

이 선택은 불가피했다.
这个选择是不可避免的。

3327 **불만족스럽다**
不满意，不满足

그는 뭘 해줘도 불만족스러운 표정을 짓는다.
不论为他做什么他都是一副不满意的表情。

3328 **사랑스럽다**
可爱

어느 부모에게나 제 자식은 사랑스럽다.
对任何父母来说自己的孩子都是可爱的。

3329 **사소하다** ①
기출
琐碎，微小

사람들은 무료함을 사소한 것으로 여기는 경향이 있다.
人们倾向于把无聊当小事。

3330 **사이좋다**
亲密，要好

둘이 싸우지 말고 사이좋게 지내.
两个人不要吵架，好好相处。

3331 **상관없다**
无关，不相干

이 편지를 그녀에게 전해주지 않아도 상관없어요.
这份信不交给她也没关系。
소설-김언수-설계자들

3332 **상당하다** ②
相当，相应

그 우즈베키스탄 남성은 한국어 실력이 상당하다.
那位乌兹别克斯坦的男性韩语实力相当不错。

3333 **상쾌하다**
舒畅，清爽

미세먼지 때문에 아침 공기를 상쾌하다고 느끼지 못했다.
因为雾霾(微尘)，所以感受不到早晨空气的清爽。

3334 **색다르다**
独特，特别

난 선택받은 자, 색다른 삶에 사는 날이 가득하네.
我被选中的生活别具特色。
노래-비와이-데이데이

3335 **생생하다**
生动，犹新

고향에 돌아오니 어린 시절의 기억이 생생하게 떠오른다.
回到家乡，小时候的记忆历历在目。

3336 **서늘하다**
凉快，凉爽

서늘한 밤공기를 마시며 한동안 걸었다.
呼吸着凉爽的夜晚空气走了一段时间。

3337 **서럽다**
기출
伤心，委屈，悲伤

공부 못하는 서러움을 이해받는 것은 생애 처음 있는 일이었다.
学习不好的委屈被理解是平生第一次发生的事。

3338 **서운하다**
难过，不舍

자식들이 이제 나를 찾아오지 않으니 조금은 서운한 마음이 든다.
因为孩子们现在不来找我了，所以有一些难过。

3339 **서투르다**
기출
不熟练，生疏

외국인 손님이 오자 나는 서투른 영어를 총동원해서 말을 건넸다.
外国客人一来我就用生疏的英语搭话。

3340 **서툴다**
生疏，不熟练，不擅长

건물에서 발생한 화재로 사망하거나 크게 다친 4(네)명은 모두 한국말이 서툰 외국인 어린아이들인 것으로 나타났다.
据调查，因建筑物火灾死亡或重伤的四人都是韩语生疏的外国儿童。
신문 10

3341 **세련되다**
기출
干练，精练，纯熟

밝은 조명과 세련된 분위기에서 고급 커피까지 마실 수 있다.
在明亮的灯光和干练的气氛中，还能喝到高级咖啡。

3342 **소용없다**
没用，无用

자식을 키워봤자 소용없다고 말씀하시는 부모님들이 있다.
有些父母说养孩子也没用。

3343 **소홀하다**
기출
疏忽，大意

부모님은 내가 공부에는 소홀하면서 앞뒤를 가리지 않고 무조건 연예인만 쫓아다닌다고 생각하신다.
我父母认为我忽略学习，不顾前后，就无条件追着艺人跑。

3344 **속상하다** ②
伤心，难过

이번 경기에서 메달을 따지 못해 너무 속상하다.
没能在这次比赛中得到奖牌很难过。

3345 **손쉽다**
轻松，容易

김치는 우리와 다른 나라 사람들을 매우 손쉽고 뚜렷하게 구분해 주는 문화요소이다.
泡菜是能够轻松且明确的区分我们和其他国家人的文化要素。
문화인류학

3346 **솔직하다**
坦诚，老实

대중들은 이효리의 솔직한 성격에 매료되었다.
大众被李孝利坦诚的性格迷倒。

3347 **수많다**
很多，许多，无数

수많은 실수를 통해서 너 없이 의미(가) 없단 걸 깨달았지.
通过无数的失误，明白了没有你就没有意义。
노래-박재범-내 곁에 있어주길

3348 **순수하다** ②
单纯，纯粹

순수함을 우리 모두가 절대로 잃지 않길 원해.
希望不会丢失我们所拥有的单纯。
노래-비와이-데이데이

3349 **순진하다** ①
天真，纯真

그는 나이에 비해 너무 순진해서 탈이다.
和他年龄相比，他太天真了，这是个毛病。

3350 **순하다** ②
温顺，善良

순하고 착한 남자를 만나고 싶다.
我想和温顺善良的男人交往。

3351 **습하다** ①
潮湿

덥고 습한 날씨였지만 서늘했다.
虽然天气曾炎热潮湿，但现在凉快了。
소설-최은영-쇼코의 미소

3352 **신기하다** ①
神奇

외국에 나가면 나를 신기하게 쳐다보는 사람들이 있다.
去到国外就有人会很神奇地看着我。

3353 **심각하다** ②
기출
严重

연휴의 마지막 날에 고속도로에서 심각한 교통사고가 발생했다.
连假的最后一天在高速公路上发生了重大交通事故。

3354 **싱싱하다**
新鲜

재래시장에서는 싱싱한 야채를 살 수 있다.
可以在传统市场买到新鲜的蔬菜。

3355 **썰렁하다**
冷，凉

그의 유머는 참 썰렁하다. 어디서 웃어야 할 지를 모르겠다.
他的幽默有点冷，不知道笑点在哪里。

3356 **쑥스럽다**
害羞，不好意思

많은 사람들 앞에서 칭찬을 해 주시니 좀 쑥스럽네요.
在这么多人面前称赞我，有点害羞。

3357 **쓸데없다**
多余，没用

쓸데없는 얘기하지 말고 얼른 밥이나 먹어.
别说没用的话，赶紧吃饭。

3358 **쓸쓸하다**
冷清，荒凉，凄凉

다시 쓸쓸해지면 또 번지점프 하러 갈까, 하는 미소가 돌기도 했지만…
寂寞的话要再去蹦极吗，说这话的微笑可能疯了。
소설-이만교-번지점프

3359 **씩씩하다** ②
坚强，生气勃勃

씩씩한 이 나라의 일꾼이 되겠습니다.
我会成为这个国家坚强的人才。

3360 **아깝다**
可惜，遗憾

내 목숨조차 아깝지 않을 사랑이었어.
曾是付出我生命都不觉可惜的爱。
노래-워너원-네버

3361 **아무렇다**
如何，随便，任何

늘 그렇다는 듯이 W는 아무렇지도 않은 표정을 지었다.
好像总是那样，W作出若无其事的样子。
소설-윤성희-유턴

3362 **아쉽다**
可惜，遗憾，舍不得

에이 아쉽다. (복권의) 날짜만 안 지났어도. 고등학생이 연신 아쉽다는 말을 했다.
啊，好可惜，(彩票)日期要是没过。高中生连连说着可惜。
소설-윤성희-유턴

3363 **안되다** ②
不行，不好

우리 집안은 내가 아이스하키 선수가 될 형편이 안된다.
我家里没有条件让我成为冰球选手。

3364 **안타깝다**
惋惜，遗憾，心疼

경찰 관계자는 (아이들이) '불이야'란 한국말을 못 알아들었을 수도 있다며 안타까워했다.
警方负责人惋惜地表示孩子们可能听不懂"着火了"的韩语。
신문 10

3365 **알차다**
充实，饱满

이 교재의 내용은 알차다.
这本教材的内容充实。

3366 **야하다** ①
性感

옷차림이 야한 여자에게 눈길이 가게 마련이다.
衣着性感的女性必然会引起关注。

3367 **얕다**
浅，薄，矮

강물이 얕은 편이다.
江水很浅。

3368 **어리석다**
愚蠢，傻

단 한 번의 어리석은 판단으로 인생을 망치는 사람들이 있다.
有些人因为一次愚蠢的判断而毁了人生。

3369 **어색하다** ②
别扭，尴尬

그애와 나는 한 뼘쯤 떨어져서 어색하게 우리 집으로 향했다.
我和那个孩子距离一大截，尴尬地走向我家。
소설-최은영-신짜오 신짜오

3370 **어지럽다**
晕，昏

흠뻑 쏟아지는 햇살이 날 어지럽게 해.
猛然洒下的阳光让我头晕目眩。
노래-방탄-I'm fine

3371 **억울하다**
冤枉，委屈

억울한 사람의 누명을 벗겨주는 것은 검사의 본분이에요.
帮助冤枉的人洗脱罪名是检查的本分。
신문 5

3372 **엄숙하다**
严肃，庄严

엄숙한 분위기를 깨고 그가 앞문으로 등장했다.
打破严肃的气氛，他从前门登场。

3373 **엄청나다**
非常，特别

열차 탈선 사고로 피해가 엄청났다고 한다.
据悉由于列车脱轨事故引起了巨大的损失。

3374 **엉뚱하다**
奇怪，荒唐

유리에게는 엉뚱한 구석이 있다.
宥利待在奇怪的角落里。

3375 **여유롭다**
从容，悠闲

여유로운 주말 오후를 보내고 있다.
我正在度过悠闲的周末午后。

3376 **연하다** ①
软，嫩

고기가 부드럽고 연하다.
肉又软又嫩。

3377 **영리하다** ①
伶俐，聪明

영리한 아이를 영리하게 키우는 방법으로 무엇이 있을까요?
有什么方法能聪明地养育伶俐的孩子呢?

3378 **올바르다**
正确，端正

올바른 생각으로 산다면 크게 실패를 할 일은 없을 것이다.
如果用正确的想法生活，就不会有大的失败。

3379 **용감하다**
勇敢

아는 사람도 없는데 혼자 외국에서 살기로 했다니 너는 정말 용감하구나.
也没有认识的人就决定一个人在国外生活，你真的很勇敢。

3380 **우습다**
可笑，有趣

처음에는 당신 우습게 봤거든.
刚开始觉得你很可笑。
드라마-슬기로운 감빵생활

3381 **우아하다**
优雅，文雅，典雅

〈우아한 거짓말〉이라는 한국 소설은 학교 내 왕따 문제를 다루었다.
《优雅的谎言》这边小说涉及了学校霸凌问题。

3382 **원만하다**
圆满

이 일이 원만하게 해결되었으면 합니다.
希望这件事情可以圆满解决。

3383 **웬만하다**
一般，差不多

웬만한 경제력으로는 제주국제학교에 다니기 어렵다.
用一般的经济实力很难上济州国际学校。

3384 **위대하다** ①
伟大

위대한 업적을 남긴 대통령이 몇이나 될까요?
留下伟大业绩的总统有几位呢?

3385 **유창하다**
流畅，流利

한국인 학생들과 일본인 학생들이 모여 앉은 등나무 아래에서 쇼코는 유창한 영어로 말했다.
在韩国人和日本人聚集坐着的藤木下쇼코用流畅的英文说道。

소설-최은영-쇼코의 미소

3386 **유치하다** ①
幼稚

애들처럼 유치하게 왜 그래?
干嘛像小孩子那样幼稚?

3387 **이롭다** ②
有利，有帮助

건강에 이로운 음식으로는 견과류가 있다.
对健康有利的食物有坚果类。

3388 **익다** ②
熟练，习惯

컴퓨터 자판이 손에 익지 않아 불편하다.
因为不熟悉电脑键盘，所以很不方便。

3389 **자랑스럽다**
骄傲，自豪

자기 일을 스스로 알아서 하는 아들이 무척 자랑스럽다.
自己的事情自己做的儿子让我感到骄傲。

3390 **자세하다** ①
仔细，详细

설명을 자세하게 해주셔서 감사합니다.
感谢您详细的说明。

3391 **자연스럽다**
自然

이는 그 문화의 기본적인 가치나 여러 가지 특질들을 너무나 자연스럽고 당연한 것으로 여기게 되는 것을 의미한다.
这意味着认为其文化的基本价值或各种特质太自然，太理所当然了。
문화인류학

3392 **자유롭다**
自由

중요한 것은 욕망과 관련하여 무엇이 자유롭게 만드는지 아는 데 있습니다.
重要的是与欲望相关联，知道是什么让你变得自由。
수필-한동일-라틴어 수업

3393 **잘나다**
好看，帅，漂亮，出众

외모가 잘났다고 평가하는 일 또한 부적절할 수 있다.
评价外貌出众也可能是不恰当的。

3394 **장하다** ①
了不起

군생활을 무사히 마친 아들이 참 장하다.
平安地结束军队生活的儿子真了不起。

3395 **저렴하다**
기출
便宜，低廉

업체는 이 다리미의 가격을 저렴한 수준으로 낮추었다.
厂家把这熨斗的价格降到了便宜的水平。

3396 **적절하다**
妥帖，妥当，合适，切当

이 옷차림은 오늘 모임에 적절하지 않은 것 같습니다.
这身着装似乎不适合今天的聚会。

3397 **점잖다**
斯文，庄重，文雅

말투가 점잖은 그 남자는 알고 보니 80(팔십)년대 한국의 국민 배우였다.
那个说话语气文雅的男人原来是80年代韩国的国民演员。

3398 **정신없다**
没有精神，沉迷于

게임에 정신없는 그는 피시방에서 살다시피 한다.
沉迷于游戏的他象是住在了网吧里。

3399 **조그맣다**
小

사람들은 조그만 시련 앞에서도 쉽게 스스로를 허문다.
人们在小小的考验面前也容易自毁形象。
수필-정민-미쳐야 미친다

3400	**조심스럽다** 小心，注意	유명인이 되면 말과 행동이 조심스러워야 한다. 成为了名人说话和行动都要注意。
3401	**지겹다** 讨厌，厌烦	반복된 시소(seesaw) 게임 이쯤 되니 지겨워졌네. 反复的翘班游戏，到了如今也开始厌烦。 노래-방탄-Trivia 轉：Seesaw
3402	**지저분하다** 肮脏，杂乱	머리가 지저분하니 좀 잘라야겠다. 头发有点乱，该剪了。
3403	**지혜롭다** 充满智慧	옛날 옛날에 지혜로운 고양이가 한 마리 살았습니다. 很久很久以前有一只充满智慧的猫。
3404	**진정하다**① 真正的	어려울 때 돕는 친구가 진정한 친구이다. 在有困难的时候帮助你的朋友才是真正的朋友。
3405	**진지하다** 真挚，认真	학업에 대한 진지한 태도가 오늘 날의 그를 만들었다. 对学业真挚的态度造就了今天的他。
3406	**짙다**② 深	나에게는 짙은 색깔이 어울린다. 我适合深颜色。
3407	**짜증스럽다** 烦躁，不耐烦	여자가 말 안해도 안다는 듯 짜증스럽게 래생의 손을 쳐냈다. 女生象是不说也知道似的，不耐烦地甩开了来生的手。 소설-김언수-설계자들
3408	**촌스럽다** 土气，土里土气	김치는 가난과 촌스러움의 징표이기도 했지만… 虽然泡菜也是贫穷和土气的标志... 문화인류학

3409 **캄캄하다**
漆黑
캄캄한 데서 뭐 하고 있어? 불도 안 켜고…
在漆黑的地方干什么?也不开灯…

3410 **커다랗다**
巨大，硕大
커다란 나무 그늘 아래서 김밥을 먹으며 쉬고 싶다.
我想在巨大的树荫下一边吃着紫菜包饭一边休息。

3411 **쾌적하다**
舒适，宜人
이 주거 공간은 환경이 쾌적해서 좋다.
这个居住空间环境舒适。

3412 **통통하다** ①
胖乎乎，圆鼓鼓
그녀는 통통한 몸매가 콤플렉스라고 한다.
据说臃肿的身材是她的自卑情结。

3413 **틀림없다**
没错，准确
위의 내용은 사실임에 틀림없음을 이에 밝힙니다.
以上内容属实，毋庸置疑。

3414 **평범하다**
平凡
평범한 사람, 평범한 삶이란 과연 무엇을 의미하는가?
平凡的人，平方的人生究竟意味着什么?

3415 **평화롭다**
和平，和睦
평화로운 마을에 시끄러운 일이 생겼다.
和平的村子里发生了麻烦事。

3416 **포근하다**
暖和，温暖，柔软
새 이불을 덮었더니 잠자리가 포근하다.
盖上新被子，床铺暖和了。

3417 **폭넓다**
广泛，宽泛
이 공원을 이용하는 연령대가 폭넓으니 이곳에 다양한 운동 시설을 설치해야 할 것이다.
利用该公园的年龄层广泛，所以要在这里设置多样的运动设施。

3418 **풍부하다**
丰富
감정이 풍부한 사람은 쉽게 상처받곤 한다.
感情丰富的人容易受伤。

3419 **해롭다**
有害，不利于
담배는 건강에 해롭습니다.
吸烟有害健康。

3420 **험하다**
险峻，险恶
이쪽은 길이 험하니 저쪽으로 돌아서 가세요.
这边的路很艰险，请往那边绕行。

3421 **화창하다**
和煦，晴朗
날씨가 화창한 날에는 산책이라도 하고 싶다.
天气晴朗的时候，就算是散步也想出去。

3422 **확실하다**
明确，确凿
증거가 확실하지 않으니 그에게 죄를 물을 수가 없습니다.
因为证据不确凿，所以不能问他的罪。

3423 **환하다** ①
明亮
불빛이 환합니다.
灯光明亮。

3424 **활발하다** 活跃
남북교류가 최근 들어 부쩍 활발해졌습니다.
南北交流近来一下子活跃起来了。

3425 **후회스럽다** 后悔
아무것도 하지 않고 시간을 낭비한 지난날이 후회스러울 따름이다.
对于什么都不做，浪费时间的过去感到后悔不已。

3426 **흔하다** 常见
내 이름은 한국에서 흔한 이름입니다.
我的名字在韩国常见。

3427 **흥미롭다** 有趣的
흥미로운 이야기에 귀를 기울이고 있다.
倾听着有趣的故事。

3428 **희다** 白
벽의 색깔이 희다.
墙壁的颜色很白。

3429 **힘차다** 有力，有劲
학생들의 목소리가 힘차다.
学生们的声音都很有力。

동사 · 형용사

3430 기출 **더하다** 更深，更重，加，增加
이모티콘을 통해 감정을 표시하는데, 이모티콘에 움직임을 더해 웃음을 유발하기도 한다.
利用表情表达感情，在表情的基础上加上动作也会引发笑容。

3431 **졸리다①** 犯困，困
졸리면 얼른 자는 게 낫다.
要是犯困的话，还是赶紧睡觉比较好。

3432 **지나치다** 过分，过于，路过
욕심이 지나치면 화를 부른다.
过于贪心会招来祸患。

관 형 사

3433	**각** ① 各	각 개인의 능력은 저마다 다르다. 各人的能力都有所不同。
3434	**단** ⑩ 就	내 인생의 가장 멋진 단 하루를 고르라면 단연 아이를 낳은 날이라고 답하겠다. 如果只让我选人生中最美好的一天，我当然会选孩子出生的那一天。
3435	**두어** 两三	생선 두어 마리를 사다가 구워 먹었다. 我买了两三只鱼烤着吃。
3436	**딴** ③ 其他，别的	수업 시간에 내내 딴 생각을 했더니 배운 내용을 하나도 모르겠다. 我买了两三只鱼烤着吃。
3437	**맨** ① 最	교재 맨 뒤를 보면 답안지가 있습니다. 因为上课的时候总是想其他事情，都不知道学了什么。
3438	**별** ② 特别	그 누구에게도 '별 볼 일 없는 인간'이라는 말을 써서는 안 된다. 教材的最后面有答案。
3439 기출	**소극적** 消极的	소극적인 아이에게는 밝고 따뜻한 색으로 방을 꾸며준다. 不论对谁都不能说"没用的人"。
3440	**아무런** 任何，什么	그는 아무런 죄의식 없이 살인을 저질렀다고 한다. 给消极的孩子用明亮温暖的颜色装饰房间。
3441	**양** ⑦ 两	양 손을 머리 위로 올립니다. 据说他在没有任何犯罪意识下就杀了人。
3442	**오랜** 很长，漫长	오랜 시간 자리에 앉아 있으면 각종 질병에 걸릴 확률이 높다. 把双手(两手)举过头顶。
3443	**온** ① 整个	안경을 잃어버려서 온 집안을 뒤져 겨우 찾아냈다. 如果长时间坐在位子上的话，罹患各种疾病的几率很高。

3444 **온갖**
기출
各种的

할머니는 온갖 집안일을 찾아서 하기 시작했다.
眼镜掉了，我翻遍了整个家才找到。

3445 **요** ③
这

방금 요 앞에 있던 아이 못 보셨어요?
奶奶开始找各种家务做。

3446 **웬** ①
哪来的

"이게 웬 떡이에요?"라는 말은 갑자기 얻게 된 음식 혹은 행운을 가리키는 말이다.
有没有看到刚刚在这前面的孩子？"这是哪里来的糕"这句话是说突然得到食物或幸运。

속담

3447 **이런저런**
这样那样的

요즘 이런저런 문제로 여간 피곤한 게 아니다.
最近因为这样那样的问题非常累。

3448 **총** ⑥
总，总共

이번 오디션에 참가한 연습생들은 총 101(백한)명이다.
这次参加选秀的练习生总共有101位。

3449 **헌**
旧的

헌 책방에 가본 적이 있어요? 한 번 가 보세요. 재미있는 책을 많이 볼 수 있을 거예요.
你去过旧书店吗?去一次吧，在那里可以看到很多有趣的书。

관형사 · 명사

3450 **간접적**
间接的，间接

흡연은 상대에게 간접적으로 건강에 위협을 줄 수 있습니다.
吸烟会给对方的健康带来间接的威胁。

3451 **감동적**
令人感动的

지금까지 본 영화에 나온 대사 중에서 가장 감동적인 대사는 무엇이었습니까?
迄今为止，看过的电影出现的台词中，最感人的台词是什么?

3452 **개인적**
기출
个人的，个人

다양한 연결망을 통해 개인적으로 읽을 글을 선택, 변경하는 독서 방식이 생겨났다.
通过各式各样的连接网，出现了选择或变更个人阅读文章的读书方式。

3453 **객관적**
客观的，客观

모국 문화와 외국 문화에 대한 객관적 시각을 유지해야 한다.
我们要维持对母国文化与外国文化的客观视角。
논문

3454 **경제적**
经济上的，经济

결혼하지 않는 이유로는 '경제적 문제 때문'이라는 답이 37.3%(삼십칠점삼퍼센트)였다.
有37.3%的回答将"经济问题"作为不结婚的理由。
신문 1

3455 **공적** ①
公共的，公共

공적인 일과 사적인 일은 구분하세요(공과 사를 구분하세요).
请区分公事和私事(请公私分明)。

3456 **과학적**
기출
科学的，科学

꿀의 장점은 대부분 과학적으로 증명되지 않았다.
大部分蜂蜜的好处都未得到科学的证明。

3457 **구체적**
具体的，具体

더 구체적으로 말하자면 (그것은) 살냄새였다.
在具体一点的话，(那是)肉味。
소설-김금희-경애의 마음

3458 **규칙적**
有规律的

운동을 규칙적으로 하는 사람은 그렇지 않은 사람에 비해 대장암 위험이 약 24%(이십사 퍼센트) 감소했다.
有规律运动的人相较于没有规律运动的人来说，罹患大肠癌的危险降低了24%
신문 15

3459 **근본적**
根本的，根本

사회구조에 대한 근본적인 개혁이 필요한 문제일 겁니다.
社会结构根本的改革是必要的问题。
수필-한동일-라틴어 수업

3460 **긍정적**
기출
积极的，积极

칭찬이 항상 긍정적인 영향을 주는 것은 아닙니다.
称赞并不会一直有积极的影响。

3461 **기본적**
基本的，基本

검찰은 기본적으로 달라지지 않았어요.
检察基本上没有变化。
신문 5

3462 **내성적**
内向的，内向

내성적 성격의 아이들에게 활발한 성격을 강요하면 안 된다.
我们不能对内向的孩子强求活泼的性格。

3463 **논리적**①
逻辑的，逻辑

논리적 사고를 위해서는 독서를 많이 해야 한다.
为了逻辑思考所以要多读书。

3464 **대표적**
代表性的，代表

소설가 김영하의 대표적 작품은 '검은꽃'이다.
小说家金英夏的代表作是《黑色花》。

3465 **문화적**
文化的，文化

다른 문화와 대면해야만 비로소 자신의 문화적 가치들이 절대적인 것이 아니라는 것을 알 수 있다.
要面对其他文化才知道自己文化的价值并不是绝对的。

문화인류학

3466 **물질적**
物质上的，物质

피해자에게 물질적 보상을 해 준다고 다 되는 것이 아니다.
并不是给了受害者物质上的补偿就可以了。

3467 **법적**①
法律上的，法律

약삭빠르고 초법적으로 살면 능력 있다는 소리를 듣습니다.
我听说有小聪明且超越法律地活着就是有能力。

수필-한동일-라틴어 수업

3468 **부분적**
局部的，部分

이 말이 의사소통에서는 부분적으로는 오해가 있을 수 있다.
这句话在沟通上，可能部分会产生误会。

3469 기출 **부정적**
消极的，否认

'익명 이력서'에 대해 부정적인 시각을 갖고 있는 기업이 있을지도 모른다.
可能会有企业对'匿名履历表'持否定立场。

3470 **비판적**
批判的

학습자들은 자국문화를 비판적 시각으로 볼 수 있어야 한다.
学习这门要能够以批判的角度去看待本国文化。

논문

3471 **사교적**
善于社交的，社交型

나는 사교적인 성격이 아니라서 사람들과 어울리는 자리를 별로 좋아하지 않는다.
我不是善于社交的人，所以并不喜欢和大家打成一片的场合。

3472 **사적**②
私人的，个人

사적 문제를 여기에서 이야기하고 싶지 않습니다.
我不想在这里提及私人问题。

3473 **사회적**
社会的，社会

인간은 사회적 동물이다.
人类是社会动物。

3474 **상대적**
相对的，相对

상대적으로 임대료가 비싼 주택이 있다.
有些住宅的租金相对较贵。
신문 1

3475 **성공적**
成功的，成功

성공적인 삶의 기준은 사람마다 다르다.
成功人生的标准因人而异。

3476 **세계적**
世界的，世界

강수진은 세계적인 발레리나이다.
姜秀珍是世界级的芭蕾舞女演员。

3477 **수동적**②
被动的，被动

외국어 학습에서 수동적인 자세로 일관하는 것은 좋지 않다.
学习外语时不要一直采取被动姿态。

3478 **순간적**
瞬间的，瞬间

순간적으로 창대는 마주앉은 외국인을 낯설게 바라보았다.
瞬间，昌大陌生地望着坐在对面的外国人。
소설-전성태-코리언솔저

3479 **신체적**
身体的，身体

건강이 약해지면 신체적 기능이 떨어지게 된다.
健康变差的话，身体机能也会下降。

3480 **실용적**
기출
实用的，实用

보자기는 물건을 싸는 실용적인 용도로 사용된다.
包袱用在包东西这样的实用用途上。

3481 **심리적**
心理上的，心理

수험생들은 심리적 변화를 많이 겪게 된다.
考生们会经历很多心理变化。

3482 **역사적**
历史上的，历史

경주에는 역사적으로 유명한 곳이 많다.
庆州有许多历史上有名的地方。

3483 **예술적**
艺术的，艺术

이러한 조각보가 오늘날에는 예술적으로도 인정을 받고 있다.
这样的雕刻布在今天也受到了艺术认证。

3484 **육체적**
肉体的，肉体

이 일은 육체적으로 고달프다.
这事是肉体上受累。

3485 **의무적**
义务的，义务

생명보험에 의무적으로 가입해야 합니까?
应该义务加入人寿保险吗?

3486 **이국적**①
异国的

이곳의 이국적 풍경에 매료되었다.
我为这里的异国风景所着迷。

3487 **이기적**
기출
自私的

집단 속에서 이기적이고 폭력적으로 변하는 사람도 있다고 한다.
据说集团中有人会变得自私又暴力。

3488 **이상적**①
理想的

외국어 학습에서 말하기, 듣기, 읽기, 쓰기를 모두 향상시키는 교수법이 가장 이상적이다.
外语教学最理想的方法就是同时提高听说读写的能力。

3489 **인간적**
人类的，人性化的

나는 우리 선생님의 인간적인 면에 반했다.
我为我们老师人性化的一面所着迷。

3490 **인상적**
印象深刻的

최근에 읽은 인상적인 작품은 소설가 김언수의 '설계자들'이다.
最近读的最令人印象深刻的作品是小说家金彦秀的《设计者们》。

3491 **일반적**
기출
一般的

우리가 일반적으로 생각하는 이력서에는 반드시 사진을 붙여야 하죠.
我们一般都认为履历表上一定要贴照片。

3492 **일상적**
日常的

우리가 일상적으로 사용하는 물건 중에는 일회용품이 너무 많다.
我们日常使用的物品中有很多一次性用品。

3493 **일시적**
暂时的，一时的

눈 밑이 떨리는 것은 일시적인 현상이니 너무 걱정하지 마세요.
眼底颤抖只是一时的现象，不用太担心。

3494 **자연적**
自然的，自然

자존감은 자연적으로 형성되지 않는다. 끊임없이 노력해서 만들어야 한다.
自尊不是自然形成的，要通过不断地努力去做到自尊。

3495 **장기적**
长期的

이러한 운동이 지속되기 위해서는 장기적인 계획이 필요하다.
为了这样持续运动，需要有长期的计划。

3496 **적극적**
积极的

원활한 의사소통을 위한 적극적인 노력이 필요하다.
为了活跃的沟通我们需要积极的努力。

3497 **전국적**
기출
全国的

내일 낮부터 전국적으로 비가 올 것이다.
明天白天开始将会有全国性的降雨。

3498 **전문적**
기출
专业的

시립 도서관은 전문적 지식과 경험을 가진 분들을 모셨다.
市立图书馆请来了拥有专业知识和经验的人们。

3499 **전체적**
整体的

이 수업의 전체적 내용을 이해했습니까?
理解这节课的整体内容了吗?

3500 **전통적**
기출
传统的

전통적인 예술을 발전시키기 위해서 전승자들을 육성하고 보호하는 새로운 정책이 필요하다.
为了使传统艺术发展，我们需要培育和保护传承者的新政策。

3501 **절대적**
绝对的

비를 내가 내리는 건 아냐. 절대적인 힘에는 예의가 필요한 거고.
雨不是我下的，绝对力量面前需要礼仪。
드라마-도깨비 6화

3502 **정기적**
기출
定期的

노래를 하는 사람은 정기적으로 앨범을 내야 한다.
唱歌的人要定期发行专辑。

3503 **정상적**
正常的

그는 심한 우울증으로 정상적인 생활이 어려운 상태이다.
他因为严重的忧郁症而很难正常生活。

3504 **정신적**
精神上的

요즘 하는 일이 너무 많아서 노래 한 곡 들을 정신적인 여유가 없다.
最近事情实在太多，所以无暇听歌(直译：连听歌的精神都没有)。

3505 **정치적**
政治的

두 국가는 정치적 대립을 이루고 있다.
两个国家间形成了政治对立。

3506 **종교적**
宗教的

종교적인 이유로 입영을 거부하는 사람들이 있다.
有些人因宗教原因拒绝入伍。

3507 **주관적**
主观的

자신의 주관적인 견해를 일반적인 논리인 양 말해서는 안 된다.
不能将自己的主观见解当做一般的逻辑来讲。

3508 **직접적**
直接的

지금 그 말이 대체 무슨 말씀이신지요? 태수의 아내가 이 사건과 직접적인 연관이라도 있다는 말씀이십니까?
您现在到底在说什么?是说泰洙的妻子跟这个案件有直接的关系吗?

3509 **집중적**
集中的

너무 집중적으로 관심을 받으면 아이가 부담스러워한다.
受到太集中的关心的话孩子会感到负担。

3510 **충격적**
冲击的，震惊的

그가 여자였다는 충격적인 사실을 오늘에야 알게 되었다.
我今天才知道其实他是个女生这一令人震惊的事实。

3511 **필수적**
必须的

〈중급한국어〉는 한국어 전공 과정에서 필수적으로 수강해야 하는 과목이다.
《中级韩文》是韩文专业课程中必须修习的科目。

3512 **한국적**
韩国的，韩国式

학생들은 암기식 위주의 한국적인 교육에 불만이 많습니다.
学生对以背诵为主的韩式教育有很多不满。

3513 **합리적**
기출
合理的

'좌석별 가격 차등제'는 관객의 입장에서 과연 합리적인 제도일까?
"各座位价格差别制"真的是观众入场的合理制度吗?

3514 **현대적**
现代的

이 작품은 현대적 감각을 살린 건축물입니다.
该作品是一座现代感十足的建筑物。

3515 **현실적**
现实的，实际的

전문가로부터 좀 더 현실적인 조언을 듣고 싶어서 이 자리에 참석했습니다.
想从专家那里听到更现实的指点，所以参加了这次的讲座。

3516 **환상적**
梦幻的

환상적 소설 〈미쓰조〉는 곧 영화화가 된다고 한다.
听说梦幻小说《Miss赵》即将翻拍成电影。

3517 **활동적**
活跃的

나는 암벽등반과 같이 움직임이 아주 많은 활동적인 스포츠를 좋아한다.
我喜欢像攀岩这样运动性很强的运动。

3518 **효과적**
有效的

효과적인 언어 학습 방법은 무엇입니까? 다같이 생각해 봅시다.
有哪些有效的语言学习方法?大家一起想一想。

3519 **효율적**
高效的

효율적인 업무 방식을 지향합니다.
追求高效的工作方式。

관형사 · 대명사

3520 **모** ⑮
某

일산에 거주하는 김 모씨(56세, 오십육세)는 최근 아파트 옥상에서 떨어진 물건에 머리를 맞아 중상을 입었다.
居住在日山的金某(56岁)最近因被公寓楼顶掉落的物品砸中而受了重伤。

관형사 · 수사

3521 **몇몇**
기출
几个，若干

요즘 몇몇 영화관에서는 '좌석별 가격 차등제'가 시행되고 있다.
最近有几家电影院正在施行"座位别价格差别制"。

3522 **수천** ⑦
数千

저 수천 개 찬란한 화살의 과녁은 나 하나.
那数千个灿烂的箭靶瞄准我一个。

노래-방탄-러브유

3523 **조** ⑤
兆

이 대표의 순수 자산은 일조가 넘는다.
李代表的纯资产超过一兆。

부 사

3524	**가득히** 满满地	나는 오늘 그녀에게 헤어지자고 했다. 그러자 그녀의 눈에는 눈물이 가득(히) 고여 있었다. 我今天和她说分手了。刚说完她的眼里就充满了泪水。
3525	**가만** 放任，任，随	날 좀 가만 내버려 두세요. 请不要管我。
3526	**가만히** 安静地	이 책상을 옮기지 말고 제자리에 가만히 두세요. 请不要移动书桌，就放在原位。
3527	**간신히** 勉强，好不容易	지난 시험에 불합격해서 이번에는 더 열심히 했더니 간신히 합격할 수 있었다. 上次考试没有及格，这次更努力了好不容易才能够及格。
3528	**갈수록** 越...越...	매달 꾸준히 저축을 하니 돈이 갈수록 많아졌다. 每个月坚持存款，所以钱越来越多了。
3529	**감히** 竟敢	니가 뭔데? 감히 내 앞에서 대들어? 你算什么?竟敢在我面前顶撞?
3530	**거꾸로** 反，倒	거꾸로 가는 생은 즐거워라 나이 서른에 나는 이미 너무 늙었고 혹은 그렇게 느끼고 倒着走的人生是快乐的，三十的我已经老了，或是感觉老了。 시-김선우-거꾸로 가는 생
3531	**게다가** 再加上，再说， 而且	게다가 지금쯤 (남편은) 울어대는 딸애를 안고 아내의 묘연한 행방을 찾아 나섰겠지. 再加上现在(丈夫)抱着哭泣的女儿，开始寻找妻子渺茫的行踪。 소설-이만교-번지점프
3532	**겨우** 好不容易	아휴, 어찌나 놀랐는지 죽다가 겨우 살아난 기분이다. 哎，吓死我了，好像是死了，好不容易才活过来的心情。

3533 **결코**
기출
绝对，绝不
꿀은 당뇨병 환자들에게 설탕보다 더 나은 것이 결코 아니다.
对糖尿病患者来说，蜂蜜绝对不是比糖更好的东西。

3534 **곧바로**
马上，立即
화재로 이 건물 2층이 화염과 연기로 곧바로 휩싸였다.
因为火灾，这栋建筑的2楼立即被火焰和烟气笼罩。
신문 8

3535 **곧이어**
紧跟着，紧接着
곧이어 '생방송 뮤직 월드'가 시작됩니다.
接下来，"直播音乐世界"即将开始。

3536 **곧잘**
相当好
나는 중국어를 곧잘 한다는 소리를 듣는다.
我听到有人说我中文相当好。

3537 **곧장**
径直，一直
기사님, 여기서 곧장 가셔서 저기 편의점 앞에서 세워 주세요.
师傅，这里一直走，请停在那个便利店前面。

3538 **골고루**
기출
均匀
이 방식은 모든 학습자들에게 골고루 수업에 참여할 수 있게 한다는 긍정적인 면이 있다.
这个教学方式有积极的一面，让所有的学习者都能够均衡的参与课程。

3539 **과연** ①
果然，果真
이 책을 읽고 있는 여러분은 과연 어떤 노동자입니까?
在读这本书的大家究竟是什么样的劳动者呢?
수필-한동일-라틴어 수업

3540 **관계없이**
无关，不妨，没有关系
나이와 성별에 관계없이 모두 운동을 해야 한다.
与年龄性别无关，所有人都要运动。

3541 **괜히**
不该
괜히 말했다. 어차피 그는 관심도 없을텐데…
真不该说，反正他也不关心…

3542 **굉장히**
特别，非常
소년의 입속을 들여다보고 있는데 굉장히 이상한 기분이 들었습니다.
看了看少年的嘴里，有一种非常奇怪的感觉。
소설-김언수-설계자들

3543 **굳이**
一定，非得，非要
그가 굳이 그녀의 점프 순간을 사진 찍어주겠다고 했다.
他非得说在女生跳的时候给她拍照。
소설-이만교-번지점프

3544 **그나마**
至少，还算
두 가지 다 별로인데, 그나마 초록색이 조금 더 낫다.
两个都不怎么样，还是绿色比较好一点。

3545 **그다지** 那么，那样
이번 성적은 그다지 좋지 않아 걱정이다.
这次的成绩没有那么好我很担心。

3546 **그럭저럭** 不知不觉
유학생활이 어떻느냐고 물으신다면 그럭저럭 견디고 있다고 해야겠네요.
如果问留学生活怎么样的话，应该要回答不知不觉就挺过来了。

3547 **그런대로** 还算，将就
처음 한 요리치고는 그런대로 먹을 만해요.
第一次做的菜还算可以吃的。

3548 **그리** ① 那么，那样
제 아이를 그리 보내겠습니다.
我就那样送走了孩子。

3549 **그야말로** 简直，实在，不愧
그 요리사의 짜장면은 그야말로 최고다.
那位厨师的炸酱面不愧是最棒的。

3550 **그저** 只是，还是
그저 운에 따라 이리저리 휩쓸리다.
只是跟着运气被卷入这样那样的事。
수필-한동일-라틴어 수업

3551 기출 **그제야** 这才
아버지가 돌아가셨고, 아들은 그제야 아버지의 깊은 뜻을 알게 되었다.
父亲去世后，儿子这才明白父亲的深意。

3552 **그토록** 那么
그토록 아름답던 그 배우가 세상을 떠났다니 믿어지지가 않는다.
曾经那么美丽的那位演员就这样离开这个世界，真是不敢相信。

3553 **극히** 极其，非常
공부를 하지 않고도 성적이 좋은 학생은 극히 드물다.
不学习但成绩好的学生极少。

3554 **근데** ① 但是，不过
근데 메밀꽃은 꽃말이 뭘까요?
不过，荞麦花的花语是什么?
드라마-도깨비

3555 기출 **급격히** 急剧地
이 현상으로 인해 인류 문명이 급격히 발달되었다.
因为这种现象人类文明急剧发展。

3556 기출 **급속히** 迅速地
기술의 발달이 급속히 진행되어 현재의 산업 구조가 크게 바뀌었다.
因为技术迅速发展，所以现在的产业构造发生了很大变化。

3557 **급히**
急忙，急着

급히 들어와 씩씩거리며 마주서는 내 기색을 느낀 아내가 오히려 먼저 입을 열었네.
急忙进屋，气喘吁吁的，看到我气色不对的妻子反而先开了口。
소설-반디-고발

3558 **깜빡**
一闪，一时糊涂

숙제를 깜빡 잊고 안 가져왔습니다.
我忘记带作业来了。

3559 **꼭** ②
使劲

앞에 있는 버튼을 꼭 누르세요.
请使劲摁前面的按钮。

3560 **꼼꼼히**
仔细地

그는 통계자료를 꼼꼼히 분석했다.
他仔细地分析了统计资料。

3561 **꼼짝**
动弹，一动

그는 부인에게 꼼짝 못한다.
他对妻子言听计从(一句话都不敢说)。

3562 **꽉**
紧紧地

꽉 잡아줘. 날 안아줘.
紧紧地抓住我，抱住我。
노래-방탄-잡아줘

3563 **꽤** ①
颇，相当

(그는) 꽤나 잘생긴 얼굴이었다.
(他)长得相当帅。
소설-이만교-번지점프

3564 **꾸준히**
기출
坚持不懈地，不断地

드론의 안정성 검증에 대한 필요성이 꾸준히 제기되었다.
不断有人提出验证无人机安全的必要性。

3565 **끊임없이**
기출
不断，持续

1980(천구백팔십)년대 초 이모티콘이 처음 생긴 이래 끊임없이 진화를 계속하고 있다.
从1980年代初表情符号第一次出现以来一直在不断地变化。

3566 **끝내**
最后，终究，到底

젊고 재능 있는 예술가가 극단적 선택을 한 이유도 끝내 수수께끼로 남았다.
年轻有为的艺术家作出极端选择的原因终究是一个谜。
신문 6

3567 **끝없이**
无止境，无限

끝없이 이어진 길을 천천히 걸어가네.
漫步在无尽延绵的路上。
노래-김동률-출발

부사 가 나 다 라 마 바 사 아 자 차 카 타 파 하

3568 **나란히**
整齐，并排

세 사람은 나란히 엘리베이터를 타고 내려가서 가방들을 가지고 올라왔다.
三个人并排搭电梯下楼拿了包上楼。
소설-전성태-코리언솔저

3569 **내내** ①
一直，始终

그는 걸어가는 내내 차를 판 중학교 동창욕을 했다.
他一路上都在骂卖车的中学同学。
소설-윤성희-유턴

3570 **너무나**
太，非常

내가 상을 받다니 너무나 좋아서 소리라도 지르고 싶다.
我竟然得奖了，太高兴了，真想要大声喊出来。

3571 **널리**
广，广泛，广为

김 선수는 이번 동계올림픽 쇼트트랙에서 금메달을 세 개나 따서 국민들에게 널리 알려졌다.
金选手在本届冬奥会短道速滑比赛中获得三枚金牌，被国民所熟知。

3572 **다만** ①
只是

다만 그저 약간의 기침이 멈출 생각을 하지 않는다.
只是一点也没有想停止咳嗽。
노래-장기하-싸구려 커피

3573 **다행히**
幸亏，幸好

다행히 가스를 잠그고 왔다.
幸好关了煤气。

3574 **단순히**
기출
单纯地

만화방이 단순히 만화를 보는 공간에서 벗어나 '만화카페'로 다시 태어나고 있다.
漫画屋正在摆脱单纯看漫画的空间，重新诞生为"漫画咖啡屋"。

3575 **단지** ④
只是，仅仅是

단지, 그가 그녀를 먼저 유혹한다면 모든 걸 들어주자.
只是，他先诱惑那个女生，一切就都听她的。
소설-이만교-번지점프

3576 **달리** ①
기출
不同，不一样

꿀은 설탕과 달리 비만을 일으키지 않는다고 생각한다.
我认为蜜蜂不会像糖一样引起肥胖。

3577 **당연히** ①
当然，自然

한국어와 일본어는 당연히 다르다는 것을 모르는 서양인들이 있다.
有些西方人不知道韩语和日语当然有所不同。

3578 **대단히**
非常，十分

새로 지은 아파트의 시설은 대단히 좋다.
新盖的公寓大楼设施非常好。

3579 **대체로**
大体，大抵

오늘 날씨는 대체로 맑겠습니다.
今天的天气大体上是晴朗的。

3580 **대충** ①
粗略，大致

그는 신입 배우의 프로필을 대충 훑어보았다.
他大致浏览了新演员的简历。

3581 **더구나** ①
加上，况且

그 정치인은 부정선거 논란에 휩싸였다. 더구나 여배우와의 스캔들로도 곤혹을 치르고 있다.
那位政治人被卷入非法选举的争议，加上与女演员的绯闻也让他备受困扰。

3582 **더욱더**
更，更加

부모의 기대치는 더욱더 높아져 나는 무척 부담스럽다.
父母的期待值越来越高，我感到很有压力。

3583 **더욱이**
并且，更加，尤其

애초에 평행은 존재한 적이 없기에 더욱이 욕심내서 맞추려 했을까.
似乎最初的平衡没有存在过，只是因为欲望更深才迎合你吗?
노래-방탄-Trivia 轉：Seesaw

3584 **덜** ①
不够，还没

슬퍼서 울었다고 말하는 것보다는 매워서 울었다고 말하는 게 덜 쪽 팔리잖아요.
与其说是因为伤心而哭泣，还不如说是因为太辣了才哭泣，这样才没那么丢人。
소설-윤성희-유턴

3585 **도대체**
기출
到底，究竟

도대체 내가 애들을 어떻게 길렀기에 애들이 이렇게들 삐딱할까.
到底我是怎么养小孩，孩子才会变成这么别扭呢?

3586 **도로** ①
回，复，返

내가 싫다면서 떠난 그가 내게로 도로 오겠다고 하는데 그를 받아 들여야 할까?
说讨厌我而离开的他要回到我这里，我该接受他吗?

3587 **도리어**
却，反而

잘못은 그가 했고 화를 내야 할 사람은 나였는데, 도리어 그가 화를 냈다.
做错事的是他，该生气的是我，他反而生气了。

3588 **도무지** ②
根本，完全

그의 속을 도무지 모르겠다.
完全不知道他的心思。

3589 **도저히**
无论如何，怎么也

그와 헤어졌지만 도저히 그를 잊을 수가 없었다.
虽然和他分手了，但是无论如何也忘不了他。

3590 **되게**
非常，十分

이번에 산 배는 되게 크네요.
这次买的梨特别大。

3591 **되도록**
尽量

기사님, 되도록 빨리 가 주세요.
师傅，请尽量开快一点。

3592 **따라서**
因此

따라서 이 연구는 드라마를 활용한 한국어 교수-학습의 의의를 밝히고자 한다.
因此，该研究将阐明利用电视剧的韩语教学-学习的意义。

3593 **따로따로** ①
分别，各自

우리 부부는 여행을 가서도 따로따로 움직인다.
我们夫妇一起去旅行也会各自行动。

3594 **따르릉**
叮铃铃

따르릉 따르릉 비켜나세요. 자전거가 나갑니다 따르르르릉.
叮铃铃叮铃铃请让开。自行车要过去了叮铃铃。
노래-자전거

3595 **딱** ③
正好，刚好

새로 산 치마가 크지도 작지도 않고 나에게 딱 맞는다.
新买的裙子不大不小我穿刚刚好。

3596 기출	**때때로** 偶尔，有时	때때로 무료 경품은 판매에 도움이 되기보다 오히려 역효과를 낼 수 있다. 有时与其说免费抽奖有利于销售，倒不如说会有反效果。
3597	**때로** 有时，偶尔，间或	때로는 넘어져도 내 길을 걸어가네. 有时摔倒了也会走我的路。 노래-김동률-출발
3598	**또다시** 又，再次	(그녀는) 농담을 하며 또다시 천천히 (그것을) 즐겼다. (她)开着玩笑，再次享受着那个东西。 소설-이만교-번지점프
3599	**또한** 也，还有，同样	나 또한 애국심이 강한 한국인이다. 我也是爱国心很强的韩国人。
3600	**똑똑히** 清楚地	난 똑똑히 기억하고 있습니다. 그날의 일을. 我记得非常清楚，那天的事情。
3601	**뜻대로** 顺意，如意	일이 자기 뜻대로 되지 않자 그는 물건을 마구 집어던지기 시작했다. 因为事情不如意，他开始乱扔东西。
3602	**뜻밖에** 意外地，出乎意料	내가 어려울 때 도움의 손길을 내민 사람은 뜻밖에도 평소에 무뚝뚝했던 다니엘이었다. 在我困难的时候伸出援手的竟是平时冷漠的丹尼尔。

3603 **마구** ①
厉害，随意，任意

(그녀가) 무언가를 마구 삿대질하며 따지고 있는 사람 같기도 했다.
(她)就象是随意指手画脚在追问什么一样。
소설-이만교-번지점프

3604 **마냥** ②
一直

A 연예기획사 앞에서 자기가 좋아하는 연예인을 마냥 기다리는 팬들이 적지 않다.
有不少粉丝会在A演艺企划公司前面等自己喜欢的艺人。

3605 **마땅히**
应当，应该

선생이라면 마땅히 학생을 생각해야 한다.
如果是老师，应该考虑学生。

3606 **마음껏**
尽情地

여기 있는 음식은 마음껏 드셔도 됩니다.
这里的食物可以尽情地吃。

3607 **마음대로**
随心所欲地

마음대로 되는 일이 하나도 없다고요? 인생은 원래 그런 거예요.
你说没有一件事是可以随心所欲的?人生本来就是那样的。

3608 **마주** ①
面对，相对

매우 늙어버린 여자 하나가 자신을 마주 바라보고 있었다.
一个非常老的女人正看着自己。
소설-이만교-번지점프

3609 **마치** ③
好像，如同

마치 안전장치도 없는 번지점프를 하기 위해 창공에 혼자 서 있는 것만 같았다.
仿佛是为了做没有安全装置的蹦极而独自站在天空上。
소설-이만교-번지점프

3610 **마침** ②
正好，刚好

너는 정말 먹을 복이 있네. 마침 고기를 굽고 있었는데 말야.
你真有口福，正好在烤肉。

3611 **마침내**
终于，总算

긴 장마가 끝난 후 마침내 우리는 출발했다.
漫长的梅雨季过后，我们终于出发了。
소설-윤성희-유턴

3612 **막** ①
기출
刚刚，马上

하늘에서 막 눈이 쏟아지는 참이었다.
天空现在在下雪。

3613	**막** ② 随意，乱	전기와 수도를 막 쓰면 나중에 에너지 자원이 고갈될 것이다. 现在乱用电和水，以后能源资源就会枯竭。
3614	**막상** ① 实际上，事实上	막상 옷을 차려입고 나가자니까 몸이 약간 달아오르기까지 했다. 真正穿衣服出门的时候感觉身体有些发热。 소설-이만교-번지점프
3615	**말끔히** 干净地，利索地	바닥을 말끔히 닦아 놓았다. 地板擦得干干净净。
3616	**말없이** 默默无语地， 一声不响	같이 있던 지민이 말없이 사라졌다. 和我一起的智旻一声不响地消失了。
3617	**맘껏** 尽情地	어릴 때에는 맘껏 놀아야 하는데 요즘 아이들은 학원 때문에 바쁘다. 小时候应该要尽情地玩耍，现在的小孩因为要上补习班很忙。
3618	**맘대로** 随便地， 随心所欲地	자, 여기서부터 저기까지 입고 싶은 옷을 맘대로 골라 봐. 好，从这里到那里，想穿的衣服随便挑。
3619	**멋대로** 随意，随性子	그렇게 멋대로 살다가는 거지꼴을 못 면할 거다. 那样随心所欲地生活难免会像乞丐一样。
3620	**멍멍** ① 汪汪	한국 개는 "멍멍"하고 짖습니다. 여러분 나라의 개는 어떻게 짖습니까? 韩国的狗是"汪汪"地叫，大家国家的狗是怎么叫的呢?
3621	**모처럼** 特意，专门	요즘 직장 일로 스트레스가 이만저만이 아닌데, 네 덕에 모처럼 웃을 일이 생겼다. 最近职场的压力不小，多亏了你才有了可以笑的事。
3622	**몰래** ① 偷偷地，悄悄地	(그는) 병원 잡역부로 일하며 1만5000(만오천)쪽(만오천)이 넘는 방대한 서사시를 쓰고 삽화 수백 장을 몰래 그렸다. (他)在医院当杂工，同时写了1.5万页的庞大叙事诗，还偷偷画了数百张插画。 신문 6
3623	**몹시** 非常，很	저런, 배가 몹시 고팠던 모양이었군. 哎呀，肚子好像很饿了。 소설-김언수-설계자들

가 나 다 라 부사 마 바 사 아 자 차 카 타 파 하

3624 **몽땅** ①
全部，一下子

그는 도박장에서 가진 돈을 몽땅 잃었다.
他在赌场上输掉了所有的钱。

3625 **무려** ②
足足，足有

여기 근무하는 직원들은 무려 오백팔십칠 명이다.
在这里工作的职员足有五百八十七人。

소설-김금희-너무 한낮의 연애

3626 **무사히** ②
平安地

열차 탈선사고가 있었지만 승객들은 모두 무사히 살아났다.
虽然发生了列车脱轨事件，但是乘客们都平安地活了下来。

3627 **묵묵히**
默默地

자신의 일을 묵묵히 해 내는 사람은 언젠가는 꼭 성공한다.
默默地做好自己事情的人总有一天会成功的。

3628 **문득** ①
顿时，突然

문득 그것이 아주 근사한 삶처럼 여겨졌다.
突然觉得那是一种很棒的生活。

소설-김언수-설계자들

3629 **미처**
尚未，来不及

그가 나를 사랑했다는 사실을 그 때는 내가 미처 알지 못했다.
他曾爱过我这个事实，那个时候我还不知道。

3630 **및**
及，与

이 논문은 드라마를 활용한 교수-학습의 구성 및 과정을 제시한다.
这篇论文提出了活用电视剧的教学-学习的构成及过程。

3631 **바싹** ①
透，表示程度深
입이 바싹 마르기 시작했다.
开始口干舌燥。

3632 **반짝반짝** ①
闪烁，亮闪闪
반짝반짝 작은 별, 아름답게 비추네.
闪闪的小星星，照得真美丽(一闪一闪亮晶晶，漫天都是小星星)
노래-작은 별

3633 **벌떡**
一下子，猛然
자고 있던 동생이 벌떡 일어났다.
睡着的弟弟猛地一下站起来。

3634 **부지런히**
勤勤恳恳地
부지런히 배우고 힘을 길러서 도움 되게 자라자 청담(초등학교) 어린이.
勤学苦练助人成长的清潭(清潭小学)儿童。
노래-교가

3635 **분명** ①
分明，明明
한류에 대한 관심은 분명 한국어 학습에 긍정적인 동기로 작용했다.
对韩流的关心分明是学习韩语的积极动机。
논문

3636 **분명히**
清楚地，明确
그런 법이 분명히 있어요. 학생.
明明就有那种道理，同学。
드라마-도깨비 6화

3637 **비로소**
才，始，方
그냥 투정처럼 해 본 여행소리가 비로소 현실감을 갖고 다가왔다.
吵着要去的旅行开始变成现实。
소설-박완서-겨울나들이

3638 **비록** ①
虽然，尽管
그는 비록 가진 것이 없지만 좌절하지 않았다.
他虽然一无所有，但并不气馁。

3639 **빠짐없이**
一个不落地，全部
어제의 나, 오늘의 나, 내일의 나, 빠짐없이 남김없이 모두 다 나.
昨天的我，今天的我，明天的我，一个不落全都是我。
노래-방탄-러브유

3640	**살짝** ① 轻轻地，稍微	그 여배우는 공백기간에 살짝 코를 높이는 수술을 받았다. 那位女演员在空白期接受了稍微垫高鼻子的手术。
3641	**상관없이** 无所谓，不分，不论	나이에 상관없이 청바지가 잘 어울리는 사람은 멋있어 보인다. 与年龄无关，适合牛仔裤的人看起来很帅。
3642	**상당히** 相当地	그녀는 랩(rap)을 상당히 잘한다. 她的RAP唱的非常好。
3643	**새로이** 新	이러한 접근법은 아울러 한국어교육이 갖는 지역적 모델 구상과도 새로이 연계되어야 할 것이다. 这种方法还应该与韩国教育所具有的地域模式构想重新联系。 논문
3644	**새삼** ① 重新，再一次	힘든 집안일을 하고 나니 부모님의 노고를 새삼 느끼게 되었다. 做了辛苦的家务事，再一次体会到了父母的辛苦。
3645	**서서히** 慢慢，徐徐，缓缓	다이어트의 성과가 서서히 나타나고 있다. 减肥的效果正在慢慢呈现。
3646	**설마** ① 难道，未必， 不至于	설마 여기서 비까지 오는 건가요? 难这这里也会下雨吗? 드라마-도깨비
3647	**소중히** 珍惜地	가족을 소중히 여기는 마음이 가장 중요하다. 珍惜亲人的心是最重要的。
3648	**솔직히** 老实地，坦率地	솔직히 말하자면, 나는 그에게 끌리지 않는다. 说实话，他并不吸引我。
3649	**수시로** 随时，经常	너 없이 지치고, 네 생각(을) 수시로 (해). 没有你太累了，时常想起你。 노래-방탄-잡아줘
3650 기출	**수없이** 无数	그 비결들을 가지고 실험실에서 다양한 실험을 수없이 반복했다. 带着这些秘诀，在实验室里反复试验了无数次多样的实验。
3651	**슬쩍** 偷偷地，悄悄地	나는 그녀가 몇 살인지 슬쩍 물어보았다. 我悄悄地问了她几岁。

3652	**실은** 其实	그녀는 쌀쌀맞아 보이지만 실은 다정한 사람이다. 她看起来很冷漠，其实是个多情的人。
3653 기출	**실제로** 实际上，其实	실제로 한 조사에서 이 상품에 대한 소비자들의 만족도가 떨어지는 것으로 조사되었다. 事实上，一项调查显示消费者对这件商品的满意度下降。
3654	**실컷** 尽情地	아이들은 어렸을 때 실컷 놀아야 한다. 孩子小时候应该要尽情的玩耍。
3655 기출	**심지어** 甚至	심지어 왕이라도 자신과 관련된 기록조차 볼 수 없었다. 甚至是君王也无法查看与自己有关的记录。
3656	**썩** ① 非常，太	그는 테니스를 썩 잘 친다. 他的网球打得非常好。
3657	**쓸데없이** 白白，枉，多余	선물은 무슨 선물이야. 넌 쓸데없이 돈을 쓰고 그러니… 미안하게… 送什么礼物，因为你白白花钱…让人怪不好意思…

3658 **아마도**
也许

부회장님 쪽을 보면서 하는 말을 아마도 칭찬일테니까 웃으면서 고개를 끄덕이면 돼요.
看着副会长说的应该是称赞的话，只要笑着点头就行了。
드라마-김비서가 왜 그럴까?

3659 **아무래도**
不管怎么说

광복이한테 무슨 일이 있는 것 같아. 아무래도 내가 광복이를 찾아가 봐야겠어.
广福好像有什么事情。不管怎样我都应该要去看看他。

3660 **아무튼**
反正，无论如何

아무튼 오늘 수고했어. 가방이나 옷이나 말만 해. (사 줄게).
反正今天辛苦了。包包还是衣服，说吧。(买给你)
드라마-김비서가 왜 그럴까?

3661 **아예**
根本，干脆

그는 대학 입학을 포기했다. 대학입학수학능력시험도 아예 보지 않았다.
他放弃上大学了。干脆连大学入学能力考试都不考了。

3662 **아울러**
并且，同时

아울러 이러한 과정이 차후 학습자들이 한국인들과의 의사소통을 할 때, 보다 효율적으로 할 수 있도록 이끌어주기를 바란다.
同时希望这样的过程能够引导学习者在今后能够更加有效地与韩国人进行沟通。
논문

3663 **앞서**
前，先

앞서 제2(이)장에서 밝혔듯이, 한국어교육에서의 상호문화교육은 한국인 교수자 입장에서 연구가 되어 왔다.
正如前面第二章所说，韩国语教育的相互文化教育是从韩国教授的立场出发做的研究。
논문

3664 **야옹** ①
喵

한국 고양이는 "야옹"하고 웁니다. 여러분 나라의 고양이는 어떻게 우나요?
韩国的猫是"喵"的叫。大家国家的猫是怎么叫的呢?

3665 **어느덧**
一晃，不知不觉，转眼

노래를 들으며 걷다보니 어느덧 종로였고 맥도날드였다.
边听歌边走路，不知不觉已是钟路，已是麦当劳了。
소설-김금희-너무 한낮의 연애

3666 **어느새**
眨眼间，不知不觉间

손가락을 빨던 아이가 어느새 다 자라 대학에 들어갔다.
舔手指的小孩不知不觉间已经长大上了大学。

3667 **어쨌든**
不管怎样，反正
어쨌든 외국생활은 여러모로 인생에 도움이 된다.
不管怎样，国外的生活从各个方面对人生有帮助。

3668 **어쩌다** ②
怎么
나도 어쩌다 저런 인간을 만났는지 알다가도 모르겠다.
我也不知道为什么碰到了那样的人。

3669 **어쩌면**
说不定，也许
어쩌면 그녀의 외로움보다도 그녀에게 뿌리칠 수 없는 유혹은, 그 간절함…
也许，比起她的孤独，她无法拒绝的诱惑是那份诚恳。
소설-이만교-번지점프

3670 **어쩐지**
怪不得，不知怎么
텔레비전이 안 켜지고… 어쩐지 이상하다 했어. 텔레비전의 전원을 안 켰네.
电视没打开…难怪觉得怪怪的，电视的电源没开。

3671 **어찌나**
太，很
그 아이가 어찌나 사랑스러운지 자꾸 생각이 나네.
总是想起那个孩子太可爱了。

3672 **어차피**
反正
너의 날은 어차피 올 테니까 편하게 미리 너를 꺼내 놔.
反正你的日子总有一天会来，所以舒服地先提前拿出你自己。
노래-비와이-데이데이

3673 **억지로**
牵强，固执
억지로 웃으려 해도 안 된다. 역시 표정 관리는 어렵다.
想要强颜欢笑也不行，果然表情管理很难。

3674 **언젠가**
总有一天
언젠가는 나도 알게 되겠지.
总有一天我也会知道。
노래-김동률-출발

3675 **얼른** ②
赶快，赶紧
저 얼른 갈게요.
我马上就去。
드라마-힘쎈여자 도봉순

3676 **없이**
没有，毫无
이는 자신의 문화에 대한 성찰이나 비판 없이 이를 당연시하는 태도를 의미한다.
这意味着对自己的文化没有反省或批判，认为这是理所当然的态度。
문화인류학

3677 **여간**
一般，普通
그는 여간 욕심이 많은 사람이 아니다.
他是非常贪心的人。

3678 **여전히**
기출
依然，依旧

짧은 연휴에도 여행을 하려는 사람이 여전히 많다.
短的假期中要去旅游的人还是很多。

3679 **영** ③
完全，根本

중국어의 4(사)성이 각각 어떤 차이가 있는지 나는 영 모르겠다니까.
我完全不知道中文的四声各自有什么样的差别。

3680 **영원히**
永远

영원히 사랑하겠다는 맹세를 지킬 수 있습니까?
能遵守永远相爱的誓言吗?

3681 **예컨대**
기출
比方，比如，譬如

예컨대 오이의 가격이 현재 2,000(이천)원이라 가정해 보자.
比如，假设黄瓜的价格现在是两千元。

3682 **오래도록**
长久地

그가 내게 준 선물을 나는 오래도록 간직했다.
他送我的礼物我珍藏了很久。

3683 **오래오래** ①
长久，很久很久

할머니, 오래오래 사세요.
奶奶祝您长寿。

3684 **오로지**
只，惟

오로지 진실만을 따라가는 공평한 검사, 스스로에게 더 엄격한 바른 검사가 되겠다고 다짐해요.
我决心要做只跟着真相走的公平检察官，更严格地对待自己。
신문 5

3685 **오직** ①
只，仅，就，惟

"Love yourself". 시작의 처음부터 끝의 마지막까지 해답은 오직 하나.
"爱你自己"。从一开始到最后答案只有一个。
노래-방탄-Answer: Love Myself

3686 **오히려**
기출
反而，倒是

무료 경품은 판매에 도움이 되기보다 오히려 역효과를 낼 수 있다.
与其说免费抽奖有利于销售，倒不如说会有反效果。

3687 **왠지**
怎么

넌 거기 있지만 왠지 닿지 않아. 꿈같은 넌 내게 버터플라이(butterfly).
虽然你就在那里，但怎么也无法触及，你是我梦中的蝴蝶(butterfly)
방탄-노래-Butterfly

3688 **우연히**
偶然

지하철 시청역에서 우연히 첫사랑을 만났다.
偶然地在地铁市政府站遇到了初恋。

3689 **워낙**
本来，原来

(그는) 기존의 잘못된 조직문화에 워낙 젖어 있던 분이다 보니 그 한계를 넘어설 수 없을 듯해요.
(他)本来就是沉浸在错误的组织文化中的人，所以他似乎无法超越这种界限。
신문 5

3690 **유난히**
特别，分外，格外

나는 키에 비해 발이 유난히 작다.
与我的身高相比，我的脚特别小。

3691 **이내** ③
马上，不久

칭얼대던 아이는 이내 잠이 들었다.
哭闹的孩子很快就睡着了。

3692 **이대로**
就这样，照这样

탁자 위의 돈은 이대로 그냥 두면 됩니까?
桌子上的钱就这样放着行吗?

3693 **이따** ①
待一会儿

“이따 전화할게.”와 “나중에 전화할게.”는 어떻게 다르죠?
“回头给你打电话”和“待会儿给你打电话”哪里不同?

3694 **이른바**
所谓

임은정 검사가 사람들의 뇌리에 처음 각인된 것은 이른바 ‘도가니 사건’에서다.
林恩贞检察官第一次在人们脑海中留下印象就是所谓的“熔炉事件”。
신문 5

3695 **이리** ③
往这儿，这里

조선 시대 양반들은 남의 집 문 앞에서 항상 “이리 오너라”라며 외쳤다.
朝鲜时代的两班(官宦，贵族)在别人家前总是高喊“来人呐”。

3696 **이리저리** ②
到处，这样那样

어릴 적 아버지 사업 때문에 이리저리 이사를 다녔다.
小时候因为父亲的事业到处搬家。

3697 **이만** ②
到此，就这样

솔직히 보고 싶은데 이만 너를 지울게.
说实话，很想你，但我会就这样将你抹去。
노래-방탄-봄날

3698 **이어** ①
接着，接下来

이어 “생방송 오늘”이 방송되겠습니다.
接下来将播放“直播今天”。

3699 **이윽고**
不一会儿

이윽고 해는 기울어 바람은 스산해지겠지.
不一会儿太阳下山了，风就会变凉了吧。
시-황인숙-나는 고양이로 태어나리라

3700	**이제야** 现在才	겸손이 무엇인지 이제야 조금 알 것도 같다. 现在才知道什么是谦虚。
3701	**일단** ① 暂且，暂时，首先	일을 하려면 일단은 잘 먹어야 하는 법이니까. 因为要想工作，首先要吃得好。 소설-윤성희-유턴
3702	**일부러** 故意，特意，存心	이거 주시려고 일부러 여기까지 오셨어요? 안 그래도 됐는데… 你特意来这儿给我这个吗?不那样也行的...
3703	**일일이** ② 挨个，逐个	선생님은 학생들의 작문을 일일이 다 검사하셨다. 老师把学生的作文一一检查了。
3704	**일찍이** 早就，早已	오전 9(아홉)시에 대전에서 축구 시합이 있어서 그는 일찍이 집을 나섰다. 因为上午九点在大田有足球比赛，所以他早就出门了。

3705	**자꾸만** 一直，经常，一再	우산도 두 개밖에 없는데, 비는 자꾸 오고 난리신데요? 雨伞只有两把，雨却一直下个不停呢? 드라마-도깨비
3706	**자연히** 自然地	아기 엉덩이에 있는 푸른 점은 커가면서 자연히 없어진다. 孩子屁股上的蓝点会随着年龄增长而自然消失。
3707	**잔뜩** 非常，严重	동생은 잔뜩 화가 나서 집으로 돌아왔다. 弟弟非常生气地回家了。
3708	**재빨리** 迅速，飞快地	길에서 우연히 담임선생님을 보고 재빨리 도망쳤다. 路上遇到班主任，我飞快地逃跑了(拔腿就跑)。
3709	**저리** ① 到那儿，往那儿	고양이에게 저리 가라고 해도 가지 않았다. 让猫咪去那边它也不去。
3710	**저절로** 不由自主地	나는 이걸 건드리지 않았어요. 이게 저절로 움직인 거예요. 我没有碰这个，是这个东西自己动的。
3711	**적당히** 适当地	술은 적당히 마시고 일찍 귀가하시죠. 适当地喝点酒，早点回家吧。
3712	**적어도** 至少，起码	적어도 이틀 내로 배송해 드리겠습니다. 至少在两天内给您配送。
3713	**절대로** 绝对	저는 절대로 컨닝을 하지 않았습니다. 我绝对没有作弊。
3714	**정말로** 真的	정말로 신을 믿는 거예요? 你真的相信神吗?
3715	**정확히** ① 正确地，准确	그는 항상 정확히 계산한다. 정말이지 계산기가 따로 없다. 他一直都计算精确，真的没有其他计算机。
3716 기출	**제대로** 顺利，圆满	비누 없이 물로만 씻으면 손에 있는 세균을 제대로 없애기 어렵다. 没有肥皂只用水冲洗，手上的细菌很难完全清楚。
3717	**제발** ① 拜托，千万	제발 부탁인데, 내가 그냥 하게 내버려 둬 줘. 拜托你了，就让我做吧。
3718	**제법** ① 挺，相当	피아노를 두 달 배우니 제법 잘 친다. 学了两个月钢琴，弹得相当不错。

3719	**좀처럼** 不容易，不轻易	마음먹은 대로 일이 좀처럼 풀리지 않아 답답하다. 事情不像决心的那样容易解决，真是郁闷。
3720	**종종** ④ 常常，经常	그날부터 필용은 맥도날드에서 종종 점심을 먹었다. 从那天起，毕勇经常在麦当劳吃午饭。 소설-김금희-너무 한낮의 연애
3721	**줄곧** 一直	나는 그가 진정 나를 사랑하는지 줄곧 생각해 왔다. 그런데 이런 생각 자체가 문제가 아닐까? 我一直在想他是否真的爱我。但是这种想法本身就有问题不是吗?
3722	**즉** ① 即，也就是说	우리는 날을 잡았다. 즉, 우리는 곧 결혼을 한다는 말이다. 我们挑好日子了。也就是说我们是即将结婚的关系。
3723	**지극히** 极其，非常	요리는 알고 보면 지극히 간단한 것들이 많다. 了解烹饪后发现有很多东西非常简单。
3724	**지금껏** 至今，从未	지금껏 몰랐던 일이라고 앞으로도 몰라야 합니까? 저는 제 권리를 찾겠습니다. 至今不知道的事，以后也要不知道吗?我要找回我的权利。
3725	**쭉** 一直	이 부분은 중요하니 밑줄을 쭉 그으세요. 这部分很重要，请画上直的下划线。
3726	**차라리** 还不如，宁愿	네가 없는 것보다 차라리 죽는 게 더 나아. 比起没有你，宁愿死了更好。 노래-박재범-내 곁에 있어주길
3727	**차마** 忍心(用于否定句中)	그에게 헤어지자는 말은 차마 할 수 없었다. 我是在不忍心跟他说分手。
3728	**차차** ① 渐渐，逐渐	그 학생은 열심히 노력하고 있으니 성적이 차차 좋아질 것이다. 那个学生正在努力，成绩会渐渐好起来的。
3729	**차츰** 慢慢，越来越，渐渐	할머니의 병세가 차츰 나아지고 있다. 奶奶的病情逐渐好转。
3730	**참으로** 真是，确实	미자가 결국 회계사가 되었다고 한다. 참으로 잘됐다. 据说美子最终成了会计师，真是太好了。

3731 **철저히**
彻底，完全

메르스를 철저히 예방하지 않는다면 이는 재발될 수 있다.
如果不彻底预防MERS，可能会再次发生。

3732 **충분히**
充分地

마음을 잘 다스리는 학생들이라면 충분히 누구나 마음먹은 일을 잘 해낼 수 있을 겁니다.
只要是能够调整好心态的学生，无论是谁都可以做好自己决心做的事。
수필-한동일-라틴어 수업

3733 **콜록콜록**
呼噜呼噜

지하철 안에서는 다른 승객에게 피해가 가지 않도록 콜록콜록 소리내어 기침하지 않아야 한다.
在地铁内为了不影响到其他乘客，应该不咳嗽。

3734 **쿨쿨** ②
呼呼

곰은 동굴에서 겨울잠을 쿨쿨 잡니다.
熊在洞里呼呼地冬眠。

3735 **쿵** ②
哐，轰

쿵 소리가 나서 나가보니 밖에 세워둔 의자가 넘어져 있었다.
哐的一声，到外面一看，原来放在外面的椅子倒了。

3736 **텅** ①
空荡荡

한 초등학교 운동장은 점심 때마다 텅 비어 있다.
一所小学的运动场一到中午就空荡荡的。
신문 11

3737 **통** ⑦
咣，咚

무슨 일이 있었는지 그 친구는 통 말이 없었다.
不知道发生了什么事，那个朋友一言不发。

3738 **틀림없이**
一定，肯定

우리는 틀림없이 성공한다.
我们一定会成功。

3739 **틈틈이**
抽空，一有空

어머니는 틈틈이 부업을 해서 돈을 번다.
母亲抽空做副业挣钱。

3740 **퍽** ②
很，相当

네가 민수에게 이 선물을 준다면 민수가 퍽이나 좋아하겠다.
你要是把这个礼物给民洙，民主一定会非常喜欢的。

3741 **편히**
舒服，舒适

일하지 않고 편히 살 방법은 애초에 없다.
一开始就没有不劳而获(不工作，舒服生活)的方法。

3742	**하긴** 说实在的，其实	이 대리가 회사를 때려치웠다고요? 하긴 그런 상사와 5(오)년간 일했으니 그럴 수도 있겠네요. 李代理辞职了?也是，和那样的上司工作了五年，也是有可能的。
3743	**하도** ① 太，过于	날더러 아줌마라고? 하도 기가 막혀서 말도 안 나온다. 叫我大妈?太生气到话都说不出来了。
3744	**하여튼** 无论如何，反正	의견이 분분하네요. 하여튼 우리 원래 계획대로 갑시다. 众说纷纭。无论如何，我们按照原计划做。
3745	**하하** ① 哈哈	기분이 좋지 않아도 "하하" 소리 내서 웃으면 기분이 좋아진다고 한다. 即使心情不好，只要"哈哈"大笑，心情就会变好。
3746	**한결** 更加，进一步	로봇청소기를 쓰니 집안 청소가 한결 쉬워졌다. 用了机器人吸尘器，家里的打扫就更简单了。
3747	**한꺼번에** 一次，一下子	빚은 다음 달에 한꺼번에 갚을게. 한 번만 봐 줘. 债务下个月会一次性还清，就宽限一次。
3748 기출	**한층** 更，进一步	그 결과 지역의 문화 수준이 한층 높아졌다. 结果，地区的文化水平进一步提高了。
3749	**함부로** 随便地，胡乱地	남에 대해 함부로 말하는 사람과 가까이 하지 말아야 한다. 不要接近随便说别人的人。
3750	**허허** ① 呵呵	내가 무슨 말을 하든 그는 그저 허허 웃을 뿐이었다. 不管我说什么他都只是呵呵地笑。
3751	**혹은** 或	'사랑과 우정 사이'라는 노래가 있다. 상대에 대한 느낌이 사랑인지 혹은 우정인지 고민하는 노래이다. 有一首歌叫"爱情与友情之间"，是一首苦恼对对方的感觉是爱情或是友情的歌曲。
3752	**확** ② 一下子	뱀이 내 발 위로 지나갔다. 소름이 확 끼쳤다. 蛇从我的脚上爬过。一下子毛骨悚然。
3753	**확실히** 明确地	머뭇거리지 말고 확실히 말해 두는 것이 좋겠습니다. 你不要犹豫，明确地说清楚才好。
3754 기출	**활짝** 敞开	환기를 시킬 겸 문을 활짝 열겠습니다. 把门敞开，顺便换换气。

3755 **흔히**
经常，常常

흔히들 몸이 힘들고 피곤하면 살이 빠진다고 생각하기 쉽습니다.
人们很容易认为身体疲惫就会减肥。
뉴스 4

3756 **힘껏**
用力，使劲

문이 잘 안 열리면 문을 힘껏 미세요.
门要是不好开，请用力推门。

3757 **힘없이**
无力地

은수는 힘없이 터벅터벅 걸었다.
恩洙很无力地走着。

부사 · 관형사 · 명사

3758 **비교적**
比较，对比

이 집은 지난 번 살던 집에 비해 비교적 깨끗하다.
这个房子比上次住的房子相对干净。

부사 · 명사

3759 **가까이**
近

내게 너무 가까이 다가오지 마세요.
请不要靠我太近。

3760 **간혹**
偶尔

친구 사이의 말다툼은 간혹 있는 일이다.
朋友之间吵架是偶尔会发生的事。

3761 **결국**
结果，到底，最终

결국 고통이 있다는 것은 내가 살아 있음의 표시입니다.
说到底，痛苦是我活着的标志。
수필-한동일-라틴어 수업

3762 **그만큼**
那么，那些

그만큼 많이 남겨 먹으실 거잖아요.
会剩那么多被你吃掉(指钱)。
드라마-상속자들

3763 **낼모레**
明后天

우리 큰언니는 낼모레면 마흔이다.
我的大姐姐明后天就四十岁了。

3764 **다소** ①
有些，多少

7(일곱)명이 살기에는 다소 좁을 수 있는 원룸에서도 큰 탈 없는 단란한 가족의 모습이었다.
即使是7个人住多少有些小的一居室，也是没有大问题，和睦的一家人的样子。

신문 8

3765 **실제** ②
기출
实际

상상력으로 표현된 허구를 실제 역사라고 믿을 수 있다는 문제점이 제기되었다.
提出了以想象力表现的虚构可以相信是真正历史的问题。

3766 **어저께**
昨天

어저께 늦은 오후 하늘에 쌍무지개가 떴다.
昨天下午天上出现了双彩虹。

3767 **이만큼**
这么，这些

이만큼 자란 아이가 대견하다.
孩子长这么大很自豪。

3768 **저마다**
各个，各自

사람들의 관심사는 저마다 다르다.
人们所关心的问题各有不同。

3769 **저만큼**
那么多，那么远

그가 저만큼 간 뒤에야 나는 그를 따라가기 시작했다.
知道他走了那么远，我才开始追赶他。

3770 **종일** ①
终日，整天

하루 종일 아무것도 하지 않았다.
一整天什么都没做。

접 사

3771	**-가** ⑬ -家	폼 잡고 걸어가고 싶어 예술가의 길로. 想走有品位的艺术家之路。 노래-비와이-포에버
3772	**-가량** ⑥ 大约	부산에서 서울까지 버스로 다섯 시간가량 걸린다. 坐巴士从釜山到首尔大约需要5个小时。
3773	**-간** ⑯ 期间	본 행사는 27(이십칠)일, 28(이십팔)일 이틀간 진행됩니다. 本次活动于27日，28日两天进行。
3774	**-감** ⑲ -感	그는 책임감이 강한 사람이라서 할 일을 다 끝내기 전에는 쉬지 않을 것이다. 他是个责任感很强的人，在全部事情做完之前是不会休息的。
3775	**-객** ② -客	휴일이 되면 산에 오는 등산객이 많아진다. 一到假日，来爬山的登山客就会变多。
3776	**-관** ⑲ -馆	그 자리에 복합 상영관이 들어섰다. 这里建成了综合放映馆。 소설-윤성희-유턴
3777	**-관** ⑳ -观	이는 자신의 가치관과 세계관을 다른 문화 사람에게 강요하는 것이 아니다. 这不是把自己的价值观和世界观强加给其他文化的人。 문화인류학
3778	**-권** ⑦ -权	개인은 정당한 값을 지불한 모든 물건에 소유권을 주장할 수 있다. 个人可以对所有支付正当价格的东西主张所有权。 소설-박지리-악의 기원
3779	**-기** ㊸ -机	아버지는 산소호흡기를 낀 어머니의 머리맡에 앉아서 어린시절에 대해 이야기했다. 父亲坐在带着氧气呼吸器的母亲的床头，说着童年的故事。 소설-윤성희-유턴

3780 **-님** ④
表示尊敬，加载名字或一些表示职务。关系的名词后面

소풍을 가서 담임선생님이 W를 빼고 인원을 센 적도 있었다.
有一次去郊游，班主任曾把W排除在外数了人数。
소설-윤성희-유턴

3781 **-당** ⑯
每，均

우리는 한 게임당 천원씩 걸었다.
我们每场游戏赌一千元(韩币)。

3782 **대-** ⑱
大-

한국문화를 인식하게 된 통로는 대중문화에 심하게 편중되어 있었다.
认识到韩国文化的通路严重偏向于大众文化。
논문

3783 **-력** ②
-力

체력이 좋아야만 보물을 짊어지고 내려올 수 있을 것이라고 우리는 생각했다.
我们认为只有体力好才能扛得动宝物。
소설-윤성희-유턴

3784 **-료** ②
-费

새해 첫아이가 이 병원에서 태어날 경우 소아과를 무료로 이용할 수 있도록 해준다고 했다.
新年在该医院出生的第一个孩子可以免费使用儿科。
소설-윤성희-유턴

3785 **-률** ④
-率

한국의 출생률은 매년 하락하고 있다.
韩国的出生率每年都在下降。

3786 **무-** ⑪
无-

결론은 간단했다. 무조건 사랑하세요.
结论很简单。无条件地相爱吧。
소설-윤성희-유턴

3787 **-문** ⑪
-文

여행을 다녀와서 쓴 글을 기행문이라고 한다.
去旅行回来写的文章叫记行文。

3788 **-물** ⑨
-物

종종 사람들은 자신이 자기 문화의 산물이라는 것을 망각한다.
人们常常会忘记自己是自己文化的产物。
문화인류학

3789 **-법** ③
-法

학습자에게 맞는 교수법을 찾아야 한다.
我们要找到适合学习者的教学方法。

3790	**-별** ④ -别	과목별 기출 문제집은 기본이야. 各科目的真题集是基本。 드라마–혼술남녀
3791	**부-** ⑳ 不，非-	기업체 관계자들의 부정적인 마인드를 변화시키기 위한 정책적 노력이 필요하다. 为了改变企业负责人的否定想法，需要政策上的努力。 신문 9
3792	**불-** ⑮ 不-	이런 과로형 비만은 불규칙한 식사와 운동부족, 스트레스로 일어납니다. 这种过劳型肥胖是由不规律的饮食和运动不足，压力所引起的。 뉴스 4
3793	**비-** ㉜ 非-	사측의 비협조적인 태도 때문에 중소기업 재직자들은 대학 진학이 어렵다. 由于资方的不合作态度，中小企业的在职人员很难进入大学。 신문 9
3794	**-비** ㉝ -费	혼인율과 출산율의 증가를 막는 원인 중 하나가 주거비이다. 阻止结婚率和出生率增加的原因之一是居住费用。 신문 1
3795	**-사** ㊲ -师	이 일로 변호사를 선임하려고 합니다. 我想请律师做这件事。
3796	**-사** ㊶ -社	제 어머니는 신문사 기자로 평생을 일하시다 작년에 퇴직하셨습니다. 我的母亲一辈子在报社当记者，去年退休了
3797	**-사** ㊷ -师	내 동생은 요리를 어찌나 잘하는지 정말 요리사가 따로 없다. 我弟弟的厨艺怎么这么好，真是当厨师的料。
3798	**-생** ⑦ -出生	82(팔이)년생 김지영'이라는 한국 소설이 최근 인기를 끌었다. "82年生金智英"这本韩国小说最近很有人气。
3799	**-생** ⑧ -生	안전 교육도 하지 않고 실습생에 일을 시키면 어떻게 합니까? 怎么可以不进行安全教育就让实习生做事?

3800	**-성** ⑰ -性	그 연예인은 인간성이 더럽기로 소문이 났다. 那个艺人以人性肮脏出名。
3801	**소-** ㉒ 小-	이 그룹은 홍대에서 소규모 콘서트를 열었다. 该组合在弘大举办了小型演唱会。
3802	**-소** ㉓ -所	신소재 연구소에서 일한 지 벌써 십 년이 넘었다. 我在新材料研究所工作已经超过十年了。
3803	**-스럽다** 用于部分名词之后，使之变成形容词	스스로 제 일을 알아서 하는 내 아들이 참 자랑스럽다. 我为儿子能够自己的事情自己做而感到骄傲。
3804	**신-** ⑮ 新-	온라인 쇼핑몰은 내게 신세계와도 같았다. 网上购物中心对我来说就像新世界一样。
3805	**-심** ⑨ -心	그에게는 배려심이라고는 눈곱만큼도 없다. 他一点关怀心都没有。
3806 기출	**-씩** ③ 用于表示数量或程度的词之后，表示"各""每次"	그는 바닥에 버려진 10(십)원짜리 동전을 하나하나씩 주워 모았다. 他一个一个捡起被丢在地上的十元(面额)的硬币。
3807	**-어** ⑧ -语	외국어 하나쯤은 할 줄 알아야 하지 않겠어요? 是不是应该学会一门外语呢?
3808	**-여** ㉗ -几	십여 년 전, 뉴욕에 여행을 간 적이 있었다. 十几年前，我曾去过纽约旅行。
3809	**-용** ⑪ -用	어른이 어린이용 칫솔을 쓰다니 너무 하네요. 大人用儿童用牙刷，太过分了。
3810 기출	**-원** ⑰ -员	이 회사는 모든 사원을 대상으로 자율 근무제를 운영할 예정이다. 该公司计划以所有职员为对象运营自律工作制。
3811	**-원** ⑱ -院	대학원이라는 좁은 사회로 진입하면서 나는 사람을 조심하라는 충고를 많이 들었다. 我在进入研究生这个小社会的同时听到了许多要小心人的忠告。 소설-최은영-한지와 영주

3812	**-율** ④ -率	한국의 출산율은 해매다 떨어지고 있다. 韩国的出生率每天都在降低。
3813	**-이** ㊷ 用于谓词之后，使之变成名词	돈을 가장 많이 딴 사람이 미역국을 샀다. 拿到最多钱的人请喝海带汤。 소설-윤성희-유턴
3814	**-자** ㉚ -者	내가 밥을 먹는 이 순간에도 경쟁자들의 책장은 넘어가고 있어. 我吃饭的这一瞬间，竞争者们还在翻着书架。 드라마-혼술남녀
3815	**-장** ㊹ -场	안전교육을 의무화해 학생들이 운동장으로 나가기 어렵게 한 학교도 있다. 也有学校将安全教育义务化，学生难以走去操场。 신문 11
3816	**재-** ⑰ 再次，重新	삶의 의미와 가치를 재발견하기 위한 몸부림. 为重新发现人生的意义与价值而挣扎。 수필-한동일-라틴어 수업
3817	**저-** ⑪ 低-	저학년으로 갈수록 채소를 잘 먹지 않는다고 한다. 据说，越是低年级，越不爱吃蔬菜。
3818	**-적** ⑱ -性，般	글에는 적어도 세 가지 중 하나는 담겨야 한다. 인식적 가치, 정서적 가치, 미적 가치. 文章至少要包括三个方面。认识价值，情感价值，审美价值。 수필-은유-글쓰기의 최전선
3819	**-점** ⑪ -店	(그들은) 자신들과 공통점을 찾아볼 수 없는 한 어른을 마주하고는 놀라고 당황하여 선뜻 다가가기를 망설였다. (他们)面对一个与自己完全没有共同点的大人，又惊惶又慌张，犹豫着要不要靠近。 소설-박지리-악의 기원
3820	**-제** ㉑ -祭，节	그 가수의 추모제가 명동에서 열린다. 那位歌手的追悼会在明洞举行。
3821	**제-** ㉒ 第-	이 일에 제삼자는 빠져 주세요. 请第三者不要插手这件事。

3822	**-제** ㉔ -剂，药	이 영양제는 하루 두 알씩 복용한다. 该营养剂一天服用两粒。
3823	**-질** ⑪ 用于表示行为的词语后面表示其行为	나는 칼질에 서툽니다. 我的刀法不熟练。
3824	**-짜리** ② 面额，值	그녀의 지갑에는 오만원짜리 지폐가 한 움큼 들어있다. 她的钱包里装满了面额为五万元的韩币。
3825	**-째** ② 第，加在数词后面	첫째 아이는 대체로 책임감이 강하다는 연구결과가 있다. 有研究表明，第一胎一般都有比较强的责任感。
3826	**-쯤** ② 左右，前后	이쯤되면 그가 내게 연락을 해야 할 텐데… 到了这时候，他该联系我了呀…
3827	**초-** ㉒ 初-	초봄이 겨울보다 춥기도 한다. 우리는 이를 꽃샘추위라고 한다. 初春有时比冬天还冷，我们称之为春寒。
3828	**친-** ③ 亲生-	제임스는 한 살 때 친부모를 잃고 미국으로 입양이 되었다. 詹姆斯在一岁的时候失去了亲生父母，被领养去了美国。
3829	**-품** ⑧ -品	한국 화장품은 세계적으로 유명하다. 韩国化妆品在世界上很有名。
3830	**-학** ⑦ -学	나는 경제학과에 진학하고자 한다. 我想学经济学。
3831	**-행** ⑦ -行	서울행 열차가 도착하고 있습니다. 开往首尔(行)的列车正在进站。
3832	**-형** ⑧ -型	'가여워요'의 기본형은 '가엽다'이다. "可怜(가여워요)"的基本型是"可怜(가엽다)"。
3833	**-화** ⑯ -化	이곳은 자동화 서비스를 운영하고 있습니다. 这里在运营自动化服务。

참고자료

1. 기출문제

토픽 36, 41, 47, 52회

2. 신문 자료

신문 1, "결혼 안 할 건데 애는 무슨", 주간동아, 2018.10.09
신문 2, 강창일, 탈북청소년 학업중단 2.4배↑…정부 성과지표 숫자놀음 불과, 국제뉴스, 2017.10.31
신문 3, 박경미 의원, 이주배경 청소년 20만명, 가장 큰 고민은 '대인관계', '정신건강', 에듀동아, 2017.11.05
신문 4, 한국사회 폐쇄성이 탈북청소년 차별 낳아, 뉴시스, 2015.02.05
신문 5, '내부고발' 검사 임은정 인터뷰 "이명박근혜 지킴이도 정치검사들이었다", 경향신문, 2018.09.22
신문 6, 31세에 세상 떠난 박지리 작가를 추모하며- 장강명, 조선일보, 2017.12.15
신문 7, 전국 가을빛 절정..너도나도 산으로 "만산홍엽 내 품에", 연합신문, 2018.10.21
신문 8, 무너진 코리안 드림… 고려인 3세 부부 자녀들 안타까운 죽음, 연합신문, 2018.10.21
신문 9, "대학 꿈꿨는데…" 직장에 발 묶인 고졸 재직자, 서울경제, 2018.10.21
신문 10, 외국인 아이들 피난 늦은 이유..'불이야' 소리 못 알아들은 듯, 연합신문, 2018.10.21
신문 11, "애들 무릎만 까져도 교사 탓.." 운동장 잠근 학교들, 조선일보, 2018.10.29
신문 12, SNS가 청소년 자살충동 부른다..여가부, 규제 요청, 노컷뉴스 2018.11.20
신문 13, 李총리 "젊은이 장래희망 '건물주'…불평등 통렬한 항의", 뉴스 1, 2018. 10. 30
신문 14, 안산 사이동 공단, 소규모 재생사업지로 선정, 뉴시스, 2018.12.07
신문 15, 걷는 만큼 대장암 위험도 준다, 코미디닷컴, 2018.10.15

3. 뉴스 자료

뉴스 1, 방탄소년단, UN서 연설..."자신을 사랑하세요!", YTN 2018.9.24
뉴스 2, '취업 한파'에 대학교 동아리도 위축, KBS뉴스, 2018.3.16.
뉴스 3, '독도 사랑' 김성도 씨 별세… 이제 영원한 독도 지킴이로 SBS 뉴스, 2018.10.21
뉴스 4, 3·40대 과로가 비만 원인, KBS 뉴스 8, 2003.5.20

4. 드라마

김비서가 왜 그럴까? 1화
도깨비 1화, 6화(본문에는 6화에 해당된 자료에만 드라마 - 도깨비 6화, 로 표시)
상속자들 1화
슬기로운 깜빵생활 4화
혼술남녀 4화
힘쎈여자 도봉순 10화

5. 논문

조영미(2017), 상호문화 접근법을 활용한 한국어-문화 교육 사례 연구 - 대만 대학생들을 대상으로- 외국어로서의 한국어 교육 49, 225-248쪽, 연세대학교 언어교육원 한국어학당.

6. 잡지

조영미, [대만 문학의 현주소] 대만의 웹소설, 계간《ASIA》45, 2017

7. 이론서

『처음 만나는 문화인류학』, 한국문화인류학회, 일조각(2003) * 본문에서는 '문화인류학'으로 표기

8. 문학

〈소설〉

김금희, "너무 한낮의 연애", 『너무 한낮의 연애』, 문학동네(2016)
김금희, 『경애의 마음』, 창비(2018)
김애란, "그곳의 밤 여기의 노래", 『비행운』, 문학과지성사(2012)
김애란, "입동", 『바깥은 여름』, 문학동네(2017)
김언수, 『설계자들』, 문학동네(2019)
박지리, 『다윈 영의 악의 기원』, 사계절(2016) * 본문에서는 '악의 기원'으로 표기
반 디, 『고발』, 조갑제닷컴(2014)
윤성희, "유턴지점에 보물지도를 묻다", 『현대문학 수상 소설집』, 현대문학(2004)
이만교, "그녀, 번지점프 하러 가다", 『나쁜 여자, 착한 남자』, 민음사(2003) * 본문에서는 '번지점프'로 표기
임솔아, 『최선의 삶』, 문학동네(2015)
장강명, 『표백』, 한겨레출판사(2011)
전성태, "코리언 솔저", 『국경을 넘는 일』, 창비(2005)
최은영, "쇼코의 미소", "신짜오, 신짜오", "한지와 영주", 『쇼코의 미소』, 문학동네(2016)

〈시〉

기형도, "질투는 나의 힘", 『잎 속의 검은 잎』, 문학과지성사(1989)
김기택, "거북이", 『태아의 잠』, 문학과지성사(1991)
김동한, "산너머 남촌에는", https://edu.hansung.ac.kr/~jecon/datapoem/sannermernamchon.htm
김선우, "거꾸로 가는 생", 『도화 아래 잠들다』, 창비(2003)
김신용, "그 불빛", 『환상통』, 천년의 시작(2005)
나희덕, "거대한 분필", 『야생사과』, 창비(2009)
서정주, "국화 옆에서, 『국화옆에서』, 민음사(1997)
신용목, "지하철의 노인", 『그 바람을 다 걸어야 한다』, 문학과지성사(2004)
윤동주, "길", 『윤동주 전 시집 - 윤동주 100주년 기념, 하늘과 바람과 별과 시』, 스타북스(2017)
이면우, "거미", 『아무도 울지 않는 밤은 없다』, 창비(2001)
이영광, "밤이 깊으면", 『아픈 천국』, 창비(2010)
정호승, "수선화에게", 『수선화에게』, 비채(2015)
한용운, "거짓이별", http://blog.naver.com/PostView.nhn?blogId=wsj96123&logNo=221106937369
황인숙, "나는 고양이로 태어나리라", 『새는 하늘을 자유롭게 풀어 놓고』, 문학과지성사(1988)

〈수필〉

은유, 『글쓰기의 최전선』, 메멘토(2015)
정민, 『미쳐야 미친다』, 푸른역사(2004)
한동일, 『라틴어 수업』, 흐름출판(2017)

9. 노래

〈가요〉

김광석, "바람이 불어오는 곳", 김광석 네번째, 1994
김동률, "출발", Monologue, 2008
바비킴, "고래의 꿈", Beats Within My Soul, 2004
박재범, "곁에 있어주길 (STAY WITH ME)', 곁에 있어주길 (STAY WITH ME), 2016

방탄소년단
"Outro: Circle Room Cypher", 2 COOL 4 SKOOL, 2013
"I NEED U타이틀", "잡아줘(Hold Me Tight)", 화양연화 pt.1, 2015
"Butterfly", "고엽", 화양연화 pt.2, 2015
"쩔어", "EPILOGUE: Young Forever", 화양연화 Young Forever, 2016
"Interlude : Wings", WINGS, 2016
"봄날 타이틀", WINGS 외전: YOU NEVER WALK ALONE, 2017
"DNA타이틀", "Outro : Her", LOVE YOURSELF 承 'Her', 2017
"FAKE LOVE 타이틀", "전하지 못한 진심(Feat. Steve Aoki)," "낙원", "Love Maze",
LOVE YOURSELF 轉 'Tear', 2018
"Euphoria", "Trivia 轉: Seesaw", "I'm Fine", "IDOL 타이틀", "Answer : Love Myself"
LOVE YOURSELF 結 'Answer', 2018
비와이, "데이데이", 쇼미더머니 5 Episode 4, 2016
비와이, "포에버", 쇼미더머니 5 Episode 3, 2016
워너원, "나야나", "네버", 1X1=1(TO BE ONE), 2017
윤도현, "나는 나비", Why Be?, 2006
인순이, "거위의 꿈", 거위의 꿈, 꿈을 꾸는 모든 이들에게, 2007
장기하, "싸구려 커피", 싸구려 커피, 2008
해바라기, "연가", 해바라기가 드리는 추억이야기, 2014
전인권, "걱정말아요 그대", 전인권 4집 앨범, 2004

〈동요〉

곰 세 마리, 얼룩송아지, 박목월 작사, 손대업 작곡
앞으로 앞으로, 윤석중 작사, 이수인 작곡
옹달샘, F.질허 작곡, 윤석중 작사
자전거, 목신일 작사, 김대현 작곡
작은 별
주먹 쥐고 손을 펴서, 독일 민요로 추정, https://news.joins.com/article/3404653

〈기타〉

애국가
청담초등학교가

실용 TOPIK 어휘 중·고급

It is simple!

초판 인쇄 2019년 6월 5일 | 초판 발행 2019년 6월 10일
저자 조영미 | 펴낸이 박찬익
펴낸곳 (주)박이정 | 주소 서울시 동대문구 천호대로16가길 4
전화 02) 922-1192~3 | 팩스 02) 928-4683
홈페이지 www.pjbook.com | 이메일 pijbook@naver.com
등록 2014년 8월 22일 제305-2014-000028호
ISBN 979-11-5848-438-5 (13710)

* 책값은 뒤표지에 있습니다.